I0365386

www.ingramcontent.com/pod-product-compliance
Lightning Source LLC
Chambersburg PA
CBHW061753070526
44586CB00023B/2603
9781927874721

مشترکہ محبوبہ

(دو دوستوں کی ادبی تحریروں کا مجموعہ)

خالد سہیل

حامد یزدانی

آزاد پبلی کیشنز

اقبال مارکیٹ، اقبال روڈ، کمیٹی چوک، راولپنڈی۔ فون: 0300-5211201

جملہ حقوق بحق مصنفین محفوظ ہیں۔اس کتاب کا کوئی بھی حصہ مصنفین کی تحریری اجازت کے بغیر کسی بھی صورت میں شائع یا کاپی نہیں کیا جاسکتا اور نہ ہی کسی ویب سائٹ یا سوشل میڈیا پر استعمال کرنے کی اجازت ہے۔ نیز ناشر کا مصنفین کی آراء سے متفق ہونا ضروری نہیں ہے۔

کتاب : مشترکہ محبوبہ (دو دوستوں کی ادبی تحریروں کا مجموعہ)

مصنفین : خالد سہیل

حامد یزدانی

سالِ اشاعت : 2025ء

ایڈیشن : اوّل

سرورق : طارق عزیز

آئی ایس بی این نمبر : 978-969-7836-9-23

قیمت : -/1800 روپے

آواز پبلی کیشنز

کتاب ملنے کا پتہ

اقبال مارکیٹ، اقبال روڈ، کمیٹی چوک، راولپنڈی۔ فون : 0300-5211201

مشترکہ محبوبہ

ان شاعروں، ادیبوں اور
دانش وروں کے نام
جو مل کر
تخلیقی کام کرتے ہیں

مشترکہ محبوبہ

مشترکہ محبوبہ

دانشور اور مدیر جناب وجاہت مسعود کا خصوصی شکریہ
جنھوں نے ہمارے خطوط اور مضامین کو
"ہم سب" کی وساطت سے اپنے قارئین تک پہنچایا

مشترکہ محبوبہ

ترتیب

دیباچہ

دو عاشق ۔۔۔ایک محبوبہ	خالد سہیل	13
ایک سے بھلے دو	حامد یزدانی	16

پہلا باب: کچھ اشتراکی معرکے

ایک انسانیت پسند درویش کی کتھا	حامد یزدانی	21
درویش کی جوانی اور سپورٹس کار کی کہانی	خالد سہیل	31
بہتر سال کا نوجوان: ڈاکٹر خالد سہیل	حامد یزدانی	38
لاہور کا سقراط: ایک کتاب، ایک سفر	حامد یزدانی	43
پاپی: عرف قربِ قیامت کی نشانیاں	حامد یزدانی	48
ایک اور ایک گیارہ: ایک اشتراکی معرکہ	حامد یزدانی	55
شہزادۂ سخن: امیر حسین جعفری کا جشنِ صحت	حامد یزدانی	60
خالد سہیل: ستر سنہری برس اور ستر ادبی تحفے	حامد یزدانی	65

دوسرا باب: تین پیاسے

شاعر اور دانشور عارف عبدالمتین کے دو مداحوں کا مکالمہ	خالد سہیل ۔ حامد یزدانی ۔ نوروز عارف	73

7

مشترکہ محبوبہ

تیسرا باب: باتیں اور ملاقاتیں

مشترکہ محبوبہ اور مولوی صاب	حامد یزدانی	105
درختوں کے ہاتھ خالی ہیں: اختر حسین جعفری	حامد یزدانی	110
ترقی پسند نقاد پروفیسر محمد حسین کے حوالے سے مکالمہ	حامد یزدانی، خالد سہیل	116
یزدانی جالندھری: بحیثیت والد، بطور تخلیق کار	حامد یزدانی	124
منیر نیازی سے ایک یادگار ملاقات	خالد سہیل	130
لاہور کے ادبی درویش زاہد ڈار سے ملاقاتیں	خالد سہیل	140
کچھ اقبال ساجد کے بارے میں	حامد یزدانی	149
حامد یزدانی کے "خاکی تھیلے" میں چھپے راز	خالد سہیل	158

چوتھا باب: ادبی محبت نامے

حامد یزدانی کے نام پہلا خط	خالد سہیل	165
عارف عبدالمتین: حرفِ احتجاج سے حرفِ دُعا تک	خالد سہیل، حامد یزدانی	173
ادبی و پیشہ ورانہ زندگی کا رشتہ	خالد سہیل، حامد یزدانی	185
کینیڈا میں بچوں کا خیال کیسے رکھا جاتا ہے؟	حامد یزدانی، خالد سہیل	194
نوید صبح ہیں سارے جہاں کے بچے ہیں	خالد سہیل، حامد یزدانی	202
ڈھلتی عمر کی اُداسی	حامد یزدانی، خالد سہیل	211
کیا آپ کی داڑھی سفید ہو رہی ہے؟	حامد یزدانی، خالد سہیل	220
کیا آپ کو نانی اور دادی بننے کا شوق ہے؟	خالد سہیل، حامد یزدانی	228
حامد یزدانی اور خالد سہیل کی مشترکہ محبوبہ	خالد سہیل، حامد یزدانی	238
ہم خواب کس زبان میں دیکھتے ہیں؟	خالد سہیل، حامد یزدانی	247

8

درویش کی زنبیل سے تین تحفے	خالد سہیل	254
ماہ رمضان میں رُومانوی ڈیٹ	خالد سہیل، حامد یزدانی	261

پانچواں باب: انٹرویوز

سنجیدہ ادیب لمبی دوڑ کا کھلاڑی ایک میراتھون رنر ہوتا ہے	حامد یزدانی کا خالد سہیل سے انٹرویو	269
آپ کی ادبی شناخت کیا ہے؟	خالد سہیل کا حامد یزدانی سے انٹرویو	290

چھٹا باب: منتخب شاعری

خالد سہیل کی منتخب شاعری	311
حامد یزدانی کی منتخب شاعری	338

9

مشترکہ محبوبہ

دیباچے

دو عاشق۔۔۔ایک محبوبہ

خالد سہیل

حامد یزدانی سے خالد سہیل کی دوستی کی کہانی دلچسپ بھی ہے، دل گداز بھی ہے اور دلفریب بھی۔۔۔وہ پارسا حامد اور پاپی خالد کی دوستی کی کہانی ہے۔

حامد یزدانی سے پہلی ملاقات کے بعد میں ان سے قریب آنے کی بجائے ان سے جذباتی اور سماجی طور پر دُور ہو گیا۔ مجھے یوں محسوس ہوا جیسے وہ ایک سنجیدہ شاعر ہی نہیں ایک سنجیدہ انسان بھی ہوں، صرف سنجیدہ ہی نہیں ایک نہایت مذہبی انسان بھی ہوں۔ ان سے مل کر مجھے یہ اندیشہ لاحق ہوا کہ کہیں میرا عاشقانہ لہجہ اور باغیانہ اندازِ گفتگو ان کی طبع نازک کو گراں نہ گزرے۔ اس لیے میں احتراماً دُور ہٹ گیا۔

وقت نے میرے اندیشے کو غلط ثابت کیا۔

پہلی ملاقات کے کئی برس بعد جب حامد یزدانی نے مجھے اپنے افسانوں کا مجموعہ ''خالی بالٹی اور دوسرے افسانے'' تحفے کے طور پر پیش کیا اور انہوں نے دوستی کا ہاتھ بڑھایا تو میں نے بھی کچھ ڈرتے، کچھ گھبراتے، کچھ ہچکچاتے ان سے ہاتھ ملایا۔

جب انہوں نے مجھ پر ایک کالم لکھ کر 'ہم سب' پر چھپوایا تو میں بہت حیران ہوا، کیونکہ انہوں نے اس کالم میں نہ صرف میری اُس دَور کی 'جب آتش جوان تھا' سرخ

سپورٹس کار کا ذکر کیا بلکہ میری پری وشوں اور مہ جبینوں سے دوستی کا ذکر بھی کیا۔ جس کے بعد مجھے کئی اور دُخترانِ خوش گل کے محبت بھرے پیغامات آئے۔ اس کالم کے بعد مجھے اندازہ ہوا کہ میں حامد یزدانی کو سمجھنے میں ایک بہت بڑی غلطی کا مرتکب ہوا ہوں میں نے کسی دانا کی اس نصیحت پر عمل نہیں کیا:

Do not Judge the book by its cover.

میں ان کی پُرنور داڑھی دیکھ کر دھوکا کھا گیا۔ مجھے بالکل اندازہ نہ تھا کہ اس سنجیدہ باریش بزرگ صورت انسان کے سینے میں ایک محبت بھرا ظریف دل دھڑکتا ہے۔ دھیرے دھیرے مجھ پر حامد یزدانی کی شخصیت کی شادابی و شگفتگی منکشف ہونے لگی۔

اس انکشاف کے بعد ہماری باقاعدہ ملاقاتیں ہونے لگیں۔ ان ملاقاتوں میں ہم نے ادب، نفسیات، سماجیات اور سیاسیات سبھی موضوعات پر سیر حاصل گفتگو کی اور خوشگوار حیرت کی بات یہ کہ 'پاپی' اور 'پارسا' کئی حوالوں سے ہم خیال نکلے۔ حامد یزدانی نے میرے باغیانہ اور عاشقانہ خیالات و نظریات اور تصورات کو جس فراخ دِلی سے قبول کیا اس سے میں ان کی سخاوتِ قلبی کا معترف ہو گیا۔ آہستہ آہستہ مجھے احساس ہوا کہ ہم دونوں اُردو اور عالمی ادب کی حسینہ کی زُلف کے اسیر ہیں۔

چنانچہ ہم نے مل کر ادبی کام کرنا شروع کر دیا۔

پہلے عارف عبدالمتین پر ایک مفصل کتاب مرتب کی۔ پھر ایک دوسرے کے انٹرویو لیے اور پھر مختلف ادبی و سماجی اور پیشہ ورانہ موضوعات پر خطوط کا تبادلہ کیا۔

مجھے یہ بھی احساس ہوا کہ حامد یزدانی بھی میری طرح صنفِ نازک کے علاوہ کئی اور اصنافِ سخن کے دلدادہ ہیں۔

جب حامد یزدانی سے بے تکلفی بڑھی تو میں نے اُنہیں مشورہ دیا کہ جب آپ دوسری زبانوں کے شاعروں، ادیبوں اور دانشوروں کی تخلیقات کے تراجم کرتے ہیں تو ان

کی سوانح عمری کے بھی حوالے دیں اور ان کی رومانوی زندگی پر بھی کچھ روشنی ڈالیں تا کہ آپ کے تراجم کی مقبولیت بڑھے۔ یہ حامد یزدانی کی بڑائی ہے کہ انہوں نے میرے مشوروں پر غور بھی کیا اور عمل بھی۔

جب مجھ پر حامد یزدانی کی شخصیت کی کئی اور پرتیں کھلیں تو مجھے اندازہ ہوا کہ وہ میری طرح کئی اصنافِ سخن کی زُلف کے اسیر ہی نہیں بلکہ کئی زبانوں کی محبت میں بھی گرفتار ہیں۔ ہم دونوں اُردو میں بھی لکھتے ہیں اور انگریزی میں بھی۔ حامد البتہ پنجابی سے بھی 'دل لگی' کرتے رہتے ہیں۔

اب میں بڑے وثوق سے کہہ سکتا ہوں کہ حامد اور خالد کی دوستی پکی ہوگئی ہے۔ پاپی تھوڑا سا پارسا اور پارسا تھوڑا سا پاپی ہوگیا ہے۔

مزاح سے قطعِ نظر اب میں سنجیدگی سے یہ کہہ سکتا ہوں کہ حامد یزدانی ایک وضعدار، مشرقی اقدار کے پاسدار انسان ہیں۔ میں ان کی تہِ دل سے عزت کرتا ہوں۔ یہ میرے لیے فخر کی بات ہے کہ میں نے ان کے ساتھ مل کر نہ صرف ان گنت ادبی محبت نامے لکھے ہیں بلکہ اب دوسری کتاب بھی مکمل کر رہا ہوں۔ یہ کتاب ہم دونوں کی اپنی مشترکہ محبوبہ 'ادب کی حسینہ' سے محبت کی آئینہ دار بھی ہے اور ایک دوسرے سے دوستی کا جیتا جاگتا ثبوت بھی۔

خالد سہیل

ستمبر ۲۰۲۴ء

ایک سے بھلے دو

حامد یزدانی

حضرتِ میر تقی میر فرماتے ہیں:

ناحق ہم مجبوروں پر یہ تہمت ہے مختاری کی
چاہتے ہیں سو آپ کریں ہیں ہم کو عبث بدنام کیا

چناں چہ ڈاکٹر خالد سہیل صاحب جب بھی اِس بندۂ عاجز کو اپنے الفاظ میں پارسائی کا جُبہ پہناتے ہیں تو میں مسکرا دیتا ہوں اور جی ہی جی میں کہتا ہوں: من آنم کہ من دانم۔

اُس وقت ڈاکٹر صاحب سامنے ہوں تو یہ کہہ دیتا ہوں:

سرِ تسلیم خَم ہے، جو مزاجِ یار میں آئے

یہ سُن کر ڈاکٹر صاحب حسبِ عادت مسکرا دیتے ہیں۔

جب پہلی بار یہ صورت پیش آئی تو میں نے عرض کیا کہ میں آپ سے بات کرتے ہوئے ازراہِ ادب بھی محتاط رہتا ہوں اور ازراہِ خوف بھی۔

''خوف اور وہ بھی مجھ سے؟ کس بات کا خوف؟'' ڈاکٹر صاحب نے حیرت سے کہا تھا۔

''خوف اِس امر کا کہیں پھر سے آپ اُس گریزانہ یا پرہیزانہ فاصلے پر نہ چلے جائیں جو ہماری تعارفی ملاقات کے بعد حائل ہو گیا تھا۔''

کہنے لگے: ''آپ ایسا کیوں سوچتے ہیں؟''

میں نے کہا: ''رام جی اپنے بن باس اور کشن جی اپنی گوپیوں کے لیے خوب جانے جاتے ہیں اور آپ بھی دُخترانِ خُوش گل کے گھیرے میں رہتے ہیں۔۔۔بس یہی سوچ کر۔۔۔''

تو اُدھر سے مسکراتا ہوا جواب آیا:

''دیکھیے، میں تو آپ کی ظاہری مولویانہ وضع قطع کو دیکھ کر ازراہِ ادب 'احتیاطی' دُوری پر چلا گیا تھا۔''

گویا وہ مجھ تر دامن کو زاہدِ خشک سمجھ بیٹھے تھے

تب میں نے انھیں اپنی غزل کا یہ شعر سنایا تھا:

میری ہستی پہ نہ جاؤ ، ذرا آگے آؤ
ہاں، مِرے شہر کے آغاز میں ویرانہ ہے

اس پر داد دیتے ہوئے وہ بے ساختہ کھکھلا دیئے تھے اور پھر ان کی انہی دلکش مسکراہٹوں نے میرے اندر خوابیدہ ایک شوخ و شریر بچے کو گویا چُٹکی بھر کے جگا دیا تھا۔ اس کی تفصیل بعد میں پہلے کچھ اپنی اس مشترکہ محبوبہ، میرا مطلب ہے، اس مشترکہ کتاب کے بارے میں۔

ہم سنتے پڑھتے تو یہی آئے ہیں کہ تخلیقِ ادب ایک انفرادی عمل ہوتا ہے مگر اس ضمن میں اشتراکِ عمل کی متعدد مثالیں ہمیں عالمی ادب میں بھی مل جاتی ہیں اور اپنے اُردو ادب میں بھی۔ جہاں ادبا اور شعرا نے مشترکہ موضوعات پر اپنی اپنی تخلیقات ترتیب دے کر ایک ہی مجموعے میں پیش کیں۔ یا پھر باہم تبادلہ فکر و خیال کو مکتوبات کی کتاب کی صورت یکجا کر دیا۔ تاہم میں نے ایسا کوئی تجربہ تب تک نہیں کیا تھا جب تک میں کینیڈا میں ڈاکٹر خالد سہیل صاحب کی دوستی میں ''مبتلا'' نہیں ہوا تھا۔ ابتلا کا ایک انگریزی ترجمہ جو میری نظر سے گزرا وہ ہے Divine Punishment۔ یعنی مقدس سزا۔

اِدھر ہمارے ڈاکٹر صاحب کا معاملہ یہ کہ وہ مقدس سزا کیا مقدس جزا کے بھی قائل نہیں۔ وہ انسانیت پسند اور انسان دوست ہیں۔ سو، انسانوں کو محبت کی ڈوری سے بندھا دیکھتے ہیں؛ محبت بھی تصوراتی نہیں بلکہ جیتی جاگتی حقیقی محبت جس کا اظہار کیا جا سکے۔ جسے چُھو کر دیکھا جا سکے اور جس کے ہر ہر رُوپ کو ستائش کے آئینے میں اُتارا جا سکے۔ محبت کا ایک رُوپ بے لوث دوستی بھی تو ہے۔ بے لوث سے مراد 'بے مقصد' ہرگز نہیں۔ خالد سہیل صاحب کی زندگی، ان کی فکر و فلسفہ اور پیشہ ورانہ زندگی اصول پسندی، دیانت، مقصدیت اور عملیت سے عبارت ہے۔ ماہرِ نفسیات ہونے کے ناتے انھیں انسان کی خفیہ اور خفتہ صلاحیتوں کی نشان دہی کرنے میں بھی ملکہ حاصل ہے۔ چناں چہ چند برس قبل مجھ سے تجدیدِ ملاقات پر انھوں نے مجھ میں چُھپے ایک مزاح نگار اور کالم نگار کی مجھ سے جان پہچان کروائی اور پھر ادبی محبت نامے لکھنے کی ترغیب دی۔ نتیجہ یہ کہ ہم نے پروفیسر عارف عبدالمتین صاحب کی شخصیت و فن پر بھی ایک مبسوط کتاب مکمل کر لی اور متنوع ادبی، ذاتی اور پیشہ ورانہ موضوعات پر تبادلہ خطوط بھی کیا۔ یہ سب اب ایک کتاب کی صورت میں آپ کے سامنے ہے۔ اس کتاب میں شامل زیادہ تر تحریریں وجاہت مسعود صاحب کی ممتاز ویب سائیٹ ''ہم سب'' پر شائع ہو چکی ہیں جہاں انھیں قارئین کی جانب سے زبردست پزیرائی ملی تھی۔ دیکھتے ہیں کہ ہماری یہ کاوشیں آپ کو کیسی لگتی ہیں!

اپنے اس حرفِ آغاز کا اختتام میں اپنی ہمسفر و ہمنشیں طاہرہ بیگم کے شکریئے پر کرنا چاہتا ہوں جو نہ صرف میری ان تحریروں کی اوّلین قاری اور کڑی نقاد تھیں بلکہ جُزوی طور پر ''پروف خوانی'' کی ذمہ داری بھی نبھاتی رہیں۔ ان کا پیار بھرا شکریہ مجھ پر واجب ہے۔

قارئین کرام! لیجیے کتاب پڑھیے اور مجھے اجازت دیجیے۔

حامد یزدانی

ستمبر ۲۰۲۴ء

پہلا باب

کچھ 'اشتراکی' معرکے

ایک انسانیت پسند درویش کی کتھا

حامد یزدانی

Darvesh

انگریزی زبان میں یہ لفظ ''درویش'' اس سرخ سپورٹس کار کی لائسنس پلیٹ پر چمک رہا تھا جس کا مسافر کی سمت کا دروازہ کھلتے ہی ارشاد بھائی اس کی عقبی نشست پر براجمان ہو گئے تھے اور ڈاکٹر خالد سہیل ایک مُسکان کے ساتھ ڈرائیور کی نشست سنبھالتے ہوئے مجھے کہہ رہے تھے:

''آپ یہاں بیٹھ جایئے میرے ساتھ والی فرنٹ سیٹ پر۔''

"جی ضرور۔" میں نے کہا تھا اور ان کے برابر والی نشست پر بیٹھ گیا تھا۔

"سیٹ بیلٹ لگا لیجیے۔" خالد سہیل نے یاددہانی کروائی اور میں نے سیٹ بیلٹ لگا لی تھی۔

یہ 1999ء کے موسمِ خزاں کا ذکر ہے۔ میں ابھی ابھی نقل مکانی کر کے اپنے اہلِ خانہ کے ساتھ پاکستان کے دل لاہور سے کینیڈا کے ثقافتی مرکز ٹورانٹو پہنچا تھا اور یہاں کی زندگی کے طور طریقوں اور معمولات سے متعارف ہو رہا تھا۔ سیٹ بیلٹ لگاتے ہی میں نے ایک نظر پیچھے مڑ کر دیکھا کہ ریڈیو پاکستان لاہور سے میرے دوست اور

مہربان ارشاد بھائی کس حال میں ہیں تو وہ سپورٹس کار کی مختصر عقبی نشست میں بھی خوش دکھائی دیے۔

"آپ نے سیٹ بیلٹ نہیں لگائی، ارشاد بھائی؟" میں نے مسکراتے ہوئے انھیں مخاطب کیا۔

"تم اپنی فکر کرو۔ اگلی نشست والوں کو ٹریفک ٹکٹ یا چالان کا زیادہ خطرہ ہوتا ہے۔ ویسے بھی میں یہاں بیٹھنے والا کب ہوں!" ارشاد بھائی نے جواب دیا۔

"کیا مطلب؟" میں حیران تھا۔

"بھائی، میں تو لیٹنے والا ہوں۔" انھوں نے ہنستے ہوئے میری حیرت کا جواب دیا تھا۔

خالد سہیل بھی ان کی بات سُن کر مسکرا دیے تھے۔ اور کار انھوں نے ڈان ملز روڈ کی طرف بڑھا دی تھی جہاں سے ہائی وے لے کر ہمیں شہر ہملٹن جانا تھا ارشاد بھائی کو چھوڑنے۔ آج بعد دوپہر جب ارشاد بھائی کا فون آیا تھا کہ وہ مجھ سے ملنے آرہے ہیں اور یہ کہ ان کے ساتھ ڈاکٹر خالد سہیل بھی ہوں گے تو مجھے واقعی مسرت ہوئی تھی کہ اس شہر ناشناساں میں کسی اپنے سے ملاقات کی صورت بن جائے گی۔ میں خالد سہیل سے بالمشافہ تو کبھی ملا نہ تھا۔ ان سے تعارف ان کی تخلیقات کے وسیلہ ہی سے تھا جو اپنے طور پر بہت بھرپور تھا۔ یہ تعارف ایک دو روز سے نہیں بلکہ کئی عشروں پر محیط تھا۔

اس روز ٹورانٹو میں دسویں منزل پر واقع ہمارے اپارٹمنٹ کے انتہائی مختصر فرنیچر والے مہمانوں کے کمرے میں پہلی ملاقات پر انھوں نے اپنا شعری مجموعہ "تلاش" پیش کیا تھا تو اس پر اپنے قلم سے یہ شعر بھی لکھ دیا تھا:

آج کل رِشتوں کا یہ عالم ہے
جو بھی نبھ جائے بھلا لگتا ہے

یوں انفرادی اور اجتماعی رشتوں کے ہمہ وقت بدلتے تقاضوں اور نوعیت کے حوالہ سے ان کی احساساتی کیفیت مجھ پر کچھ کچھ آشکار ہونے لگی تھیں۔ پھر ہم چائے پر کچھ سنجیدہ ادبی گفت گو کرتے رہے۔ میں نے ان کے چچا جان پروفیسر عارف عبدالمتین صاحب کے ساتھ اپنے والدِ گرامی یزدانی جالندھری صاحب کی دوستی، بڑے بھائی خالد یزدانی کی شاگردی اور اپنے تعلق خاطر کا ذکر چھیڑ دیا کہ کس طرح ان سے ریڈیو پاکستان کے پروگراموں کے علاوہ حلقہ ارباب ذوق اور حلقہ ادب کے 'گرما گرم' اجلاس میں بھی ملاقات رہتی اور شیزان اور سیلوز نامی ریستورانوں کے ٹھنڈے ماحول میں بھی اور کبھی کبھی چشتیہ ہائی سکول سے متصل ان کے گھر پر بھی۔ خالد سہیل یہ سب سن کر مسکراتے رہے۔ وہ شاید اپنی یادوں کی وادی میں سرگرداں تھے جس میں چچا جان سے ملنے لاہور آنے، ان سے زندگی اور ادب پر سوالات پوچھنے اور جوابات پا کر کچھ اور حیران ہو جانے کے مناظر چل رہے ہوں گے۔ بظاہر وہ خاموش تھے۔

"بہت کم گنجائش ہوتی ہے سپورٹس کار میں۔" میں نے خاموشی کی باڑھ پار کرتے ہوئے ہائی وے پر دوڑتی تیز رفتار گاڑیوں سے نظر بنا کر ڈاکٹر خالد سہیل کو مخاطب کیا تھا۔

"اس میں تو بمشکل دو بندے بیٹھ سکتے ہیں۔" میں نے مزید کہا۔

"دو بندے؟ کیا بات کر رہے ہیں آپ! میرے بے تکلف دوست تو کہتے ہیں کہ اس کار میں صرف ایک بندے اور ایک بندی کے بیٹھنے کی گنجائش ہے۔" انہوں نے فوراً کہا تھا۔

ایک بے اختیار مشترکہ قہقہے نے اجنبیت کی گاڑھی لکیر کو ذرا سا اور ہلکا کر دیا تھا۔ میرے استفسار پر بتانے لگے کہ وہ ایم بی بی ایس کرنے کے بعد مزید تعلیم کے حصول کے لیے پہلے ایران اور پھر اِدھر کینیڈا چلے آئے تھے اور پھر مزید تعلیم کے ساتھ ساتھ

ملازمت کا آغاز بھی کینیڈا میں کیا۔ اپنی پیشہ ورانہ مصروفیات کے باوجود انھوں نے شعر و ادب کو نظر انداز نہیں ہونے دیا۔ پھر مجھ سے پوچھا کہ میرا تعلیمی اور منصبی پس منظر کیا ہے؟ میں نے اپنا وہی راگ الاپنا شروع کر دیا کہ گورنمنٹ کالج لاہور سے ایف اے اور بی اے کیا اور پنجاب یونی ورسٹی سے ایم اے سوشیالوجی۔ چند برس اسی مضمون میں لیکچرارشپ کی۔ ساتھ ساتھ اخبارات و جرائد میں جز وقتی ملازمتیں اور ریڈیو پاکستان لاہور میں بطور کمپیئر اور سکرپٹ رائٹر بھی کام کرتا رہا۔ جرمن زبان سے دل چسپی ، ریڈیو کا عملی تجربہ اور دیرینہ دوست امجد علی کے توسط سے ریڈیو ڈوئچے ویلے کولون، دی وائس آف جرمنی کی اُردو سروس کے کار پردازان سے تعارف و رابطہ ہو گیا اور یوں پروڈیوسر ہو کر تین سال کے لیے جرمنی چلا گیا۔

’’لیکن اس سارے تجربہ میں زیادہ دل چسپ کیا تھا آپ کے لیے؟‘‘ انھوں نے کار کے سٹیرنگ کو دائیں جانب موڑتے ہوئے پوچھا۔

’’انٹرویو کرنا مجھے بہت دل چسپ لگا۔‘‘ میں نے جواب دیا

’’تو کس سے انٹرویو کرنے میں زیادہ محنت لگی؟‘‘ خالد سہیل گویا اب میرا انٹرویو کر رہے تھے۔

”قرۃ العین حیدر یعنی عینی آپا سے انٹرویو مشکل بھی تھا اور دل چسپ بھی۔ ویسے تو میں نے لاتعداد انٹرویوز کیے ہیں۔‘‘ میں نے جواباً کہا۔

’’ارے کس کا انٹرویو کر رہے ہو اب یہاں کار میں؟‘‘ ارشاد بھائی کی آنکھ کھل گئی تھی۔ ’’کیا آیا نہیں ہیملٹن ابھی تک؟‘‘

’’بس پہنچ ہی گئے ہیں، جناب۔ اس پہاڑی سے اوپر جانا ہے نا ہمیں؟‘‘ ڈاکٹر خالد سہیل نے ان سے پوچھا تھا۔

’’جی ہاں۔ اور پھر تیسری سڑک سے بائیں۔ آگے میں بتا دوں گا۔ اب جاگ

گیا ہوں میں۔'' ارشاد بھائی نے کہا اور مستعد ہو کر بیٹھ گئے۔

ارشاد بھائی کو ان کے گھر اتارنے کے بعد ہم دونوں واپس ٹورانٹو روانہ ہوئے۔ اب رات ہو چکی تھی۔ ہائی وے پر ٹریفک بھی کم تھی۔ سپورٹس کار سرپٹ دوڑ رہی تھی دائیں بائیں لگے سائن بورڈز اور قمقموں کی جھلملاہٹ کو پیچھے چھوڑتے ہوئے۔

''ڈاکٹر صاحب! کچھ اپنی نجی زندگی کے بارے میں بتائیے، اگر مناسب سمجھیں تو۔'' اب انٹرویو کی باری میری تھی۔ سفر بھی تو کاٹنا تھا۔

''میری نجی زندگی سے اگر آپ کی مراد شادی اور بچے وغیرہ ہیں تو جواب بہت آسان اور سیدھا ہے کہ میں ان بندھنوں سے آزاد ہوں۔'' انھوں نے اطمینان اور اعتماد سے جواب دیا۔

''کوئی خاص وجہ اتنے بڑے فیصلہ کی؟'' میں نے جھجکتے جھجکتے ہوئے پوچھا۔

''زندگی اس ڈھنگ پر گزری اور حقیقت قطعی فطری طور پر آشکار ہوئی کہ یہ بندھن میرے نظریۂ حیات اور زندگی کی ترجیحات سے لگا نہیں کھاتے۔ میں آزادی سے رہتا ہوں۔ اپنے ڈھنگ سے جیتا ہوں اور بہت خوش ہوں اپنی زندگی سے۔ مجھے کبھی کوئی کمی نہیں محسوس ہوئی اپنے سیٹ اپ میں۔ کام ہے۔ دوست احباب ہیں جن میں خواتین و حضرات دونوں شامل ہیں اور پھر تخلیقی سرگرمیاں۔ بھرپور ہے میری زندگی۔" وہ کہتے چلے گئے۔

"تو کیا نجی انسانی ضروریات ان رشتوں، ان بندھنوں کے بغیر پورا کرنا ٹھیک لگتا ہے آپ کو؟" میں نے ایک سوال اور کیا۔

"بالکل، قطعی ٹھیک سمجھتا ہوں۔ بات تو انڈرسٹینڈنگ اور رضامندی کی ہے۔ اگر دو بالغ افراد ایک دوسرے کے ساتھ کوئی رشتہ استوار کرنا چاہتے ہیں تو کیوں نہیں۔ میرے خیال میں ان پر کوئی دباؤ ہونا بھی نہیں چاہیے۔" ڈاکٹر صاحب کا جواب تھا۔

"لیکن یہ رشتہ مستقل بھی تو ہوسکتا ہے۔"

"نہیں، میں ایسے طویل المدت اور رسمی رشتوں کی ضرورت پر یقین نہیں رکھتا اور اس ضمن میں مذہبی یا سماجی تحفظات کے حوالے سے بھی اپنے تحفظات رکھتا ہوں۔ انسان آزاد ہے اپنی زندگی کے فیصلوں میں۔ بس اسے کسی پر ظلم و زیادتی یا جبر روا نہیں رکھنا چاہیے۔"

"کیا ایسے غیر مشروط اور غیر رسمی تعلقات کام یاب رہتے ہیں؟" میں نے پوچھا۔

''بالکل کام یاب رہتے ہیں۔ یہ باتیں مشرقی روایات سے کچھ ہٹ کر ہیں اس لیے انھیں سمجھنے میں کچھ دشواری ضرور ہوسکتی ہے۔ لیکن میرے لیے اور مجھ سے کتنوں کے لیے کارآمد ہیں۔ مجھے خوشی ہے کہ یہاں کینیڈا میں جنسی گھٹن والی بات نہیں۔ ہمارے وہ احباب جو ان روایات کو پسند کرتے ہیں مجھے ان سے کوئی شکایت نہیں۔ میں ان کے فیصلے کا احترام کرتا ہوں۔ یہاں ہم سب آزاد ہیں اور اپنی سی زندگی جی بھی سکتے ہیں تو کیوں نہ جئیں؟" انہوں نے اطمینان سے کہا تھا۔

"لیکن جب آپ اپنی کمیونٹی کے لوگوں سے ملتے ہیں تو ان کے تاثرات کیا ہوتے ہیں؟ کیا آپ کو قبول کرتے ہیں؟"

"بہت سے تو کرتے ہیں۔ کچھ نہیں بھی کرتے ہوں گے۔ اس سے فرق بھی کیا پڑتا ہے! ان کی اپنی سوچ ہے۔ اب اگر کوئی خاتون مجھ سے بات کرنا چاہتی ہے یا میرے ساتھ تعلق رکھنا چاہتی ہے تو کسی کا اعتراض کرنا بنتا نہیں۔ وہ بالغ ہے، آزاد ہے اور اپنا فیصلہ کرنے میں خود مختار۔" انہوں نے دوٹوک جواب دیا۔

''تو اس کار کی دوسری سیٹ پر کئی بندیاں بیٹھ چکی ہیں؟'' میں نے ایک بندہ اور ایک بندی والی بات کا حوالہ دیتے ہوئے شرارت سے کہا تھا۔ خالد سہیل اپنی داڑھی

مونچھ کے اندر سے مسکرا دیے تھے۔

ادھر مجھے ان کے افسانوں کے کردار کچھ کچھ سمجھ آنے لگے اور ادھر میرا اپارٹمنٹ آ گیا۔ اگلی ملاقات طے کیے بغیر ہم نے ایک دوسرے کو خدا حافظ کہا اور اگلے ہی لمحے ان کی سرخ 'درویش' کار جس کا ذکر امجد اسلام امجد کے سفرنامہ میں پڑھ چکا تھا، بلڈنگ سے باہر سڑک پر موڑ مڑ گئی تھی۔ اس کے بعد ہماری براہ راست ملاقاتیں کم کم ہوئیں۔

سن دو ہزار سات میں مَیں نے ولفرڈ لاریے یونی ورسٹی واٹرلو سے سوشل ورک میں ماسٹرز ڈگری حاصل کی تو ڈاکٹر صاحب بہت خوش ہوئے۔ اس سے اگلے سال کینیڈا میں حلقہ اربابِ ذوق ٹورانٹو قائم ہوا تو مجھے اس کا پہلا سیکرٹری بننے کا اعزاز حاصل ہوا۔ طاہر اسلم گورا جائنٹ سکریٹری کے فرائض نبھانے پر راضی ہو گئے۔ یوں سال بھر حلقہ بڑی کام یابی سے چلا۔ ماہانہ تنقیدی نشستوں کا اہتمام ہونے لگا جن میں ملک اور بیرونِ ملک سے تخلیق کار شرکت کرنے گئے۔ ڈاکٹر خالد سہیل حلقہ کے اجلاسوں میں باقاعدگی سے آتے اور پیش کی گئی تخلیقات پر اپنی بے لاگ رائے کا اظہار کرتے۔ وہ شہر کی بعض دوسری تقریبات کے علاوہ 'فیملی آف دی ہارٹ' کے پروگراموں میں باقاعدہ شریک ہوتے تھے بلکہ ان کی انتظامی ذمہ داریاں بھی سنبھالے ہوئے تھے۔

مجھے یہ اعزاز بھی حاصل ہے کہ میرے پہلے شعری مجموعہ 'ابھی اِک خواب رہتا ہے' کے دوسرے ایڈیشن میں خالد سہیل کا فلیپ بھی شامل ہے۔ اس دوسرے ایڈیشن کے ساتھ میرا دوسرا شعری مجموعہ 'گہری شام کی بیلیں' بھی اشاعت پذیر ہوا۔ یہ کتابیں دینے کے لیے میں پھر ان سے ملا۔ ہم دونوں مسی ساگا میں واقع کیفے ٹم ہارٹن میں ملے اور کافی کے کپ پر دیر تک زندگی اور ادب پر باتیں کرتے رہے۔ اس دوران میں ڈاکٹر خالد سہیل نے اپنے نئے پروگرام گرین زون اور لوگوں کے نفسیاتی مسائل کے حل کے لیے

سائیکوتھیراپی کلینک کے بارے میں بھی مجھے بتایا۔ مجھے ان کی ان تعمیری سرگرمیوں کے بارے میں جان کر بے حد خوشی ہوئی۔ میں ان دنوں بچوں اور خاندانوں کی بہبود کے ایک ادارہ سے منسلک تھا۔

پھر سوشل میڈیا پر ان سے مسلسل رابطہ رہا۔ یعنی دُوری کبھی محسوس نہیں ہوئی۔ میں ان کی تحریریں پڑھتا رہا۔ مضامین، افسانے، کالم۔ سبھی کچھ۔ ابھی حال ہی میں ایک فعال، ترقی پسند ویب سائٹ "ہم سب" پر ان کا پانچ سواں کالم چھپا تو گویا کالم نویسی کا ایک نیا ریکارڈ قائم ہو گیا۔ ان کے کالم متنوع موضوعات کے حامل ہیں جن میں جہاں وہ ادب و ثقافت کی بات کرتے ہیں وہاں سیاست اور نفسیات کو بھی نظرانداز نہیں کرتے۔ میرا احساس یہ ہے کہ نفسیاتی اُلجھنوں کے حل کے حوالہ سے ان کے کالم بہت زیادہ پسند کیے گئے۔ اس کی وجہ شاید یہ بھی رہی ہو کہ ان کی تحریر ان کے خیالات کی طرح شفاف اور واضح ہوتی ہے اور پھر وہ لگی لپٹی رکھے بغیر سائنسی حقائق کی روشنی میں معاملات کی وضاحت کرتے ہیں۔ وہ کسی موضوع کو بھی اظہار کے لیے شجرِ ممنوعہ نہیں سمجھتے۔ مجھے تو خیر ان کے دیگر کالم اور تحریریں بھی بہت اچھی لگیں۔

حال ہی میں ان کی تحریر 'کامریڈ کا خواب' نظر سے گزری۔ بہت اچھی لگی۔ یہ تحریر افسانوی آہنگ میں تحریر کیے گئے حقائق کی آئینہ دار تھی؛ بیک وقت فکر انگیز بھی اور الم ناک بھی۔ اس میں مکالمہ کے دوران انقلاب بمقابلہ ارتقا، معاشی منزل بمقابلہ نفسیاتی مراحل یعنی اس تفریق کو اُجاگر کیا گیا تھا۔ اور انہی کے ذریعے کرداروں کی شخصیت کی ترجمانی کی گئی ہے۔ تاریخی حوالہ جات بھی برمحل اور موزوں تھے اور ان سب سے ہٹ کر بیان میں ایسی بے ساختگی اور شفافیت ہے جو گہری فکر، طویل ریاضت اور علمی ترفع کا نتیجہ ہوتی ہے۔

حال ہی میں اپنا افسانوں کا مجموعہ 'خالی بالٹی اور دوسرے افسانے' پیش کرنے

کی غرض سے ان سے ملا تو پھر سے خوب باتیں ہوئیں۔ زندگی پر، ادب پر، حالات پر۔ انھوں نے میرے افسانوں کے مجموعے کی اشاعت پر خوش گوار حیرت کا اظہار کرتے ہوئے مجھے مبارک باد بھی دی اور اپنے چار مجموعے بھی عطا کیے۔ میں نے 'ڈی کیف' کافی اور دھنک رنگ ڈونٹ سے لطف اندوز ہوتے ہوئے ان سے کئی سوال پوچھے اور انھوں نے ان کے جواب دینے کے ساتھ ساتھ اپنی زندگی کے سفر کے مختلف مراحل کو بھی واضح کیا کہ کس طرح ان کے والد پروفیسر عبدالباسط صاحب اور چچا پروفیسر عارف عبدالمتین صاحب نے ان کی ذہنی اور تخلیقی تربیت کی اور زندگی کے رویوں کو مثبت اور صحت مند انداز میں سمجھنے میں مدد کی۔

پروفیسر عبدالباسط صاحب نے انھیں ہر طرح کی تنگ نظری سے بچنے کی اور سب کا احترام کرنے کی تعلیم دی جبکہ پروفیسر عارف عبدالمتین صاحب کی رہنمائی نے ان کی ادبی اور تخلیقی صلاحیتوں کو جلا بخشی۔ وہ اپنے افسانوں کے بعض کرداروں کی طرح اپنی والدہ کو بہت محبت سے یاد کرتے ہیں مگر شادی کے حوالہ سے ان کی حکم عدولی پر بھی خوش ہیں کہ اس طرح وہ اپنے ڈھنگ کی زندگی گزارنے کے قابل ہوئے۔ میرے بنگلہ دیشی شاعر ادیب دوست جاہد الحق کی طرح وہ بھی اس رسمی بندھن کو تخلیق کار کے راستے کی رکاوٹ خیال کرتے ہیں۔ ان کے نزدیک زندگی کو فطری انداز میں رواں دواں رہنا چاہیے۔ ان کے نظریۂ زندگی سے اختلاف ممکن ہے تاہم اس حقیقت سے انحراف ممکن نہیں کہ ڈاکٹر خالد سہیل ایک اوریجنل اور خالص تخلیق کار ہیں۔ ان کی تحریروں اور ان کی زندگی میں دیانت دارانہ مطابقت موجود ہے۔ ان کے پانچ سو کالم مکمل ہونے پر میں نے 'ہم سب' میں لکھا تھا:

> ''خالد سہیل میرے پسندیدہ تخلیق کار ہیں۔ میں نے ان کی نثر بھی پڑھی ہے اور شاعری بھی اور الیکٹرانک میڈیا پر ان کے علمی پروگرام بھی دیکھے

اور سنے۔ان سے غائبانہ تعارف کئی عشرے پہلے ہوا تھا جب میں لاہور میں ابھی طالب علم تھا اور ادبی جرائد کے مطالعہ کا شوق رکھتا تھا۔پاکستان اور جرمنی میں قیام تک کا غائبانہ تعلق یہاں کینیڈا میں بالمشافہ ملاقاتوں اور اور ایک پر احترام دوستی میں بدل گیا۔خالد سہیل صاحب کی شخصیت اور تاثر سے بھر پور اردو اور انگریزی تخلیقات ان کے باطن کی شفافیت اور حقیقت پسندانہ طرز فکر کی عکاس اور ترجمان ہیں۔میں ان کا ایک قدیم مداح ہوں اور اس بات پر نازاں ہوں۔''

ان خیالات اور جذبات کا اظہار میں نے اپنی تازہ ترین ملاقات میں بھی کیا اور مجھے یہ جان کر خوشی اور طمانیت محسوس ہوئی کہ بظاہر کم ملاقاتوں کے باوجود ڈاکٹر خالد سہیل اپنے دوستوں کی آرا کی قدر کرتے ہیں اور انھیں مساوی احترام کا حق دار سمجھتے ہیں۔

باتیں کرتے کرتے ہم 'ٹم ہارٹن' سے باہر نکلے تو خدا حافظ کہتے ہوئے مجھے ان کے ساتھ 1999 کی پہلی ملاقات کا 'الوداع' لمحہ یاد آ گیا۔تاہم اس بار ایک دو نہیں پوری تین باتیں مختلف ہوئیں۔ایک تو جدا ہوتے ہوئے اگلی ملاقات کا طے ہوا کہ اب جب ہم ملیں گے تو صاحبِ طرز نظم نگار امیر حسین جعفری بھی ساتھ ہوں گے۔دوسرے، باہر ان کی 'ایک بندے اور ایک بندی' والی سپورٹس کار کی جگہ ایک دوسری کار کھڑی تھی اور تیسرے یہ کہ ان کی کار کی لائسنس پلیٹ پر "درویش" کی جگہ "ہیومنسٹ" یعنی "انسان دوست" نے لے لی تھی۔

درویش اور انسان دوست میں کیا فرق ہے؟

یہی کچھ سوچتے ہوئے میں اپنی کار کی طرف بڑھ گیا تھا۔

000

درویش کی جوانی اور سپورٹس کار کی کہانی

خالد سہیل

محترمی ومکرمی حامد یزدانی!

جب سے آپ کا درویش اور سرخ سپورٹس کار والا کالم 'ہم سب' پر چھپا ہے اور ہزاروں لوگوں نے پڑھا ہے تب سے مجھے دختران خوش گل کے محبت بھرے پیغامات آ رہے ہیں کہ کاش ان کی ان دنوں مجھ سے ملاقات ہوئی ہوتی جب آتش جوان تھا اور سرخ سپورٹس کار چلاتا تھا تاکہ وہ بھی زندگی کی شاہراہ پر میری ہمسفر بن سکتیں اور ڈرائیور کی ساتھ والی سیٹ پر بیٹھ کر 'جس پر آپ بھی بیٹھے تھے' کینیڈا کی سڑکوں پر اُڑتیں اور عابدہ پروین، نیرہ نور، ریشماں، کینی جی اور کینی روجرز کے گانوں سے محظوظ ہوتیں۔

آپ کا کالم پڑھ کر مجھے بھی اپنی پرانی محبوبہ کے ساتھ گزارے ہوئے شام وسحر یاد آ گئے۔ آج میں آپ کو درویش کی جوانی اور اس پرانی محبوبہ اس سرخ سپورٹس کار کی کہانی سنانے آیا ہوں۔

مجھے وہ سہ پہر یاد ہے جب میں نے پہلی بار ایک سرخ ٹرانز ایم کار Red Transam اور اس کے وجیہہ ہڈ پر ایک شاہین کی تصویر دیکھی تھی۔ اسے دیکھ کر میرے دل نے سرگوشی کی تھی کہ ایک دن مجھے یہ گاڑی خریدنی ہے اور اس میں بیٹھ کر

سارے کینیڈا کی شاہراہوں پر ہزاروں میلوں کی سیر کرنی ہے۔

چنانچہ جب 1982 میں میموریل یونیورسٹی سے میری نفسیات کی تعلیم مکمل ہوئی، میں نے ایف آر سی پی کا امتحان پاس کیا اور مجھے نیو برنزوک میں ماہرِنفسیات کے طور پر پہلی ملازمت ملی تو میں نے سوچا کہ دو خوابوں کو شرمندہ تعبیر کرنے کا وقت آ گیا ہے۔ پہلا خواب اپنی والدہ کو گھر خرید کر دینا تھا اور دوسرا خواب ایک سرخ سپورٹس کار خریدنی تھی۔

میں نے والدہ کو پاکستان فون کیا اور کہا کہ جب سے آپ نے ہندوستان سے پاکستان ہجرت کی ہے تب سے آپ کی خواہش ہے کہ آپ کا اپنا ایک گھر ہو تو وہ وقت آ گیا ہے کہ آپ اپنی پسند کا گھر خرید لیں۔ چند دنوں کے بعد انہیں کرشن نگر لاہور میں، جس کا نام وقت اور حالات کے بدلنے اور مشرف با اسلام ہونے سے اسلام پورہ ہو چکا تھا، ایک گھر پسند آیا جس کی قیمت چار لاکھ تھی یعنی چالیس ہزار ڈالر کیونکہ ان دنوں ایک ڈالر کی قیمت دس روپے ہوا کرتی تھی۔ میں نے بینک سے چالیس ہزار ڈالر قرض لیے اور اپنی والدہ کو بھیج دیے تا کہ وہ گھر خرید سکیں۔ گھر خریدنے کے بعد جب مجھے پتہ چلا کہ اس کی ایک دیوار مسجد سے ملتی ہے تو مجھے غالب کا شعر یاد آ گیا:

مسجد کے زیر سایہ اِک گھر بنا لیا ہے
یہ بندۂ کمینہ ہمسایہ خدا ہے

پہلا خواب شرمندہ تعبیر ہو گیا تو میں نے دوسرے خواب پر اپنی توجہ مرکوز کی۔ سرخ سپورٹس کار پسند کی تو پتہ چلا کہ نئی کار کی قیمت گیارہ ہزار ڈالر ہے لیکن سود کی شرح نا قابلِ یقین حد تک بڑھ چکی ہے یعنی 22 فیصد ہے۔

میں نے گھر آ کر سوچا کہ اگر میرے چار دوست اپنا قرض واپس کر دیں تو میں بغیر سود کے گاڑی خرید سکتا ہوں کیونکہ ایک دوست ایک ہزار، دوسرے دوست

دو ہزار، تیسرے دوست چار ہزار اور چوتھے دوست پانچ ہزار کے مقروض تھے۔ یہ سب مل کر بارہ ہزار بنتے تھے اور مجھے گیارہ ہزار کی ضرورت تھی۔ لیکن جب میں نے اپنے چاروں دوستوں کو فون کر کے رقم مانگی تو پتہ چلا کہ وہ چاروں مرزا غالب کے روحانی رشتہ دار بن چکے تھے اور ان کے اس شعر پر عمل کر رہے تھے۔

قرض کی پیتے تھے مے لیکن سمجھتے تھے کہ ہاں
رنگ لائے گی ہماری فاقہ مستی ایک دن

جب میرے دوست اپنی فاقہ مستی میں مگن دکھائی دیے تو میں نے وہ سرخ ٹرانز ایم 22 فیصد سود پر ہی خرید لی تا کہ میں اپنی جوانی کا خواب پورا کر سکوں۔

سرخ سپورٹس کار خریدنے کے بعد مجھے دو ایسی باتوں کا اندازہ ہوا جن سے میں پہلے بے خبر تھا۔

پہلی سر پرائز ایک خوش گوار سر پرائز تھی۔ کار کے اندر لگے ہوئے آٹھ سپیکر اتنے شاندار تھے کہ موسیقی سننے کا مزا دوبالا ہو جاتا تھا۔

دوسری سر پرائز قدرے حوصلہ شکن تھی اور وہ یہ تھی کہ نیو برنزوک میں شاہراہیں بہت کم تھیں۔ شہر کی گلیاں اور بازار ایسے تھے جن پر سپیڈ لمٹ پچاس، ساٹھ اور ستر کلومیٹر تھی۔ یہ تو ایسا ہی تھا جیسے آپ کی محبوبہ آپ کے ساتھ رومانوی دن گزارنے آئے اور آ کر بتائے کہ وہ روزے سے ہے۔

جب میں نیو برنزوک کی گلیوں، بازاروں اور سڑکوں سے قدرے مایوس ہوا تو میں نے اپنی نیوفن لینڈ کی پرانی محبوبہ سے کہا کہ چلو مل کر کینیڈا کی شاہراہوں کی سیر کرنے چلتے ہیں۔ وہ راضی ہو گئیں۔ اور ہم دونوں نے نیو بنزوک سے البرٹا کا پانچ ہزار کلومیٹر کا سفر کیا۔ ہم ہر روز ایک ہزار کلومیٹر کار چلاتے تھے۔ ویسے ہم کہنا مناسب نہیں کیونکہ سفر شروع ہونے کے بعد انہوں نے مجھے بتایا کہ وہ ہائی وے پر گاڑی چلاتے گھبراتی ہیں۔

چنانچہ دونوں طرف گاڑی میں نے ہی چلائی اوراکیس دنوں میں دس ہزار کلومیٹر ڈرائیو کی۔

اس ڈرائیو سے میرا اسپورٹس کا چلانے کا شوق پورا ہوا اور طبیعت سیر ہوئی۔

جب ایک محبوبہ کی سیر کی خبریں دوسری محبوباؤں تک پہنچیں تو وہ بھی فیض حاصل کرنے آئیں اور درویش نے کسی بھی محبوبہ کا دل دکھانا یا مایوس کرنا اپنی شانِ درویشی کے خلاف سمجھا۔

جب درویش اونٹاریو آیا تو اور بھی خوش تھا کیونکہ اونٹاریو میں ہائی وے 401، ہائی وے 400 اور ہائی وے 427 اس کی منتظر تھیں۔ درویش خاص طور پر ہائی وے 407 کی تعمیر سے بہت خوش ہوا۔ ان شاہراہوں کی وجہ سے درویش کا سپورٹس کار چلانے کا شوق پورا ہو رہا تھا۔

درویش ہر پانچ سال کے بعد پرانی سپورٹس کار واپس کر کے نئی سپورٹس کار خرید لیتا تھا۔ وہ ہر سال تقریباً پچاس ہزار کلومیٹر چلاتا تھا جس کی اوسط ہفتے میں ایک ہزار کلومیٹر تھی۔ ان اعداد و شمار سے آپ کو درویش کی بے مقصد اور بامقصد آوارہ گردی اور بے راہ روی کے شوق کا اندازہ ہو گیا ہوگا۔

جب سے درویش نے سرخ سپورٹس کار خریدی تھی اسے مختلف شہروں کی دختران خوش گل بڑی للچائی نظروں سے دیکھتی تھیں اور دُور دُور سے فلائینگ کس بھی بھیجتی تھیں۔

درویش نے ایک "DARVESH" نام کی کار پلیٹ بھی بنوالی تھی تا کہ لوگوں کو پتہ چلے کہ یہ ایک موڈرن درویش ہے جو سپورٹس کار چلاتا ہے نہ کہ کسی خستہ حال جھگی میں رہتا ہے۔

پھر ایک دن ٹرانز ایم کار والوں نے بُری خبر سنائی کہ انہوں نے وہ کار بنانی بند کر دی ہے۔ درویش نے فیصلہ کیا کہ وہ اس کار کو اس وقت تک چلاتا رہے گا جب تک وہ

اسے خود ہی الوداع نہ کہہ دے۔

ایک شام ہائی وے 401 پر کار چلاتے اور وھٹبی سے ایک سو کلومیٹر دُور اپنی ایک دوست کے ساتھ ڈنر اور ڈائیلاگ کرنے بعد واپس آتے ہوئے درویش کو کار کی سسکیاں سنائی دیں۔ درویش نے سڑک کے کنارے کار روکی تو پتہ چلا کہ کار حالتِ نزع میں تھی اور اسے الوداع کہہ رہی تھی۔

درویش بھی افسردہ ہو گیا۔ جدائی کا وقت قریب تھا۔

درویش نے کار کو سڑک کے کنارے اکیلا چھوڑا اور کسی گیس سٹیشن اور ٹیلیفون بوتھ کی تلاش میں ہائی وے پر چلنے لگا۔ جب چند کلومیٹر چلنے کے بعد بھی گیس سٹیشن نہ آیا تو وہ سڑک کے کنارے رُک گیا۔ ان دنوں اس کے پاس سیل فون بھی نہ ہوتا تھا۔

درویش نے سوچا کہ یہ اس کی درویشی کا امتحان ہے۔

شام کی تاریکی رات کے اندھیرے میں ڈھل رہی تھی اور وہ کسی ویرانے میں تنہا تھا۔ کھویا کھویا۔

درویش کو اندازہ تھا کہ محبوب سے جدائی کا لمحہ آزمائش کا لمحہ ہوتا ہے۔ اس وقت ہمت اور حوصلہ نہیں ہارنا چاہیے۔

درویش نے اپنے دل کو بھی وہی کہا جو وہ دوسرے درویشوں کو ایسے ہی حالات میں کہتا ہے

’سب اچھا ہو گا‘

اس کا یہ کہنا ہی تھا کہ اچانک ایک پولیس کی گاڑی اس کے قریب آ کر رکی۔

پولیس افسر نے کہا:

’’میرا نام کیون میکلسٹر ہے۔ مجھے ایک ٹرک ڈرائیور نے فون کیا کہ آپ سڑک پر تنہا چل رہے ہیں میں آپ کی مدد کے لیے آیا ہوں آپ کون ہیں اور اس وقت

مشترکہ محبوبہ

"رات کے اندھیرے میں شاہراہ پر پیدل کیوں چل رہے ہیں؟"
اس اندھیرے میں اچانک اس پولیس افسر کا آنا کسی خضر کی آمد سے کم نہ تھا۔ درویش نے افسر سے کہا:

"میرا نام ڈاکٹر سہیل ہے۔ میری محبوبہ میری سپورٹس کار نے مجھے پچیس سال کی رفاقت کے بعد اچانک داغ جدائی دے دیا ہے۔ میں سی اے اے CAA...Canadian Automobile Association کا ممبر تو ہوں لیکن میرے پاس سیل فون نہیں ہے۔"

پولیس افسر مسکرایا۔ اس نے مجھے اپنی گاڑی میں بڑی عزت سے بٹھایا، سی اے اے کو فون کیا اور مجھے واپس میری محبوبہ کے پاس پہنچایا۔ کہنے لگا کہ سی اے اے کو آنے میں ایک گھنٹہ لگے گا۔ آپ گاڑی کے اندر بیٹھیں کیونکہ باہر بہت مچھر ہیں۔

میں نے اس ایک گھنٹے میں اپنی محبوبہ کی آغوش میں بیٹھ کر راز و نیاز کی باتیں کیں اور اس کا شکریہ ادا کیا کہ اس نے میری زندگی میں حسین یادوں کا اضافہ کیا۔

جب سی اے اے کا ڈرائیور ڈیوڈ آیا اور وہ میری محبوبہ کو اپنے ٹرک پر سوار کرنے کی کوشش کر رہا تھا تو وہ اچانک رُک کر بڑی بے ساختگی سے کہنے لگا:

"آپ کی کار بہت خوبصورت ہے۔ میرا نوجوان بیٹا سٹین ایک سال سے ایسی سرخ سپورٹس کار کی تلاش میں ہے۔"

میں نے کہا۔ "کیا آپ اس کار کو خریدنا چاہیں گے؟"
کہنے لگا۔ "کیوں نہیں؟"
میں نے کہا "کیا ادا کریں گے؟"
کہنے لگا۔ "پندرہ سو ڈالر"۔
میں نے کہا۔ "یہ گاڑی آپ کی۔ لیکن یہ ہچکیاں لے کر خاموش ہو گئی ہے۔ کچھ

اُداس ہوگئی ہے۔''

ڈیوڈ کہنے لگا۔''آپ بالکل فکر نہ کریں میں ایک مکینک ہوں میں اسے ٹھیک کردوں گا اور اپنے بیٹے کو اس کی اٹھارہویں سالگرہ پر اس کی پہلی محبوبہ کے طور پر پیش کروں گا۔ وہ اس تحفے سے بہت خوش ہوگا۔''

چنانچہ اگلے دن ڈیوڈ کاغذات لے آیا اور میں نے دستخط کر کے اپنی کار اس کے بیٹے سٹین کو تحفے کے طور پر پیش کردی۔

مجھے خوشی ہوئی تھی کہ میری سرخ سپورٹس کار کسی نوجوان کے دل کی ملکہ بن گئی تھی۔

میری جُدائی کی اُداسی میں کسی اور کے وصل کی شیرینی شامل ہوگئی تھی۔ایک کی پرانی محبوبہ دوسرے کی نئی محبوبہ بن گئی تھی۔

ڈیر حامد یزدانی!

یہ ہے درویش کی جوانی اور سرخ سپورٹس کار کی کہانی۔

اگر آپ کالم نہ لکھتے تو میرے دل کے نہاں خانوں میں اپنی پرانی محبوبہ کی بھولی بسری یادیں سرگوشیاں نہ کرتیں اور میں آپ کو یہ ادبی محبت نامہ نہ لکھتا۔ اس محبت نامے کا سہرا آپ کے سر اور یہ محبت بھرا پیغام آپ کے نام۔

آپ کا مداح

خالد سہیل

25 جون 2022

بہتّر برس کا نوجوان: ڈاکٹر خالد سہیل

حامد یزدانی

آج نو جولائی دو ہزار چوبیس ہے اور آج کے دن۔۔۔

مگر ٹھہریئے، آج پر بات کرنے سے پہلے اسّی کی دہائی کا ایک واقعہ سُن لیجیے۔

لاہور کے ہوٹل فلیٹیز کے کشادہ مرکزی ہال میں پاکستانی ثقافت پر ایک تقریب بپا تھی جس کی صدارت فیض احمد فیض صاحب کر رہے تھے۔ تقریب کے اختتام پر جب انھیں اظہارِ خیال کی دعوت دی گئی تو انھوں نے اپنی گفت گو کا آغاز کرتے ہوئے جہاں اس تقریب میں شریک مقالہ نگاروں کی حوصلہ افزائی کی وہاں مسکرا کر یہ اضافہ بھی کیا:

"جب ہمیں یہاں بات کرنے کی دعوت دی گئی تو ہم نے کہا کہ ہماری باتیں سُن کر آپ لوگ کیا کریں گے کہ ہمارے ہاں تو کوئی ساٹھ سے اُوپر کا ہو جائے تو اسے سٹھیا جانے کا طعنہ دینے لگتے ہیں۔ اور ہم تو اب "سترائے بترائے" گئے ہیں۔ ہماری سُن کر کیا کریں گے۔"

ان کی اس پُرلطف اور شگفتہ سماجی چوٹ پر ہال قہقہوں اور تالیوں سے گونج اُٹھا۔

یہ بات کوئی چالیس برس پرانی ہے۔ تب میری عُمر تیئیس چوبیس برس رہی ہوگی۔

اب جب عالمِ خیال میں اُس تقریب کی تالیوں کی گونج دھیمی پڑتی ہے تو نگاہ سامنے کھلے کیلنڈر پر جا ٹھہرتی ہے۔

نو جولائی سن دو ہزار چوبیس۔

اور آج کے دن مجھے عُرفِ عام میں "سٹھیائے ہوئے" دو سال سے اُوپر ہو چلے ہیں۔ اس سال اکتوبر میں میرے دامنِ عُمر میں تریسٹھویں گرہ لگے گی۔ ادھر ہمارے مہربان دانش ور دوست ڈاکٹر خالد سہیل آج بہتر برس کا ساحل عبور کر رہے ہیں؛ عمرِ رواں کی سنہری لہروں کو ایک نظر پیچھے مُڑ کر دیکھتے ہوئے اور سامنے نئے امکانات کے دل کش اور بے کراں آفاق پر نگاہیں جمائے ہوئے، چہرے پر "نمّی نمّی" مسکان سجائے ہوئے اور بہتّر کے عدد میں سات کو چار میں بدل کر بیالیس بناتے ہوئے۔ اپنے سال گرہ کے پیغام میں ڈاکٹر صاحب بظاہر ازرہِ تفنن اس کا ذکر کرتے ہیں:

"میں بہتّر برس کا ہو گیا ہوں مگر خود کو بیالیس کا محسوس کرتا ہوں۔"

اور اس خوش خبری پر میری چشمِ تصور کے کسی شریر کونے میں جانے کہاں سے کتنی ہی دیکھی، ان دیکھی دُخترانِ خُوش گِل کے تمتماتے چہرے گھوم جاتے ہیں۔

تاہم اِس سطرِ تفنن سے ہٹ کر سنجیدگی سے ڈاکٹر صاحب کی زندگی یعنی اُن کی سماجی، علمی، پیشہ ورانہ اور تخلیقی سرگرمیوں کے تسلسل پر نگاہ ڈالیں تو اُن کے شب و روز کے کنارے ہمیں ایک خاص توانائی سے جگمگاتے دکھائی دیتے ہیں۔ کوئی سال نہیں جاتا جب اچھوتے موضوعات پر، نت نئے انداز و اسلوب کی حامل تصنیفات و تالیفات ہماری حیرتوں کے در پر دستک نہیں دیتیں اور پھر ویب سائٹ "ہم سب" پر اُن کے فکر انگیز کالم اور یہاں ٹورانٹو میں اُن کی "فیملی آف دی ہارٹ" کی تقریباتِ ملاقات ان سب پر مستزاد ہیں جن میں شرکت کی دعوت کے ذریعہ وہ ہم سے "اُونگھتے" ہووں کے سٹھیاپے کو بھی احساسِ زندگی کی ترنگوں کی جانب بلاتے رہتے ہیں۔ مگر ہم ہیں کہ "زمین جنبد نہ جنبد گُل محمد" گنگناتے ہوئے حال مست رہتے ہیں۔

آغازِ ہفتہ پر ہی اختتامِ ہفتہ (ویک اینڈ) کی آمد کی دعائیں کرنے لگتے ہیں۔ گویا ہفتہ بعد ملنے والی چھٹی کا دن خوب یاد رکھتے ہیں مگر قابلِ رشک یادداشت کی خیر ہو

کہ اپنا جنم دن ہر سال بھول جاتے ہیں۔ اب ڈاکٹر صاحب کی طرح ہمارا حلقہ اربابِ محبت اتنا وسیع نہیں کہ شرق و غرب سے آمدِ یومِ ولادت کا غلغلہ اُٹھے۔ فیس بُک پر ننھی ننھی مبارک بادیوں کی لڑیاں کُھلنے لگیں اور ذرائع ابلاغ پر مفصل اور خصوصی مضامین اور بلاگ لکھے جائیں۔ یہ تو اہلِ خانہ ہیں جو غالباً کیک تناول کرنے کی آڑ میں سال گرہ کی رسم بھی نبھا دیتے ہیں۔ اور یوں یہ دن ایک سال کے لیے "معطل" ہو جاتا ہے۔

ڈاکٹر صاحب کا معاملہ ہم سے یکسر مختلف ہے۔ اُن کی دوستیوں اور محبتوں کا دائرہ قریب قریب لامتناہی ہے اور اس دائرہ میں ملک ملک اور نسل نسل کے لوگ شامل ہیں۔ عمر و صنف و رنگ و نسل کا کوئی امتیاز نہیں۔ ان کی سال گرہ منانے والوں میں لکھاری بھی شامل ہیں اور دانش ور بھی، فلسفی بھی اور فن کار بھی۔ یہ ان کی ملن سار طبیعت اور وسیع المشربی ہی کا کمال ہے کہ لوگ ان کی دعوت پر کشاں کشاں چلے آتے ہیں اور اس انسان دوست درویش سے "سیکولر" دعائیں حاصل کرتے ہیں۔

مجھے اس بار ان کی سال گرہ کے موقع پر ان کا ایک خصوصی انٹرویو کرنے کا اعزاز حاصل ہوا۔ یہ انٹرویو ہمارے ایک بہت مہربان سینئر شاعر دوست مرحوم قائم نقوی صاحب کے جاری کردہ ادبی جریدہ "نمود" کے لیے کیا گیا جو اپنی اگلی اشاعت میں ایک گوشہ ڈاکٹر صاحب کے لیے مختص کر رہا ہے۔

میں نے گفت گو کرتے ہوئے ڈاکٹر صاحب سے پوچھ ہی لیا:

''ڈاکٹر صاحب آپ کا شمار ان لکھاریوں میں ہوتا ہے جو مسلسل لکھ رہے ہیں اور متنوع اصناف میں لکھ رہے ہیں۔ اس سفر میں کہیں تکان دکھائی نہیں دیتی؟ تو وہ کیا ہے جو آپ کو سدا تحریک دیتا رہتا ہے، یوں موٹیویٹڈ رکھتا ہے؟''

تو کہنے لگے: "میں نوجوانی سے اپنے سچ کی تلاش میں ہوں اور زندگی کے خفیہ راز جاننا چاہتا ہوں۔ میں ایک طالبعلم ہوں اور کچھ سیکھنا چاہتا ہوں اور جو سچ پالوں جو راز

مشترکہ محبوبہ

جان لوں اس میں دوسروں کو شریک کرنا چاہتا ہوں۔ میں ایک ایسا ادبی کچھوا ہوں جو دھیرے دھیرے اپنی منزل کی طرف چل رہا ہے۔ مجھے راستے میں کئی ادبی خرگوش ملے جو کچھ عرصہ بعد یا تو سو گئے اور یا تھک گئے۔ میں بہتر برس میں بہتر کتابیں لکھنے کے بعد آج بھی نئے خیالات نئے نظریات اور نئے تجربات کی تلاش میں ہوں۔ میرے اندر کا بچہ ابھی زندہ ہے جو زندگی کو حیرت سے دیکھتا ہے۔ یہ حیرت ہی میری زندگی اور ادب اور نفسیات اور فلسفے سے محبت کا راز ہے۔''

میں نے کہا کہ انسانوں کی طرح آپ اصنافِ سخن میں بھی بھید بھاؤ روا نہیں رکھتے۔ مختلف اصناف میں رغبت سے لکھتے ہیں۔ ہر سال آپ کی دو تین کتابیں تو ضرور آ جاتی ہیں۔ اس تخلیقی توانائی کا سرچشمہ و راز کیا ہے؟ تو بولے:

''یہ سب کمال میری محبوباؤں کا ہے۔''

میں نے حیرت سے کہا:

''محبوباؤں کا؟''

تو مسکرا کر بولے:

''یہ حقیقت ہے۔ چلیے آج آپ کو یہ راز بھی بتائے دیتا ہوں۔ زندگی کے مختلف ادوار میں میری مختلف ادبی محبوبائیں رہی ہیں۔

ایک محبوبہ شاعری ہے

دوسری محبوبہ افسانہ نگاری ہے

تیسری محبوبہ ناول نگاری ہے

چوتھی محبوبہ خطوط نگاری ہے

پانچویں محبوبہ ترجمہ نگاری ہے

چھٹی محبوبہ انٹرویو نگاری ہے

آج کل ساتویں محبوبہ سے عشق چل رہا ہے جو کالم نگاری ہے۔

ساتویں محبوبہ کے ساتھ زیادہ وقت گزرتا ہے۔کبھی کبھار پرانی محبوبائیں بھی رشک میں ملنے آجاتی ہے لیکن کم کم کیونکہ اکثر اوقات وہ حسد کی آگ میں جلتی رہتی ہیں اور میں بھی تجاہل عارفانہ سے کام لیتا ہوں۔ میرا ایک شعر ہے

مجھ کو اکثر یہ گماں ہوتا ہے
میرے پہلو میں بہت سے دل ہیں''

ڈاکٹر صاحب یہ شعر سنا رہے تھے اور میں سوچ رہا تھا۔'بہت سے' کتنے ہوں گے؟ شاید ہزاروں۔کیا ویسے ہی ہزاروں جیسے بہادر شاہ ظفر کے لیے غالب نے ہزاروں دنوں کی بات کی تھی اور جس سے اختلاف کرتے ہوئے شوکت تھانوی صاحب نے اپنے مضمون ''اتوار'' میں لکھا تھا: ''اگر بجائے بہادر شاہ ظفر کے آپ کے جناب غالب صاحب قبلہ ہم کو یہ دعا دیتے ہیں کہ

تم سلامت رہو ہزار برس
ہر برس کے ہوں دن پچاس ہزار

تو ہم ان سے کہتے کہ قبلہ عالم یہ دعا آپ ہی کو مبارک رہے۔''

لگتا ہے شوکت تھانوی صاحب بھی طویل کے بجائے صحت منداور توانا زندگی کے خواہاں تھے۔ اور ہمارے ڈاکٹر صاحب بھی اپنی بہترویں سال گرہ پر صحت منداور چوکس دکھائی دیے۔ انھیں یوں ہشاش بشاش دیکھ کر میں رشک سے سوچتا رہ گیا کہ ''سترائے بترائے'' لوگ ایسے ہوتے ہیں کیا؟

یہ تو بہتر برس کے نوجوان ہیں۔

ooo

لاہور کا سقراط: ایک کتاب، ایک سفر

حامد یزدانی

ستر کی دہائی میں جب میں لاہور کے قدیم علاقہ مزنگ کی ٹیڑھی میڑھی گلیوں اور بازاروں میں اپنے ہم عمر دوستوں کے ساتھ مل کر کھیلنے کے لیے سگریٹ کی خالی ڈبیاں اکٹھا کرنے میں مگن ہوتا تھا۔ مجھے کہاں پتہ تھا کہ ان دنوں اسی شہر کے دانش کدوں، چائے خانوں اور ترقی پسندی کے مراکز پر لاہور کے سقراط علم و دانش، بیداری اور شعور کی کرنیں بانٹنے میں مصروف ہیں۔ وہ اپنے ہم نفسوں کو بامعنی سوچنے کے اور انسانی شخصیت میں درآنے والی توڑ پھوڑ پر نظر رکھنے کے مشورے دے رہے تھے۔

افتراق کی بنیادوں پر استوار تہذیب کو شکست دے کر ایک نئی انسانی تہذیب کی داغ بیل ڈالنے کی ضرورت پر زور دے رہے تھے کیوں کہ ان کے نزدیک موجودہ تہذیب اپنی رسومات و عقائد کے سبب بامعنی اور نئی گفتگو کو ہلاک کرنے پر تلی ہوئی ہے۔ اسی لیے وہ پکار رہے تھے کہ روایتی تہذیبی دیواروں کو توڑ کر نئے عہد میں داخل ہونا ضروری ہے۔ وہ کہہ رہے تھے:

> "ترقی پسند گفتگو کو چائے خانوں تک محدود نہ کرو۔ ان کی خوشبو کو آزاد کر دو اور ٹی ہاؤسوں کی دیواروں کو اتنا دُور لے جاؤ کہ گھروں کے دیوان خانے اور خواب گاہیں اور دفتروں کی کال کوٹھڑیاں ان ہی دیواروں کی زد میں آجائیں۔" (شخصیت، ذات اور ادب۔ مقالہ از: عزیز الحق)

جی، یہی تھے "لاہور کے سقراط" یعنی۔ ڈاکٹر عزیز الحق۔

عزیز الحق کو یہ خطاب اردو کے معروف ترقی پسند شاعر اور صحافی ظہیر کاشمیری نے اپنے ایک اخباری کالم میں دیا تھا۔ ذوالفقار علی بھٹو کی سیاسی جماعت پاکستان پیپلز پارٹی کے ترجمان اخبار (روزنامہ) مساوات میں یہ کالم عزیز الحق کی ناگہانی موت کے حوالہ سے تحریر کیا گیا تھا۔

عزیز الحق کی افسوس ناک اور اچانک موت کے محرکات سے قطع نظر ان کی زندگی کے مختلف پہلوؤں پر غور کریں تو ہم پر واضح ہوجاتا ہے کہ یہ عظیم استاد، لکھاری، دانش ور اور فلسفی اپنی زندگی کے ابتدائی ایام ہی سے ایک انقلاب آفرین منزل کو پانے کا تہیہ کیے ہوئے تھے۔ اور دل چسپ بات یہ ہے کہ وہ خود غرض قطعی نہیں تھے۔ وہ ذہنی آسودگی اور سماجی اور معاشی خوش حالی کی منزل کو اکیلے ہی نہیں پالینا چاہتے تھے۔ وہ اپنے اس تاریخی سفر میں سبھی کو اپنا ہم سفر بنانے کا خواب اپنی آنکھوں میں بسائے ہوئے تھے۔

خواب تو شاید ہم سبھی دیکھتے ہیں مگر ہمارے اور عزیز الحق کی خواب بینی میں واضح فرق ہے اور وہ یہ کہ ہم تصوراتی یا تخلیاتی خواب دیکھتے ہیں جبکہ عزیز الحق عملی خواب دیکھنے کے عادی تھے؛ ایسے خواب جو ابتدا ہی سے تعبیر کے ہاتھ میں ہاتھ ڈال کر چلتے ہیں۔ حتیٰ کہ وہ تخلیق، مثال کے طور پر، شاعری کے بارے میں بھی یہ یقین رکھتے ہیں کہ:

"شاعری خواب کا سا انداز کار اپنا کر ادب نہیں بن سکتی۔" (خواب اور شاعری۔ مقالہ از عزیز الحق)

گویا وہ معیاری ادب کو شعور کے میزان میں رکھ کر تولتے ہیں اور ادب کی وجودی تشریحات اور عملی کارگزاری اور اثرات کی اہمیت کو اُجاگر کرنے کے قائل ہیں۔ دوسرے الفاظ میں ہم کہہ سکتے ہیں کہ وہ ادب برائے زندگی کے نظریہ کو ادب برائے ادب کے نقطہ نظر پر ترجیح دیتے ہیں۔

ان کی زندگی پر سرسری نگاہ کرنے اور ان کے مقالوں کا مطالعہ کرنے سے ہمیں

بآسانی معلوم ہوجاتا ہے کہ وہ ادب کو فکر سے مربوط کر کے دیکھتے ہیں اور فکر کو عمل کی کسوٹی پر پرکھتے ہیں۔ ان کی فکر ترقی پسند فلسفہ وجودیت پر استوار دکھائی دیتی ہے۔ وہ سماجی طبقات میں بٹے معاشروں کو "ظالم اور مظلوم" زندگیوں سے عبارت کر کے وسائل کی منصفانہ تقسیم یعنی مساوات کی بنیاد پر مثالی معاشرہ کی اساس رکھنے کے خواہاں ہیں اور انفرادی کام یابی کے بجائے داخلی اور خارجی انقلابی عمل اور اجتماعی انسانی فتح کے علم بردار دکھائی دیتے ہیں۔ (مردہ معاشرے کی زندگی۔ مقالہ از: عزیز الحق)۔

ہم دیکھتے ہیں کہ یہ باشعور دانش ور معاشرے میں، اپنے اردگرد پھیلی ہوئی، لمحہ لمحہ بدلتی زندگی کی کشاکش کو سمجھنے اور سمجھانے کے لیے کہیں یونگ کے نفسیاتی دبستان کو متعارف کرواتے ہیں اور کہیں رسل کے "فری تھاٹ" کا حوالہ دیتے ہیں۔ کہیں کارل مارکس، جان ڈیوی، ارسطو، افلاطون، آئن سٹائن، اور برکلے کے افکار کا تجزیہ پیش کرتے ہیں اور ہر سچے فلسفی کو آزاد خیال قرار دیتے ہیں۔

(آزاد خیالی کیا ہے؟ مقالہ از: عزیز الحق)

اب یہاں ایک اور دل چسپ امر میرے سامنے ہے۔

1939ء میں پیدا ہونے والے اس عظیم دانش ور اور فلسفی کے پچاسویں یومِ وفات پر کینیڈا میں مقیم ایک خوش فکر اور حقیقی آزاد خیال، انسان دوست دانش ور اور لکھاری ڈاکٹر خالد سہیل نے مرحوم عزیز الحق کی باشعور اور ہنر آشنا صاحب زادی عظمیٰ عزیز صاحبہ کے اشتراک سے ایک قابل توجہ کتاب شائع کی ہے۔ جس کا نام انھوں نے رکھا ہے:

عزیز الحق۔ لاہور کا سقراط

سرورق پر عزیز الحق کا نام شفاف سفیدی سے نمایاں ہے جبکہ لاہور کا سقراط کے الفاظ سرخی سے دمک رہے ہیں۔ سرخ رنگ جو خون ناحق کا اعلان بھی کرتا ہے اور عزیز صاحب کے سیاسی وفکری رُخ کا اظہار بھی۔ 2022ء میں گرین زون پبلیکیشن کی طرف سے اشاعت پذیر ہونے والی اس اہم کتاب کا یہ بامعنی سرورق معروف آرٹسٹ شاہد شفیق

نے بنایا ہے جس پر اوپر کی طرف عزیز الحق صاحب کی تصویر چمک رہی ہے اور نیچے بائیں کونے میں مرتب جوڑے یعنی ڈاکٹر خالد سہیل اور عظمیٰ عزیز کی تصاویر آویزاں ہیں۔ پس منظر میں شہر لاہور کے تاریخی جھروکے بھی روشن ہیں اور پھر ڈھلکا ہوا ایک جام بھی جو سقراط کی علامت کو واضح کرتا ہے۔

جہاں تک عزیز الحق صاحب کے حرف وفکر سے میری آشنائی کا تعلق ہے یہ چند برس پہلے کی بات ہے جب انٹرنیٹ پر ان کے مضامین ایک ویب سائٹ کی وساطت سے میری نظر سے گزرے مگر اس نابغہ روزگار مفکر سے قدرے تفصیلی تعارف مجھے زیرِنظر کتاب ہی کے مطالعہ سے نصیب ہوا۔

کتاب کیا ہے، ایک گل دستہ ہے فکر کی خوشبو میں ڈُوبا ہوا اور محبت کے رنگوں سے دمکتا ہوا۔ جس میں ایک طرف ادبی خطوط کے پھول مہک رہے ہیں اور دوسری طرف سوچ کی کلیاں مسکرا رہی ہیں۔ ایک جانب اُردو تحریریں جلوہ نما ہیں اور دوسری طرف انگریزی مضامین دعوت مطالعہ دے رہے ہیں۔ نایاب تصاویر کا خزانہ اس پر مستزاد۔

کتاب مرتبین کی تحریروں تک ہی محدود نہیں۔ اس میں ہمیں عزیز صاحب کے بھائی انوارالحق کی یادیں بھی ملتی ہیں اور فیاض باقر کا مکتوب بھی۔ ہارون الرشید اور کرزئی کے مشاہدات بھی پڑھنے کو ملتے ہیں اور ہمراز احسن کا اقتباس بھی۔

یہ کتاب اس لحاظ سے بھی منفرد ہے کہ اس میں ذاتی، خانگی، سماجی، نفسیاتی، انفرادی اور اجتماعی، غرض ہر رُخ اور ہر پہلو سے تبادلہ خیال کیا گیا ہے اور محض یادیں ہی سانجھی نہیں کی گئیں بلکہ زندگی کی طرح صفحہ صفحہ اور قدم قدم ایک فکری ارتقا کی صورت پذیری بھی ہوتی دکھائی دیتی ہے اور ان جذبات واحساسات کو کسی ملمع کاری اور تصنع کے بغیر نہایت دیانت داری سے ہمارے سامنے رکھ دیا گیا ہے۔ قبولیت کا جبر نافذ کیے بغیر اور ردّ سے اظہار ناپسندیدگی کیے بغیر۔

یوں تو یہ کتاب ہم پر ڈاکٹر عزیز الحق کی شخصیت اور فکر وفلسفہ کے در بھی وا کرتی

ہے اور ڈاکٹر خالد سہیل کی فکر و دانش کے دریچے بھی کھولتی ہے مگر اس کی ایک منفرد جہت یہ ہے کہ یہ تالیف عظمیٰ عزیز صاحبہ کی شخصیت اور سوچ کے تدریجی ارتقا کی بھی زندہ داستان ہمیں سناتی ہے۔ ان کا سفر طبعی جھجک سے آغاز ہوتا ہے اور ادبی خطوط کے مکالمہ سے گزرتا ہوا زندگی کی مقصدیت پر انجام پذیر ہوتا ہے۔ ڈاکٹر خالد سہیل کے ساتھ ان کا یہ فکری سفر تاب دار بھی ہے اور فکر آفرین بھی۔

جس کے دوران میں قدم قدم ان کی زندگی، ان کے والد کی جھلکیاں، والدہ کی یادیں، حالات و خیالات میں رد و قبول کے مراحل، عزیز صاحب کا فلسفہ حیات، ان کے دوست، ان کی زندگی اور ان کی موت سبھی منظر ابھرتے ڈوبتے دکھائی دیتے ہیں اور دو صاحبان نظر کے اس مکتوباتی مکالمہ میں ہم ایک عہد کی داخلی اور خارجی تصویر دیکھ لیتے ہیں۔

یہ کتاب مجھے ایسا آئینہ لگتی ہے جس میں ہم ایک صاحب نظر کی عمیق فکر اور ایک سراپا اخلاص بیٹی کی آنکھ کے فاصلاتی لینز سے زندگی کے رنگا رنگ عکس دیکھنے کے قابل ہو جاتے ہیں۔ یہ عکس کہیں ہمیں عزیز الحق کا زمانہ دکھاتے ہیں اور کہیں ہمارا دور۔ کبھی ہم خود کو ان دنوں کے بہت قریب دیکھتے اور کبھی بہت دور۔ ایک سفر ہے، زندگی کی طرح رواں دواں۔ سوچنے پر مجبور کرتا ہوا، طمانیت دیتا ہوا، اداس کرتا ہوا، ٹھہرنے کا اشارہ دیتا ہوا۔ چلنے پر آمادہ کرتا ہوا۔

یہ کتاب، میرے نزدیک، فاصلوں کو مٹانے والی تصنیف ہے۔ ویسے بھی زندگی اور کتاب میں فاصلہ ہی کتنا ہوتا ہے!؟ شاید اتنا ہی جتنا ایتھنز کے سقراط اور لاہور کے سقراط میں ہے۔ دیکھیں تو صدیوں کی دوری اور سوچیں تو بس دو قدم یا شاید اس سے بھی کم۔ ساری بات احساس کی ہے۔ محترم بدھا بھی تو فرما گئے ہیں:

"فاصلہ میلوں سے نہیں بلکہ مسافر کی تھکن سے ماپا جاتا ہے۔"

ooo

''پاپی'' عُرف قُربِ قیامت کی نشانیاں

حامد یزدانی

خواتینِ باوقار اور حضراتِ خوش اطوار!

میرا بچپن لاہور کے ایک قدیم علاقے مزنگ کی گلی نمبر چالیس میں گزرا۔ (زیادہ حیران ہونے کی ضرورت نہیں میرا یقین کیجیے میں بھی کبھی بچہ رہا ہوں)۔

یہ وہی مزنگ ہے جس میں نامور شاعر میرا جی بھی، جنھیں ہمارے بعض 'پاک باز' دوست ''پاپی شاعر'' قرار دیتے ہوئے انتہائی دل چسپی سے پڑھتے ہیں، اسی بستی میں رہا کرتے تھے۔ خود کو پاپی کہنے والا اور کچھ ہو نہ ہو باشعور ضرور ہوتا ہے۔ وہ گناہ وثواب اور پاپ اور پُن کا فرق سمجھتا ہے۔ ہاں تو شاعر یعنی باشعور میرا جی کا گھر ہمارے گھر سے چند ہی گلیوں کے فاصلے پر تھا۔

(میرا جی کا حوالہ، آپ سمجھ ہی گئے ہوں گے، محض اپنی اس تحریر کو معتبر بنانے کے لیے دیا ہے ورنہ اس تحریر سے ان کا کچھ علاقہ نہیں)۔

اب ہوتا یہ تھا کہ دوپہر کو جب مائیں بچوں کو دھوپ سے بچا کر بغیر اے سی کے ٹھنڈے کمروں میں سُلا کر خود بھی نیند کی وادیوں میں کھو جاتیں تو یہ شریر بچے گھروں سے نکلتے اور مل کر گلی میں دھما چوکڑی مچانے لگتے۔ اسی دوران میں ہمارے محترم پڑوسی حاجی صاحب ظہر کی نماز پڑھ کر مسجد چاہ جھنڈی سے برآمد ہوتے۔ گلی میں دندناتے اور شور مچاتے ہم بچوں کو گھورتے اور مٹی سے آلودہ گیند سے اپنا سفید کُرتا اور تہہ بند بچاتے ہوئے کچھ یوں گزرتے گویا پُل صراط عبور کر رہے ہوں اور بحفاظت اپنے گھر کی دہلیز پر پہنچ کر

ایک لمبی سانس لیتے، گردن موڑ کر ہماری طرف دیکھتے، دو بار بآوازِ بلند استغفراللہ پڑھتے اور اور پھر فرماتے:

"اوئے، پاپیو، بندے بن جاؤ، قیامت نیڑے وے۔"

(پاپیو، انسان بن جاؤ۔ قیامت قریب ہے)۔

لیکن تب تک ہم گلی میں لڑھکتے گیند کو پکڑنے کی دُھن میں ان کے جملے اور قیامت دونوں کی زد سے بہت دُور نکل چکے ہوتے تھے۔ ایک بات کا احساس مجھے رہ رہ کر ہوتا ہے کہ اُس دور کے بچے آج کے بچوں سے بہت مختلف تھے۔ اُس دور میں بڑے بزرگ مشوروں اور دعاؤں پر مامور تھے اور بچے برداشت اور ادب پر۔ اب اسے میں دورِ حاضر میں علم کے وفور بمعنی اوورفلو کی علامت سمجھوں یا اپنی کم اعمالی کا شاخسانہ کہ اب بچے بھی پاکستان سے بلاناغہ ایسے عبرت خیز پیغامات ارسال کرتے ہیں کہ یہ بندہ ناچیز جو خط کے اخیر میں خود کو محض روایتاً عاصی یعنی پاپی لکھا کرتا تھا، قیامت سے پہلے ہی خود کو کٹہرے میں کھڑے کانپتے ہوئے دیکھنے لگتا ہے۔

تاہم آج یعنی اس وقت اگر آپ مجھ میں سرایت خفی کپکپی کو محسوس کر رہے ہیں تو یہ میرے خشوع وخضوع کا کمال نہیں بلکہ زیرِ نظر اس 'پاکیزہ' کتاب کی تاثیرِ جلی کی ایک جھلکی ہے۔ یہ کتاب جس کا نام "پاپی" ہے اور جس کا انتساب ہم سب کو اپنے حلقے میں سمیٹ لینے کے درپے ہے، یوں تو یہ ساری کی ساری کتاب قاری کی توجہ چھین لینے کی صلاحیت رکھتی ہے مگر اس کے اڑتالیس ابواب کے عنوانات میں کشش کا جوہر اور بھی نمایاں ہے اور یہ ضرور کسی 'پاپی' مصنف کی شرارت ہے وگرنہ اس کتاب کے مرکزی کردار توقطعی معصوم صوفی ہیں۔ ایک منزل عرفان سے ہم کنار ہے اور دوسرا یا دوسری جنت کی دربانی کے شعبے سے منسلک ہے۔

جنت کے دروازے تک رسائی کے فردائی امکانات پر بھی بات کی جاسکتی ہے مگر ابھی تو میرے سامنے ماضی کا در وا ہو رہا ہے۔ جس میں میرے مہربان شاعر دوست خالد احمد

"کشف المحجوب" پڑھ رہے ہیں۔ واپڈا کے تعلقات عامہ کے دفتر میں بیٹھے، عین دفتری اوقات میں۔ میرے استفسار پر زیر مطالعہ باب میری آنکھوں کے سامنے کر دیتے ہیں۔

صفحہ کے اوپر باب کا عنوان درج ہے: 'ملامتی صوفی'۔

میں اس باب کو پر سرسری نظر ڈالتا ہوں اور اپنی کم فہمی کا اعلان و اعتراف کرنے میں دیر نہیں کرتا۔ وہ وضاحت کرتے ہیں۔ پھر صوفی اور درویش پر بات ہوتی ہے۔ اور مجھے پھر سے گورنمنٹ کالج لاہور میں اپنے ابتدائی ایام یاد آ جاتے ہیں۔

کالج میں میرے فارسی کے استاد خواجہ عبدالحمید یزدانی صاحب نے سعدی کی گلستان کا باب دوم در اخلاق درویشان کا آغاز کرتے ہوئے اس لفظ کے جو معنی بتائے اور وضاحت کی ان میں سے ایک یہ تھی کہ یہ لفظ دُرواش سے دُروش ہوا یعنی موتی جیسا۔ جیسے ہم نام رکھتے ہیں ماہ وش یا مہوش یعنی چاند جیسی۔ بہرحال پھر یہ لفظ دُرویش ہو گیا۔ میں نے اس مفہوم کا ذکر والد صاحب سے کیا تو مسکرا کر فرمانے لگے کہ دُرویش کی فطرت کا تقاضا ہوتا ہے کہ وہ کچھ بھی اپنے تک محدود نہ رکھے۔ بانٹتا رہے۔ سو ان معنوں میں درویش وہ ہے جو موتی یا جواہر لٹاتا ہے۔ موتیوں کی بارش کرنے والا۔ یہ مفہوم مجھے اتنا پیارا لگا کہ مجھے درویشوں کے تصور ہی سے پیار سا ہو گیا۔

ملامتی صوفی اور درویش یا دُرویش کے اس تصور کے ساتھ جب میں کینیڈا میں وارد ہوا تو اس کی عملی تصویر سے بالمشافہ ملاقات کی صورت گری ہوئی۔ میرا اشارہ سٹیج پر رونق افروز دو پاپیوں، میرا مطلب ہے، دو ہستیوں میں سے ایک کی جانب ہے جنھیں ہم خالد سہیل کے نام سے جانتے ہیں۔ ستّر سے زیادہ کتب ان کے کِلکِ جوہر فشاں سے رقم ہو کر دنیائے علم و ادب کو مالا مال کر چکی ہیں اور ڈاکٹر صاحب کے ساتھ تشریف فرما ہیں معروف مزاح نگار اور ٹیلی کاسٹر مرزا یاسین بیگ صاحب جن کے فن و شخصیت کی چھکاروں سے ہم سب اکثر محفوظ ہوا کرتے ہیں۔ تاہم ابھی اس سوچ میں گُم ہوں کہ پاپی کی تخلیق میں ملوث یہ دو حضرات آخر چاہتے کیا ہیں؟

بیگ صاحب رضوانہ کا رُوپ دھار کر اور خالد سہیل عرفان بن کر کس سفر پر روانہ ہوئے اور اب وہ اپنے اس مکتوبی سفرنامے کی ذریعے ہمیں کہاں کی سیر کروانا چاہتے ہیں؟

گزشتہ دنوں ڈاکٹر صاحب نے یہ کتاب عطا کی تو میں نے فوری طور پر اس کی ورق گردانی شروع کر دی۔ کتاب کے نام پر نظر پڑی اور اس پر مرزا یاسین بیگ اور ڈاکٹر خالد سہیل کا نام ساتھ ساتھ دیکھ کر میں سمجھا یہ کوئی عرفِ عام والی شریر کتاب ہے اور پھر خیال آیا کہ مرزا صاحب کہانی اور ناول لکھنے کے خواہاں تھے یہ بجا مگر سوال یہ کہ ہمارے درویشِ موصوف نے انھیں رضوانہ بننے پر آمادہ کیوں کیا۔ انھوں نے بیگ صاحب کو اپنا پرانا تخلیقی خواب شرمندہ تعبیر کرنے کا موقع دیا یا چکمہ اب اس کا فیصلہ کون کرے۔ ہمارے درویش طبعاً جیمنائی ہیں اور کارِ محبت میں تسلسل کے قائل ہیں۔ ایک مفروضے کے مطابق وہ غالباً سُوکھے کے دن تھے۔ کوئی اور محبوبہ دست یاب نہ تھی اور درویش نے بیگ صاحب کو رضوانہ کا لباس پہنا کر محبت کی خالی جگہ پر کر لی۔ مرزا بیگ صاحب یوں بھی "جگہ خالی ہے" کا اعلان کرتے ہوئے پائے جاتے ہیں۔

کتاب کھولتے ہی سالِ اشاعت پر نگاہ پڑی 2020۔ اور میں پھر سوچنے لگا کہ یہ تو ناقابلِ فراموش سال تھا۔ دو ہزار بیس میں دو اہم واقعات رُونما ہوئے ایک کووڈ نامی عالمی وبا پھیلی اور دوسرے ہمیں پاپی نے آلیا۔ ہے نا عجیب بات!

جن احباب کے لیے مکتوباتی ناول یا خطوط پر مشتمل افسانے کا تصور کچھ نیا ہے ان کے لیے عرض کر دوں کہ عالمی ادب میں مکتوباتی ناول کی تاریخ کا آغاز پندرہویں صدی عیسوی میں ایک ہسپانوی ناول سے ہوتا ہے۔ ایسے ناول فرانسیسی جرمن اور انگریزی زبانوں میں بھی لکھے گئے اور ہماری اردو زبان میں بھی۔ فرانسیسی زبان میں ایڈمی بُوغسو یا بُرسالٹ اور جرمن میں گوئٹے کی ایسی تخلیقات مقبول ہوئیں۔ انگریزی زبان میں پہلا مکتوباتی ناول جو بغیر مصنف کے نام کے سن سولہ سو چوراسی میں لندن سے شائع ہوا تھا اسے متنازعہ طور پر ایفرا بیہن سے منسوب کیا جاتا ہے اور اس کا نام ہے "ایک

شریف زادے اور اس کی ہمشیرہ کے محبت نامے"۔

جہاں تک اردو میں فرضی خطوط پر مبنی تخلیقات یا طویل مکتوباتی افسانوں اور ناولوں کا تعلق ہے تو اس کی ابتدا بھی لگ بھگ سو سال پہلے ہو چکی تھی۔ وہ قاضی عبد الغفار کے "لیلیٰ کے خطوط" ہوں یا میرزا ادیب کے "صحرا نورد کے خطوط یا پھر یزدانی جالندھری کے "قیدی کے خطوط" یا "شاگردہ کی ڈائری"، یہ سب رومانی افسانے ہی تو ہیں مگر یک طرفہ خطوط کی صورت میں۔

ایسا بھی نہیں کہ ایک سے زیادہ مصنفین نے مل کر ایسے ناول نہ لکھے ہوں مگر ان میں کرداری تقسیم یوں نہیں کی گئی جیسے پاپی کے لیے کی گئی ہے یا پھر وہ ناول خطوط کے بجائے مواد کے دیگر ذرائع یا صورتوں پر مشتمل تھے۔ جیسے سن دو ہزار چھ میں پاکستان سے شائع ہونے والا مرزا اطہر بیگ کا مقبول فلسفیانہ ناول "غلام باغ" جس میں اسی تکنیک سے استفادہ کرتے ہوئے مختلف دستاویز وغیرہ کی فرضی نقول شاملِ مواد کی گئی ہیں۔

تفنن برطرف ایک بات بہرحال ہم سنجیدگی اور اعتماد سے کہہ سکتے ہیں کہ ناول پاپی مذکورہ صنفِ اظہار میں ایک گراں قدر اضافہ ہے کیونکہ یہ کئی اعتبار سے دیگر اردو مکتوباتی افسانوں اور ناولوں سے مختلف ہے۔ پاپی میں شامل دوطرفہ خطوط میں پیغام رسانی کے لیے روایتی خط و کتابت کے بجائے ای میل کا میڈیم استعمال کیا گیا ہے۔ پھر ان خطوط میں محض رومانویت ہی نہیں پوری جدید زندگی کی تصویر ہمارے سامنے پیش کی گئی ہے۔ ان میں آج کے سیاسی، سماجی اور معاشی حالات کی عکاسی بھی موجود ہے اور زندگی اور نظریات کے بارے میں صنفی نقطہ ہائے نظر کی ترجمانی بھی۔

اور یہ ترجمانی بھی کچھ ایسے فطری پیرائے میں سامنے آتی ہے کہ کردار جیتے جاگتے دکھائی دیتے ہیں۔ یہ کتاب ایک فکر انگیز طویل فاصلاتی مکالمہ ہے جو قاری پر انسانی تاریخ اور نفسیات کے در بھی کھولتا ہے اور طبقاتی مجبوریوں اور کرداری حوصلہ مندیوں کی داستان بھی سناتا ہے۔ یہ سلسلہ وار خطوط عورت اور مرد کی نفسیات، سائنس اور فلسفے کی

راہداریاں عبور کرواتے ہوئے قاری کو جنس، محبت اور دوستی کی ایک مربوط کہانی کے دروازے پر لے جا کھڑا کرتے ہیں جہاں اسے مشرق و مغرب کی زندگی کے امتیازات، شخصیاتی تغیرات اور مذہبی عقائد و تصورات کے دریچے بھی کھلتے دکھائی دیتے ہیں۔

اس ناول کی کہانی کچھ یوں ہے کہ رضوانہ اور عرفان پاکستان میں اپنے زمانہ طالب علمی ہی سے ایک دوسرے کو پسند کرتے ہیں۔ عرفان کینیڈا میں آبستا ہے اور ایک ایسے انسان پسند تصور کے مطابق زندگی گزارنا شروع کرتا ہے جس کا تصور بھی پاکستان میں رہنے والی رضوانہ کے لیے کسی گناہ سے کم نہیں۔ حالات و واقعات کروٹ لیتے ہیں اور یہ دونوں ایک بار پھر آمنے سامنے بیٹھے ہوتے ہیں مگر یہاں کینیڈا میں۔ عرفان رضوانہ کو اپنے لادینی تصورِ حیات اور اپنی بیش قیمت آزادروی کے حامل طرزِ بود و باش سے بڑے فخر سے متعارف کرواتا ہے اور اس کی افادیت کو اُجاگر کرنے کے لیے تاریخ، فلسفہ، فلم، شعر و ادب، ماحولیات غرض کہ ہر شے کا حوالہ دیتا ہے مگر رضوانہ کو قائل نہیں کر پاتا۔ یوں ان کے رشتے کو رومانس کی آئسنگ سے لذت اندوز ہوئے بغیر محض دوستی کے کیک پر ہی اکتفا کرنا پڑتا ہے۔ عرفان کے الفاظ میں کہوں تو:

Friendship is a cake and romance is the icing.

خواتینِ باوقار اور حضراتِ خوش اطوار!

جدید روایت میں رضیہ غنڈوں سے بچی تھی یا نہیں معلوم نہیں مگر یہاں پاکستانی رضوانہ کو ایک شریف کنیڈین سے صاف بچا لینے کا سہرا سراسر ہمارے بیگ صاحب کے سر ہے۔ جس کے لیے وہ مبارک باد کے مستحق ہیں۔

ویسے بھی اگر دورانِ تحریر وہ میتھڈ ایکٹنگ Method acting کے اصول کے تحت پوری طرح رضوانہ کے کردار میں ڈھل چکے تھے تو ظاہر ہے اپنی عزت بچانا ان کا فرض بھی تھا۔ سچ کہوں تو عرفان قمر کی محبت کے پُرلطف واقعات کے رومان پرور حوالے پڑھتے ہوئے ایک بار تو ضرور مجھے اپنے وہ بچپن کے پڑوسی حاجی صاحب یاد آ گئے۔ اگر

وہ یہ سب پڑھ سُن لیتے تو ضرور اپنا سفید تہہ بند سنبھالتے ہوئے استغفر اللہ پڑھتے اور کہتے

"اوئے، پاپیو، بندے بن جاؤ، قیامت نیڑے وے۔"

(قہقہہ)۔

پس تحریر:

پاپی پر یہ مضمون مکمل کرتے ہی میں نے سب سے پہلے اپنی بیٹی رابعہ کو سنایا جو فائن آرٹس کی ذہین طالبہ ہے۔ مضمون سننے کے دوران میں مَیں نے دیکھا تھا کہ رابعہ زیرِلب مسکرا رہی ہے۔ مضمون کا آخری جملہ سنا لینے کے بعد میں نے داد طلب نظروں سے اس کی طرف دیکھا تو وہ گویا ہوئی:

"پاپا، مجھے لگتا ہے کہ میں ان حاجی صاحب کو جانتی ہوں۔"

"وہ کیسے، بیٹی، یہ تو میرے بچپن کی بات ہے اور آپ کینیڈا میں پیدا ہوئیں اور زندگی میں محض ایک بار پاکستان گئی ہیں دادی جان سے ملنے۔ وہ بھی چند برس قبل جبکہ حاجی صاحب مدت ہوئی اللہ کو پیارے ہو چکے۔ تو آپ کیسے جانتی ہیں انھیں؟"

میں نے حیرت سے پوچھا۔

رابعہ نے میری بات کا کوئی جواب نہیں دیا۔ وہ بس مسکرا کر میری طرف دیکھے جا رہی تھی۔

مجھے تو پتہ نہیں کیوں؟

اگر آپ احباب میں سے کسی کو پتہ ہو تو مجھے بھی بتا دیجیے۔ شکریہ۔

(یہ تحریر ڈاکٹر خالد سہیل اور مرزا یاسین بیگ کی مشترکہ کتاب "پاپی" کی فیملی آف دی ہارٹ کے زیرِ اہتمام ٹورانٹو، کینیڈا میں منعقدہ تقریبِ رُونمائی میں پڑھی گئی)

ooo

ایک اور ایک گیارہ: ایک اشتراکی معرکہ

حامد یزدانی

مجھے یاد ہے، بچپن سے لڑکپن تک ہمارا معمول یہ رہا کہ اِدھر گرمیوں کی چھٹیاں آغاز ہوتیں اور اُدھر ہم لائل پور یعنی فیصل آباد جانے کی تیاریوں میں مصروف ہو جاتے کیونکہ سکول بند ہونے سے ہفتوں پہلے ہی لائل پور سے نانا جان کی طرف سے دعوتی پوسٹ کارڈ موصول ہو جاتا تھا۔ دو ماہ وہاں کی کُھلی فضا میں گزارنے کے بعد لاہور کے قدیم علاقہ مزنگ کی گلیوں میں لوٹتے تو جانے کیوں وہ ہمیں پہلے سے بھی تنگ محسوس ہوتیں۔

یوں تو لائل پور میں ہمارے کئی رشتہ دار آباد تھے مگر نانا جان کے ایک پڑوسی، جو غالباً انبالہ سے ہجرت کر کے آئے تھے، اُن کا ایک لڑکا انور جسے سب انّو بھائی کہتے تھے ہم سب کو بہت اچھا لگتا۔ اس کی طبیعت کی شوخی اور حاضر جوابی لاجواب تھی۔

پھر یوں ہوا، جیسا کہ ہوتا آیا ہے، کہ وقت گزرتا گیا۔ ہم سب ”حسبِ رفتار“ بڑے ہوتے گئے۔ ایک روز اچانک ہمارے گھر کا دروازہ کسی نے کھٹکھٹایا۔ دیکھا تو سامنے انّو بھائی کھڑے ہیں۔ علیک سلیک کے بعد بے تکلفی سے بولے:

”آگے سے ہٹو، بھائی۔ اندر تو آنے دو کہ یہیں سے بھگا دینے والے ہو؟“

میں دروازے سے ہٹ گیا۔ انّو بھائی گھر میں داخل ہوئے تو پیچھے پیچھے کسی برقع پوش خاتون نے بھی دہلیز کے اندر قدم رکھ دیا۔

امی جان صحن میں امرود کے درخت تلے بیٹھی تھیں۔ دونوں مہمانوں نے انھیں سلام کیا اور ان کے پاس ہی چارپائی پر بیٹھ رہے۔ ہمیں یہ معلوم ہونے میں دیر نہ لگی کہ انّو بھائی کی شادی ہوگئی ہے اور وہ اپنی بیگم کو لاہور کی سیر کروانے لائے ہیں۔ کھانے اور چائے کا دور چلا اور ساتھ ساتھ امی جان کی ڈانٹ ڈپٹ اور نصیحتیں بھی۔ پھر امی جان نے انّو بھائی سے پوچھا:

"ارے انّو کے بچے، کیسا لگ رہا ہے شادی کر کے؟"

"بس آئندہ نہیں کروں گا۔ قسم سے۔"

انّو بھائی نے کانوں کے ہاتھ لگاتے ہوئے اور اپنے مخصوص انداز میں مسکراتے ہوئے بے ساختہ جواب دیا۔

امی جان اور انو بھائی کی بیگم بھی کھلکھلا کر ہنس دی تھیں۔

''تُو شرارت سے باز نہیں آئے گا!'' امی جان نے انّو بھائی کے سر پر پیار سے ہلکی سی چپت لگاتے ہوئے کہا تھا۔

چند ماہ قبل جب ڈاکٹر خالد سہیل صاحب نے مجھے مل کر ایک کتاب لکھنے کی دعوت دی تو اپنی طبعی تساہل پسندی کے پیشِ نظر اس ادبی دعوت کے انجام کا تصور کرتے ہوئے پردہ تخیل پر منظر ابھرا کہ ڈاکٹر: سہیل بالکل انّو بھائی کی طرح کانوں کو ہاتھ لگا کر کہہ رہے ہیں:

"بس، آئندہ نہیں کروں گا، قسم سے"

مگر صاحب، ڈاکٹر خالد سہیل کی ہمت کی داد دینا پڑتی ہے کہ انھوں نے (میرے اشتراک کے باوجود) پروفیسر عارف عبدالمتین صاحب کے فن وشخصیت پر نہ

صرف کتاب مکمل کروالی بلکہ اسے منزلِ اشاعت سے بھی ہم کنار کروا دیا۔

ابھی میرے ذہن پر چھایا حیرت کا غُبار چھٹا نہ تھا کہ انھوں نے اپنی تازہ ترین انگریزی کتاب میرے سامنے رکھ دی۔ یہ تخلیقی کارنامہ انھوں نے کینیڈا میں مقیم اردو اور انگریزی کی نامور ادیبہ اور شاعرہ زُہرا زبیری صاحبہ کے ساتھ مل کر انجام دیا ہے۔ ان کے اس دسویں "اشتراکی" معرکہ نے جہاں ادب دوستی سے اُن کی کمٹ منٹ کا ثبوت فراہم کیا ہے وہاں اس امر کی بھی تصدیق کر دی ہے کہ وہ انسان دوست، ترقی پسند اور لبرل ہونے کے ساتھ ساتھ پکے "اشتراکی" بھی ہیں۔

میں یہ اعتراف کرتے ہوئے کوئی جھجک محسوس نہیں کرتا کہ ڈاکٹر خالد سہیل اور زُہرا زبیری کی اس تازہ ترین کتاب "ون اینڈ ون میک الیون" یعنی ایک اور ایک گیارہ نے شروع ہی سے مجھے جکڑ لیا۔

یوں تو عالمی ادب میں بھی اور اُردو ادب میں بھی مل کر کتابیں مکمل کرنے کا سلسلہ کوئی نئی بات نہیں۔ دو یا تین افراد کی مشترکہ کاوشوں کے مجموعے بھی ہمیں مل جاتے ہیں اور زیادہ لکھاریوں کی تخلیقات پر مبنی "انتخاب" بھی ہم دیکھتے آ رہے ہیں۔ اس ضمن میں جو ذاتی اور اوّلین حوالہ میرے ذہن میں تازہ ہے وہ والدِ گرامی یزدانی جالندھری صاحب اور ان کے دوست پنڈت رام سرن بھاردواج کا ہے جنھوں نے مل کر آئرلینڈ کے ممتاز ادیب سر ہال کین کے عالمی جنگ کے تناظر میں لکھے گئے مقبول انگریزی ناول "بار بڈ وائر" کو اردو کے قالب میں ڈھالا۔ یہ ترجمہ شدہ ناول پہلی بار انیس سو بیالیس میں شائع ہوا تھا۔

ملنے کو اس کے علاوہ بھی متعدد مثالیں مل جائیں گی مگر "ایک اور ایک گیارہ" کئی اعتبار سے منفرد اور لائقِ توجہ مجموعہ ہے۔ اس کا ایک اختصاص، مثال کے طور پر، یہ ہے کہ یہ جنوبی ایشیا سے کینیڈا آ بسنے والے دو ہم عصر لکھاریوں کی انگریزی تحریروں پر مشتمل ہے

اور پھر یہ تحریریں شاعری اور افسانوں تک محدود نہیں۔ ان میں ڈرامہ، ڈائریوں کے اوراق، تبصرے، انٹرویوز اور مضامین گویا سبھی کچھ شامل ہے۔

اس تجربہ کا پس منظر بیان کرتے ہوئے زُہرا زبیری صاحبہ ڈاکٹر سہیل کے اس جملہ کا حوالہ دیتی ہیں:

"مل کر لکھنا (تخلیق کرنا) اکیلے لکھنے (تخلیق کرنے) سے کہیں بہتر ہے کیوں کہ اکیلے لکھنا (تخلیق کرنا) ایک کارِتنہائی ہے۔"

جیسا کہ میں نے پہلے بھی کہا کہ ذاتی طور پر اس کتاب نے مجھے آغاز ہی میں اپنے سحر میں لے لیا۔ ایک لکھاری کے طور پر بھی اور سماجی علوم کے ایک طالب علم کی حیثیت میں بھی۔ سماجی علوم میں بھی میرا من چاہا موضوع خاندان اور سماجی تبدیلی رہا ہے۔ ڈاکٹر خالد سہیل اور زہرا زبیری صاحبہ کی کتاب کی ابتدا ہی میں دونوں نے جس محبت سے اپنی اپنی نانی جان کو یعنی بزرگ نسل کو جس محبت سے یاد کیا ہے اس محبت کے جِلو میں ہمیں سماجی روایات اور ثقافتی مزاج کی واضح جھلکیاں دکھائی دیتی ہیں اور پھر لکھنے والے کی ابتدائی ذہنی تربیت سے بھی آگاہی حاصل ہوتی ہے۔

ان مضامین سے آگے بڑھا تو ڈاکٹر سہیل صاحب کے مضمون "لکھاری اور سماجی تبدیلی" نے مجھے روک لیا۔ اس پُرمغز مضمون میں جہاں وہ ایک تخلیق کار اور ایک سماجی کارکن کے فرق کی وضاحت کرتے ہیں وہاں یہ اشارہ بھی کرتے ہیں کہ تخلیقی ادب کو ظاہری مقصدیت ہی میں گُم ہو کر نہیں رہ جانا چاہیے بلکہ اسے تخلیق کار کے باطن کا بھی آئینہ دار ہونا چاہیے۔ ان کا یہ بھی کہنا ہے کہ ادب کا کام تفریحِ طبع کا ساماں کرنا ہی نہیں بلکہ روشن خیالی کی ترویج بھی ہے اور قیامِ امن کی دعوت بھی۔

زُہرا زبیری صاحبہ نے بھی اپنی تحریروں اور انٹرویو میں اپنی ادبی کمٹ منٹ کا اظہار انتہائی دیانت داری سے کیا ہے اور بعض امور میں وہ اپنے شریک مصنف سے

اختلافِ رائے کا اظہار کرنے سے بھی نہیں کتراتیں مگران کا اندازِ اظہار اس قدر شائستہ اور دل پذیر ہے کہ وہ کسی طرح کی بدمزگی پیدا کرنے کے بجائے تخلیقی لطف اور سرشاری کا باعث بنتا ہے۔

اس انتخاب میں شامل ہر تحریر ہی "منتخب" ہے اور اپنی جگہ اہم ہے۔

جہاں تک نظموں کا تعلق ہے تو اس مجموعے میں شامل زہرا صاحبہ کی بتیس۔ جبکہ ڈاکٹر سہیل کی گیارہ نظمیں ہمارے سامنے موضوعات اور اسلوب کے تنوع کا یاک ایسا رنگا رنگ گل دستہ پیش کرتی ہیں کہ جس کی ملی جلی مہک سے آنے والے زمانوں کے اذہان بھی علم وفرحت پائیں گے۔

زُہرا صاحبہ کی نظموں کے موضوعات محبت اور دوستی سے لے کر تصادم اور استحصال تک کا احاطہ کیے ہوئے ہیں۔ جبکہ خالد سہیل صاحب کی دل نشیں نظمیں امن و آزادی، انسانی تفریق، انسان دوستی اور درویشی کے موتی لُٹاتی محسوس ہوتی ہیں۔

اسی طرح زہرا صاحب کا تحریر کردہ ڈرامہ اور ڈاکٹر سہیل صاحب کا تبصرہ بھی لائقِ مطالعہ ہیں۔

یُوں تو اِس کتاب میں شامل ہر بابِ تخلیق دراصل ایک جداگانہ مضمون کا متقاضی ہے مگر افسانوں کا باب بہرصورت انفرادی توجہ اور تحسین کا مستحق ہے۔ اس پر مضمون قرض رہا۔

مگر صاحب، یہ فرض یا قرض تو ادا ہوتے ہوتے ہوگا۔ کوشش ہوگی کہ یہ قرض سُود بڑھنے سے پہلے ہی ادا ہو جائے مگر ٹھہریئے، ابھی تو ہم نے اصل زر ہی سے پورے طور استفادہ نہیں کیا۔

ابھی سے سُود وزیاں کی باتیں کیوں؟

OOO

مشترکہ محبوبہ

شاہزادۂ سخن امیر حسن جعفری کا جشنِ صحت

حامد یزدانی

خواتینِ باوقار اور حضراتِ خوش اطوار!

اُردو شعر و ادب کی تاریخ یوں تو ان گنت واقعات سے بھری پڑی ہے مگر آج مجھے سن اٹھارہ سو چون کا وہ واقعہ یاد آ رہا ہے جب بہادر شاہ ظفر ابھی شہنشاہِ ہند نہ بنے تھے بلکہ ولی عہد یا شہزادے تھے اور اچانک بیمار پڑ گئے تھے۔ شہزادے کو صحت ہوئی تو والدِ گرامی یعنی بادشاہ سلامت نے ان کے لیے سرکاری طور پر جشنِ صحت منانے کا اعلان کیا۔ اس موقع پر، حسبِ روایت، مختلف شاعروں نے بطور تہنیتِ غسلِ صحت قصائد پیش کیے۔ خاقانیِ ہند استاد ابراہیم ذوق نے اس جشنِ صحت میں جو معرکہ آرا قصیدہ پیش کیا وہ اپنے فنی محاسن کے سبب اُردو قصائد میں اپنا خاص مقام رکھتا ہے۔ وہ کہتے ہیں :

واہ وا کیا معتدل ہے باغِ عالم کی ہوا   مثلِ نبض صاحب صحت ہے ہر موجِ صبا
واقعی کس طرح سے صحت نہ اک عالم کو ہو   جبکہ ہوا اس کی نویدِ غسلِ صحت جاں فزا

اور جب بہادر شاہ ظفر اپنے دورِ شاہی میں ایک بار صاحبِ فراش ہوئے تو اُن کی صحت یابی کے جشن میں بھی متعدد شعرا نے قصائد پیش کیے۔ مرزا غالب کی وہ غزل بھی اسی موقع کی یادگار ہے جس میں وہ کہتے ہیں :

پھر اس انداز سے بہار آئی
کہ ہوئے مہر و مہ تماشائی

کیوں نہ عالم کو ہو خوشی غالب
شاہِ دیں دار نے شفا پائی

اس موقع پر استاد ذوق کے قصیدہ کا رنگ کچھ یوں کھلا:

زہے نشاط اگر کیجئے اسے تحریر
عیاں ہو خامہ سے تحریرِ نغمہ، جائے صریر
کرے ہے وا لبِ غنچہ درِ ہزار سخن
چمن میں موجِ تبسم کی کھول کر زنجیر
ہوا پہ دوڑتا ہے اس طرح سے ابرِ سیاہ
کہ جیسے جائے کوئی پیلِ مست بے زنجیر

اور پھر ذکرِ صحت اور دعا:

قوی ہے قوتِ تاثیر سے دوائے طبیب
غنی قبول کی دولت سے ہے دعائے فقیر
عطا کرے تجھے عالم میں قادرِ قیوم
بہ جاہ و دولت و اقبال و عزت و توقیر
تنِ قوی و مزاج صحیح و عمرِ طویل
سپاہ وافر و ملکِ وسیع و گنجِ خطیر

اب ہم اپنے شہزادہِ سخن کو سپاہِ وافر کی دعا دینے سے تو رہے کہ فکری طور پر سپاہِ قلیل کے بھی قائل نہیں۔ ہم تو ڈاکٹر خالد سہیل صاحب کی زُلفِ امن پسند اور کاکلِ انسان دوستی کے اسیر ہیں اور ہمارے بھائی امیر حسین جعفری اس حلقہِ محبت میں بھی ایک شاہ زادے ہی کی مسند پر رونق افروز ہوتے ہیں۔ ہم تو خیر مصاحب ہونے پر ہی پھولے نہیں سماتے۔

اب اگر ماضی کے رنگا رنگ دریچے میں جھانکوں تو کچھ ایسا دکھائی دیتا ہے کہ

امیر حسین جعفری سے میری پہلی پہلی ملاقاتیں پاک ٹی ہاؤس، دفاترِ فنون و بیاض اور بعد ازاں فضل ہوٹل کے باہر بھی ہوئی ہوں گی جہاں جنابِ خالد احمد شام ڈھلے اپنی ادبی "منڈلی" سجایا کرتے تھے۔ حقیقت یہ ہے کہ پہلی ہی ملاقات میں کلامِ امیر نے مجھے اپنا گرویدہ بنالیا تھا اور پھر بڑے جعفری صاحب سے قلبی مودت نے امیر سے دوستانہ تعلق کو محبت کے سے رنگ میں رنگ دیا۔ وقت کی کتنی ہی بارشیں برس برس گئیں، زمانے کی دُھوپ بھی زور شور سے چمکتی رہی مگر اس دوستانہ محبت کا رنگ پھیکا نہ پڑا۔

تو میں عرض کر رہا تھا کہ امیر ڈاکٹر خالد سہیل کے گہرے دوست ہیں گویا ڈاکٹر صاحب کے حلقہِ سہیلیات (میرا مطلب سے سُہیلیات) کے سرگرم رُکن ہیں۔ با الفاظِ دیگر گوشہِ عافیت میں ہیں اور دائرہِ علم و ادب میں ہیں۔ سچ پوچھیں تو امیر کی خوش قسمتی یہ ہے کہ یہ شروع ہی سے اچھے نہیں بلکہ زمانے کے منتخب اہلِ علم و ادب کے قریب رہے ہیں۔ اور کبھی کبھی مجھے لگتا ہے کہ یہی سچ امیر کا المیہ بھی ہے کہ ایسوں کی اعلیٰ صحبت پا کر آپ فکر و اظہار کے ایک ارفع مقام پر جا پہنچتے ہیں۔ یہ مقام جہاں آپ کو تخلیقی دولت سے مالا مال کرتا ہے وہاں داخلی طور پر تنہا بھی کر دیتا ہے۔ یہ تنہائی یا خلوت تخلیق کار کے لیے ضروری بھی ہوتی ہے مگر اس پر نگاہ رکھنے کی بھی ضرورت ہے۔ وجہ اس کی یہ کہ تخلیق کار کو ایک عجیب اور انوکھا مرض ہمیشہ سے لاحق رہا ہے اور وہ مرض ہے ازل سے لے کر ابد تک پھیلے "کُن" کو ازسرِ نو دریافت کرنے کا اور اسے اپنے ڈھنگ سے جینے کا۔ وہ کائنات سے کائنات تک بلکہ اُس سے پرے بھی وقوع پذیر ہونے والے واقعات و سانحات کو اپنے سینے پر جڑتا ہے۔

لیکن کیوں؟

اِس سوال کا جواب کسی نے انگریزی میں یوں دیا تھا:

There is a pleasure in poetic pains

That only poets know

استاذی پروفیسر مرزا منور صاحب اس کا اردو کچھ یوں کیا کرتے تھے:

شاعرانہ اذیتوں کا مزہ　　　شاعرانِ کرام جانتے ہیں

خواتینِ باوقار اور حضراتِ خوش اطوار!

یہ اذیت اُٹھانا ایک سچے فن کار کی طبعی مجبوری ہے۔ اسے ہر داستان کو آپ بیتی بنانا ہوتا ہے۔ ہر سانحے کو ذات کے اندر بپا ایک داخلی کربلا کی منہاج پر پرکھنا ہوتا ہے۔ ذاتی دُکھ کو کائنات کے غم میں ملاتے ہوئے اور ذات کے الم کو کائنات سے جدا کر کے دیکھتے ہوئے وہ کتنی ہی دیکھی ان دیکھی دنیاؤں سے ایک ہی ثانیہ میں گزر جاتا ہے۔ وجدان کے پروں پر تخلیق کار ذہن کا یہ سفر برق کی رفتار کو شرمندہ کرتا ہے اور یہ سفر فن کار کے اندر ہمہ وقت جاری و ساری رہتا ہے۔ یہ سب سہنا اور مسکرا کر سہنا ہر بندے کے بس کی بات نہیں۔ اسی لیے کبھی کبھی بدن ذہن اور سوچ کی رفتار اور اس کے معرکوں کے آگے ہتھیار ڈالنے پر مجبور ہو جاتا ہے۔ بدن کا تھکنا اور ردِ عمل دکھانا بھی تو فطری سی بات ہے۔ نہیں کیا؟

جتنا بڑا تخلیق کار، اُتنا ہی بڑا اس کا وژن اور جتنا بڑا وژن، اُتنا ہی بڑا کرب، اُتنا ہی بڑا دُکھ اس کا دامن گیر ہوتا ہے۔ بھائی امیر چوں کہ ادیب ہونے کے ساتھ ساتھ ایک رُوحانی شخصیت کے مالک بھی ہیں اس لیے اُن کی وارداتیں عام تخلیق کار کے وجدانی تجربات سے بھی پیچیدہ تر ہوتی ہوں گی۔ ایسے میں ذہنی دباؤ، اعصابی تناؤ اور رگوں میں دوڑتے پھرتے لہو کا "بغاوت آمادہ" ہو جانا کوئی اچنبھے کی بات نہیں۔ مگر ہمیں نظر تو رکھنا ہے خارجی عوامل پر بھی اور داخلی امور پر بھی کہ جس حد تک ہو سکے زندگی میں توازن بحال رہے۔

اطمینان کی بات یہ کہ امیر بھائی اس مشکل گھڑی سے نکل آئے ہیں۔ اس میں اُن کے نسبی اور روحانی بزرگوں اور دوستوں کی دعاؤں اور نیک تمناؤں کا اثر بھی شامل رہا ہوگا اور ان کے اہلِ خانہ کی بھرپور اور پُرخلوص کوششوں اور تگ و دو کا بھی۔

مشترکہ محبوبہ

مجھے خوشی ہے کہ آج فیملی آف دی ہارٹ کی جانب سے ادب کے ایک حقیقی شہزادے کے لیے جشنِ صحت کا اہتمام کیا گیا ہے۔ اور میں سمجھتا ہوں کہ امیر اپنے اعلیٰ نسب کے اعتبار سے بھی اور اپنے ادبی ورثے اور اعلیٰ تخلیقی ذوق کے لحاظ سے بہادر شاہ ظفر سے کہیں زیادہ "شاہ زادے" کہلانے کے حق دار ہیں۔

پس تحریر:

خواتینِ باوقار اور حضراتِ خوش اطوار!

جاتے جاتے (فائن پرنٹ میں لکھا) یہ ڈِس کلیمر بھی عرض کر دوں کہ روشن خیال دانش ور احباب کی اس محفل میں ایک سے زیادہ بار جو "خدا" کا نام زباں پر آ گیا وہ عمداً نہیں بلکہ ارتجالاً تھا۔

صد شُکر کہ ہم ایک ایسے فراخ دل معاشرہ میں رہتے ہیں جہاں خُدا کو ماننے والے کیا، نہ ماننے والے بھی مہربان و شفیق واقع ہوئے ہیں۔ وگرنہ اسی کرہِ ارض پر ایسی بستیاں بھی پائی جاتی ہیں جہاں "خدا والے" خدا کے نام پر ہی باہم دست و گریباں ہیں اور ایک دوسرے کے خلاف رپٹ پہ رپٹ لکھوا رہے ہیں۔ ایسی صورت یہاں ہوتی تو میں ذرا سے تصرف کے ساتھ اکبر الٰہ آبادی کا یہ شعر پڑھتے ہوئے آپ سے اجازت لیتا کہ

رپٹ لکھوائی ہے یاروں نے یہ جاجا کے تھانے میں
کہ حامد نام لیتا ہے خدا کا اس زمانے میں

امیر بھائی کی صحت و سلامتی کے لیے دعاؤں کے ساتھ آپ کی سماعتوں کا بھی شکریہ۔

یہ مضمون جناب امیر حسین جعفری کی صحت یابی کی خوشی میں ٹورنٹو میں منعقدہ فیملی آف دی ہارٹ کی خصوصی تقریب کے موقع پر لکھا گیا۔

ooo

خالد سہیل: ستّر سنہری برس اور ستّر ادبی تحفے

حامد یزدانی

خواتین باوقار اور حضراتِ خوش اطوار!

جانے کیوں جب بھی کسی محفل یا تقریب کی دعوت ملتی ہے مجھے بے ساختہ احمد مشتاق کا یہ شعر یاد آجاتا ہے:

یار سب جمع ہوئے رات کی خاموشی میں
کوئی رو کر تو کوئی بال بنا کر آیا

اِس شعر کا عصری جواز یا ریلے وینس جاننے کی غرض سے بھی میں اگر آج کی اِس محفل میں موجود حضرات سے یہ سوال پوچھوں کہ کون کون رو کر آیا ہے تو مجھے یقین ہے کہ میرے سمیت حاضرین کی اکثریت ہاتھ اٹھا کر 'لبیک' کہے گی۔

وجہ؟

وجہ یہ کہ بے چارے سبھی شادی شدہ ہیں۔ یارانِ نو اور "گرگانِ کُہن" کے اِس اجتماع میں بال بنا کر آیا ہوا ایک ہی فرد اور مسکراتا ہوا اور تمتماتا ہوا ایک ہی چہرہ دکھائی دے رہا ہے۔ اور وہ ہے آج کی تقریب کے (غیر شادی شدہ) دولہا یعنی ہمارے خالد صاحب کا جو ایک مدت سے شعبۂ 'سہیلیات' کے اعزازی صدر نشیں چلے آرہے ہیں۔

تفنن برطرف جیسے جیسے وقت گزر رہا ہے مجھے ڈاکٹر خالد سہیل کی شخصیت میں ان کے چچا اور ہم سب کے محترم عارف عبدالمتین صاحب کی دل نشیں اداؤں کی جھلک زیادہ سے زیادہ نمایاں ہوتی دکھائی دینے لگی ہے۔ لہجے میں انھی کا سا ٹھہراؤ، طبیعت میں انھی کی سی ملنساری اور تواضع اور پھر تخلیق کاری میں اصنافی و موضوعاتی تنوع بھی انھی کی طرح۔ اور اب تو ان کی وضع قطع میں بھی مماثلت کے عناصر بڑھتے جا رہے ہیں۔

لاہور کے ادبی کوچوں کی خاک چھاننے والے پرانے دیدہ ور اس بات کی گواہی دیں گے کہ عارف صاحب بھی جوانی میں فیلٹ ہیٹ پہنا کرتے تھے جسے ہمارے ڈاکٹر صاحب اب اپنی "نوجوانی" میں پہن رہے ہیں۔

کیسا حُسنِ اتفاق ہے کہ اپنے ان گنت ہیٹوں میں سے انھوں نے آج جو ہیٹ پہن رکھا یا پہن رکھی ہے وہ درحقیقت عارف صاحب کے برخوردار ہمارے عزیز دوست نوروز عارف صاحب کا تھا جو نہ جانے انھوں نے کیا "نفسیاتی حربے" استعمال کر کے اُن سے ہتھیا لیا اور اپنے سر کی زینت بنا لیا۔ ویسے حقیقت یہ ہے کہ ابنِ عارف کا یہ عارفانہ تحفہ ہمارے ڈاکٹر صاحب کی شخصیت پر جچ بھی بہت رہا ہے۔

یوں تو میں بھی دُھوپ کا جواز بنا کر گرمیوں میں اپنا واحد ہیٹ پہن لیا کرتا ہوں تاہم آج سے میں نے تقریبات میں ٹوپی پہن کر آنے کا فیصلہ کیا ہے۔ سبب اس "دُور مار فیصلے کا یہ ہے کہ تقریبات کے بعض منتظمین اُمتِ مسلمہ یعنی میرے خلاف سازش کرتے ہوئے لیکٹرن یعنی یہ خطابی سٹینڈ عین لائٹ کے نیچے سجانے کا اہتمام کرنے لگے ہیں میں نے پچھلی کچھ تقریبات کی تصاویر پر سرسری نظر ہی ڈالی تو منتظمین کی سازش کا بھانڈا پھوٹ گیا۔ دماغ کا تو پتہ نہیں البتہ ہر تصویر میں میرا "گنجِ گراں مایہ" خوب روشن دکھائی دیا۔ سو، وسیع تر قومی مفاد کے پیشِ نظر ٹوپی پہننے کا فیصلہ کیا گیا۔ حالانکہ قوم ہزار اختلاف کے باوجود اس امر پر متفق ہے کہ ٹوپی پہننے کی نہیں پہنانے کی چیز ہے۔ اب سچ

بولنے کی طرح پڑ ہی گئی ہے تو یہ بھی بتا دیتا ہوں کہ یہ گنجِ گراں مایہ کینیڈا کی کمائی ہرگز نہیں۔ یہ سارا خزانہ میں وطنِ عزیز ہی سے سمیٹ کر لایا تھا۔ افسوس، کسی سوِئس بنک میں اکاؤنٹ نہ ہونے کے باعث اسے کبھی چُھپا بھی نہیں پایا۔

مجھے یاد ہے یہ میرا عزیز شاعر اور خاکہ نگار دوست اعجاز رضوی تھا جس نے عشروں پہلے ساہیوال میں منعقدہ ایک تقریب میں میرا خاکہ پڑھتے ہوئے میرے ادبی "قدکاٹھ" کی نشان دہی کچھ اِن الفاظ میں کی تھی۔

میرا دوست حامد یزدانی اتنا قدآور تخلیق کار ہے کہ اس کے پست قد حریف اُس کے برابر نہیں پہنچ پاتے ورنہ وہ جان لیتے کہ یہ سر کے عین بیچ سے گنجا ہو رہا ہے۔ تقریب کے بعد میں نے اعجاز رضوی کا شکریہ ادا کیا اور اس کی قوتِ مشاہدہ کی داد دیتے ہوئے کہا۔

"تم بھی تو میرے ہم عصر ہو اور قد میں بھی کچھ۔ تم پر کیسے میری "عظمت" کا یہ بُلند مگر کم دیدہ رُخ آشکار ہوا؟"

تو بلا تامل بولا:

"پیارے! ہم لوگ جس زمانے کے یار ہیں۔ اگر دیدہ، نادیدہ سارے پوز آشکار کرنے لگوں تو وہ دستار بھی تمھارے سر سے ڈھلک جائے گی جو ابھی پہنی بھی نہیں۔"

اب میں نے خاموشی ہی میں اپنی عافیت جانی۔

ویسے خاموشی کی یہ پریکٹس شادی کے بعد میرے بہت کام آئی۔ اس کے لیے بھی اعجاز رضوی کا شکرگزار ہوں۔

خواتین باوقار اور حضراتِ خوش اطوار!

میری داستانِ بے بال و پر کے تناظر میں میرے ٹوپی پہننے کا جواز تو امید ہے اب آپ کو بھی سمجھ آ گیا ہوگا مگر ڈاکٹر صاحب کے ہیٹ پہننے کی اصل وجہ مجھے ابھی تک سمجھ نہیں آئی۔ چاندنی شب کی طرح چمکتی ان کی لانبی زلفوں اور لٹوں کے ساتھ تو بیک وقت

کئی دُخترانِ خوش ِگل جھولے ڈال کر ُساون، کے گیت گا سکتی ہیں۔ سوچتا ہوں کہ ہیٹ پہننے کا سبب ان سے کبھی اکیلے پوچھوں گا۔ مطلب یہ کہ کبھی نہیں پوچھ پاؤں گا۔ کیونکہ ڈاکٹر صاحب کبھی اکیلے ہوتے ہیں نہیں۔ ہمیشہ اپنے کسی دوست یا کسی ُدوستی، کے ساتھ ہوتے ہیں۔

جیسا کہ ہم سب جانتے ہیں کہ وہ شادی کے بندھن سے آزاد ہیں گو یا یہ بات پکّی ہے کہ بال بنائیں نہ بنائیں کم ازکم رو کر تو محفل میں نہیں آتے۔ قدرت سے دلِ دردمند ایسا نرم پایا ہے کہ اپنی خوشی میں بھی اپنے شادی شدہ دوستوں کو کبھی فراموش نہیں کرتے۔ وقتاً فوقتاً فون کر کے ان سے اظہارِ ہمدردی کا فریضہ بھی ادا کرتے رہتے ہیں۔ اپنے دیگر شادی شدہ دوستوں کی طرح مجھے بھی کئی بار زبانی کلامی ان تمام خصوصی مراعات کا حق دار قرار دے چکے ہیں جن کی سہولت ترقی یافتہ مما لک میں "معذور" افراد کو حاصل ہوتی ہے۔

خواتین باوقار اور حضراتِ خوش اطوار!

عرض کرنے کا مقصد یہ ہے کہ ہمارے ڈاکٹر صاحب کا حلقہ احباب بہت وسیع ہے۔ اس کا ایک سبب تو ان کا انسان دوست مزاج ہے جو ہر ملنے والے اور ملنے والی کو اپنا گرویدہ بنا لیتا ہے اور دوسری وجہ ان کے تخلیقی کینوس کی وسعت ہے۔ وہ متنوع موضوعات پر لکھتے ہیں اور بہت مؤثر انداز میں لکھتے ہیں۔ انسانی نفسیات پر ان کی تصانیف اور کالم پڑھنے والوں کی تعداد بہت زیادہ ہے۔

مگر اس کا مطلب یہ ہر گز نہیں کہ ادبی دنیا میں ان کی مقبولیت کا گراف نیچے آ گیا ہے۔ وہ اس شعبے میں بھی میدان پر میدان مار رہے ہیں۔ ان کے قلم کی روانی بے مثل ہے۔ ایک ہی برس میں تین چار کتابوں کی اشاعت اور پھر مختلف موضوعات پر کالم، مضامین اور ادبی خطوط الگ سے ہیں۔

ڈاکٹر صاحب سے مل کر پتہ چلا کہ فعالیت یا مستعدی بھی متعدی ہوسکتی ہے ورنہ میرے جیسا کم رفتار لکھاری جس نے اپنی کتابوں کی اشاعت میں غیرارادی طور پر پندرہ برس کا وقفہ لازم کررکھا تھا ایک ہی سال میں دو کتابوں کی اشاعت کا سزاوار کیسے ٹھہر سکتا تھا۔ شاید یہی حرکیات کا نظریہ ہو۔ یہ تو میں بھائی امیر حسین جعفری صاحب سے پوچھ لوں گا تقریب کے بعد۔ کیونکہ سرِ دست تو مجھے امیر بھائی کی ہمت کی داد دینا ہے کہ انھوں نے کس لگن، مہارت اور خوبی سے ڈاکٹر خالد سہیل صاحب کے فن و شخصیت پر لکھی گئی مہکتی ہوئی رنگا رنگ تحریروں کو ایک کتابی گلدستے کی صورت میں ہمارے سامنے رکھ دیا ہے۔ طبعی طور ہر ہر طرح کی شدت پسندی سے دُوری کے باوجود ڈاکٹر صاحب کی سترّویں سال گرہ میں لفظ سترّویں کی 'ت' پر جمی تشدید کو پوری شدت سے ادا کر رہا ہوں کہ کہیں ستروین نہ سمجھ لیا جائے۔۔۔اسے کہتے ہیں پیشہ ورانہ جلن!) مسکان۔

تو ان کی سترّویں سال گرہ کے موقع پر سترّ یادگار تحریروں پر مشتمل یہ کتاب ''ڈاکٹر سہیل: فن اور شخصیت'' ایک کتاب نہیں بلکہ بجا طور پر ایک ادبی دستاویز ہے جو کئی جامعاتی تحقیقی مقالوں پر بھاری ہے۔ ڈاکٹر صاحب کی ہفت پہلو شخصیت کی مناسبت سے اس کتاب کو بھی سات حصوں میں تقسیم کیا گیا ہے جن میں شاعری، افسانے، ناولٹ، فلسفیانہ مضامین، خطوط، سوانح، نفسیات اور شخصیت گویا ہر موضوع کا بھرپور احاطہ کیا گیا ہے۔

اس کتاب کی ایک اہمیت یہ بھی ہے کہ اس میں پرانے لکھنے والوں کی تحریریں بھی شامل ہیں اور نئے لکھاریوں کی بھی۔ یوں اس کتاب کے ذریعے ڈاکٹر صاحب بیک وقت کئی نسلوں سے منسلک اور مخاطب دکھائی دیتے ہیں۔

سچی بات یہ ہے کہ ایسی کتاب کم کم ہی نظر سے گزرتی ہے جس کا سرورق تو بلیک اینڈ وائٹ ہو مگر اس کے مشمولات اس قدر رنگا رنگ ہوں کہ جن کے مقابل ہفت رنگ

طیف کی بوقلمونی بھی ماند پڑ جائے۔

امیر حسین جعفری جیسے ہُنر منداور جدید نظم گو نے یہ شان دار کتاب ترتیب دے کر جن عمدہ ادارتی صلاحیتوں اور بے لوث محبت کا ثبوت دیا ہے وہ حیران کُن بھی ہیں اور لائقِ ستائش بھی۔انھوں نے اپنے ادبی دوست کو سال گرہ کی مبارک باد دینے کا ایک ایسا تخلیقی انداز اپنایا ہے جو ادبی دنیا میں سرگرداں منافرت اور تنگ نظری کی لہروں کو غیر مؤثر کر کے باہم محبت اور وسیع الظرفی کی فضا کو پروان چڑھانے کی جانب ایک احسن قدم ہے۔اوراس قدم پر میں بھی ان کا ہم۔قدم ہونے کا خواہاں ہوں۔

اپنے دونوں عزیز تخلیق کار دوستوں کو"فیملی آف دی ہارٹ" کی اس پُروقار تقریب میں دلی مبارک باد پیش کرتا ہوں اور ڈاکٹر خالد سہیل صاحب کی لٹوں کی طرح بل کھاتی میری باتیں سُننے کے لیے آپ سب کا بھی شکریہ۔بے حد نوازش۔

یہ مضمون امیر حسین جعفری کی مرتب کردہ کتاب "ڈاکٹر سہیل: فن اور شخصیت" کی تقریبِ پذیرائی منعقدہ ٹورانٹو، کینیڈا کے لیے لکھا گیا۔

ooo

دوسرا باب

تین پیاسے

شاعر اور دانشور عارف عبدالمتین کے دو مداحوں کا مکالمہ

خالد سہیل، حامد یزدانی

خالد سہیل کا خط حامد یزدانی کے نام

حامد یزدانی صاحب!

مجھے یہ جان کر خوشگوار حیرت ہوئی کہ آپ نہ صرف میرے شاعر چچا عارف عبدالمتین کو جانتے ہیں بلکہ ان سے کئی بار مل بھی چکے ہیں۔ مجھے آپ کے ان کے بارے میں تاثرات جاننے کا بہت اشتیاق ہے لیکن آپ کے تاثرات جاننے سے پہلے میں آپ سے اپنے تجربات شیر کرنا چاہتا ہوں تا کہ آپ کو ہمارے تعلق کی نوعیت کا اندازہ ہو سکے۔

میں سمجھتا ہوں کہ یہ میری خوش بختی ہے کہ عارف عبدالمتین میرے چچا تھے۔ وہ نہ صرف اردو اور پنجابی کے شاعر تھے بلکہ ایک نقاد اور دانشور بھی تھے۔ میں نے ان سے اور ان کی شاعری سے ادب اور زندگی کے بہت سے راز جانے۔ انھوں نے میری ادبی اور نظریاتی شخصیت کی نشوونما میں ایک اہم کردار ادا کیا۔

مجھے نوجوانی کا وہ دور یاد ہے جب میں اپنے والدین اور اپنی چھوٹی بہن کے ساتھ پشاور میں اور میرے چچا جان اپنی بیوی اور بچوں کے ساتھ لاہور میں رہتے تھے۔ میرے والد کی لائبریری میں چچا جان کی شاعری کے مجموعے موجود تھے۔ میں عارف چچا جان کی شاعری بڑے شوق سے پڑھا کرتا تھا۔ ان کی شاعری پڑھنے سے میرے ذہن میں یہ تصور پیدا ہوا کہ وہ ایک ترقی پسند باغی شاعر ہیں۔ مجھے ان کا ایک شعر اور ایک قطعہ آج بھی یاد ہیں۔ شعر ہے:

چلی جو بار حوادث تو دل نے تن کے کہا
یہ شاخ ٹوٹ تو سکتی ہے جھک نہیں سکتی

اور قطعہ ہے:

تم دربار کے پروردہ ہو ہم پیکار کے رسیا ہیں
تم کیا جانو سر کٹوانا ہم کیا جانیں سر کا خم
زہر کو امرت لکھ نہ سکیں گے ہاتھ قلم ہر چند کرو
اپنا فن ہے حسن صداقت فن کی امانت اپنا قلم

میں اپنی والدہ اور بہن کے ساتھ ہر سال اپنی نانی اماں سے ملنے مزنگ روڈ لاہور اور پھر اپنے چچا جان سے تبادلہ خیال کرنے چشتیہ ہائی سکول پرانی انارکلی جاتا جہاں وہ ایک ٹیچر کے طور پر کام بھی کرتے تھے اور اسی سکول میں رہائش پذیر بھی تھے۔

ہماری ملاقات چونکہ مختصر ہوتی اس لیے میں پورا سال وہ سوال سوچتا رہتا جو میں ان سے پوچھنا چاہتا تھا۔ مجھے دو سوال آج تک یاد ہیں۔ پہلا سوال تھا۔ چچا جان لوگ خودکشی کیوں کرتے ہیں؟ انہوں نے مجھے بتایا کہ جرمن فلاسفر شوپنہار کہا کرتا تھا

when the horrors of living outweigh the horrors of dying people commit suicide.

جب زندگی کا دکھ موت کے دکھ سے بڑھ جائے تو انسان خودکشی کر لیتے ہیں۔

دوسرا سوال تھا۔ چچا جان عیسائی کہتے ہیں عیسیٰ خدا کے بیٹے تھے۔ آپ کا اس کا بارے میں کیا خیال ہے؟ پہلے تو وہ مسکرائے پھر کہنے لگے 'سہیل بیٹا سب انسان خدا کے بچے ہیں اس حوالے سے عیسیٰ بھی خدا کے بیٹے تھے۔'

عارف چچا جان بڑے سے بڑے اور مشکل سے مشکل سوال کا بے ساختہ اور جامع جواب دیتے تھے۔ جب میں عارف چچا جان کے ساتھ مکالمہ کر رہا ہوتا تو میرا کزن نوروز عارف 'جو مجھ سے کئی سال چھوٹا تھا' ہمارے قریب آ کر بیٹھ جاتا اور ہماری باتیں بڑے غور سے سنتا۔ ایک دن نوروز عارف نے کہا 'سہیل بھائی آپ دو گھنٹوں میں ڈیڈی سے وہ سب کچھ سیکھ جاتے ہیں جو ہم دو سال میں نہیں سیکھ پاتے۔'

عارف چچا کو بچوں سے بہت پیار تھا۔ انہوں نے اپنے شعری مجموعے کا انتساب اپنے بیٹے نوروز عارف کے نام اس شعر کے ساتھ کیا تھا

تو نے بخشی ہے زندگی مجھ کو
تجھ کو بیٹا کہوں کہ اپنا خدا

عارف چچا جان کے شاعری کے مجموعوں میں اپنے بچوں اور بیگم شہناز کے بارے میں کئی نظمیں ہیں۔ نوروز عارف کے بارے میں ایک نظم کا عنوان "ننھا گلچیں" اور اپنی بیگم کے نام نظم کا عنوان "ادھوری رفاقت" ہے۔

بعض دفعہ جب میں عارف چچا جان سے ملنے جاتا تو وہ کسی مشاعرے یا ادبی محفل کی صدارت کرنے جا رہے ہوتے۔ ایک دن چشتیہ ہائی سکول کے گیٹ پر مل گئے۔ انہوں نے معذرت کی اور اپنا ایک شعر سنایا:

جب کبھی آتے ہیں میرے پاس آپ
میں نکل جاتا ہوں خود کو ڈھونڈنے

مشترکہ محبوبہ

ان کی یاد میں اب میں نے یہ شعر کینیڈا میں اپنی آنسرنگ مشین پر لگایا ہوا ہے۔
ایک زمانے میں عارف عبدالمتین، وزیر آغا کے ساتھ مل کر ادبی مجلہ 'اوراق' نکالا کرتے تھے۔ جب میں ان سے امرتسر کے بارے میں پوچھتا تو وہ اپنے ہمسائے سعادت حسن منٹو اور اساتذہ فیض احمد فیض اور اختر حسین رائے پوری کے واقعات سناتے۔

جب میری عمر بیس برس تھی تو وہ لاہور سے پشاور ہم سے ملنے آئے اور مجھے ایک شام پشاور صدر کے گرینز ہوٹل میں لے گئے جس نے لاہور کے پاک ٹی ہاؤس اور شیزان ریسٹورانٹ کی یاد تازہ کر دی۔ پہلے چائے اور کریم رول آرڈر کیے اور پھر مجھ سے میرے ادبی اور نظریاتی سفر کے بارے میں پوچھنے لگے۔ میں نے انہیں بتایا کہ میں شاعری بھی کرتا ہوں افسانے بھی لکھتا ہوں اور میں نے خدا کو خدا حافظ کہہ دیا ہے۔

وہ میری باتیں بڑے تحمل اور بردباری سے سنتے رہے پھر کہنے لگے:
'سہیل بیٹا ہر قوم میں دو طرح کے لوگ بستے ہیں۔ پہلا گروہ ان لوگوں کا ہوتا ہے جو روایت کی شاہراہ پر چلتے ہیں اور دوسرے گروہ میں وہ لوگ شامل ہوتے ہیں جو روایت کی شاہراہ کو چھوڑ کر اپنے من کی پگڈنڈی پر چل نکلتے ہیں۔ آپ کا تعلق روایتی اکثریت کی بجائے تخلیقی اقلیت سے ہے۔ لیکن اس اقلیت کو اپنے خوابوں اور آدرشوں کی بھاری قیمت ادا کرنی پڑتی ہے۔ میرا مشورہ ہے کہ آپ اپنے غیر روایتی نظریات کے بارے میں خاموش رہیں اور ڈاکٹر بن کر کسی ایسے آزاد منش مغربی ملک چلے جائیں جہاں آپ اپنے ضمیر کی روشنی میں زندگی گزار سکیں۔'

میں نے عارف چچا جان کے مشورے پر عمل کیا اور ایم بی بی ایس کا امتحان پاس کرنے کے بعد ایک انسان دوست اور ماہرِ نفسیات بننے کے خواب لیے پہلے ایران اور پھر کینیڈا چلا آیا۔

کینیڈا پہنچ کر میں نے اپنا ادبی سفر جاری رکھا اور ٹورانٹو آنے کے بعد جب

میں نے 1986ء سے 1990ء کے چار سالوں میں چار کتابیں چھپوائیں تو میرے ادبی دوست بہت پریشان ہوئے۔ انہیں خطرہ لاحق ہوا کہ میں بہت جلد رائٹرز بلاک کا شکار ہو جاؤں گا اور ساری عمر مزید کچھ لکھ نہ پاؤں گا۔

میں عارف چچا جان سے مشورہ کرنے نیو یارک گیا جہاں وہ اپنے بیٹے نوروز عارف سے ملنے آئے ہوئے تھے۔ مجھ سے پوچھنے لگے کہ میں نے کون سی چار کتابیں چھپوائی ہیں میں نے کہا:

تلاش	شاعری کا مجموعہ
زندگی میں خلا	افسانوں کا مجموعہ
سوغات	عالمی ادب کے تراجم
انفرادی اور معاشرتی نفسیات	مقالے

چچا جان نے میری ادبی کہانی اور نفسیاتی مسئلے کی تفاصیل سننے کے بعد مشفقانہ انداز میں کہا: 'سہیل بیٹا! ادیب بھی دو طرح کے ہوتے ہیں۔ ایک وہ گروہ ہے جو تصوراتی دنیا میں رہتے ہیں اور اسی دنیا کے بارے میں لکھتے ہیں۔ ایسے ادیب اور شاعر جلد تھک جاتے ہیں۔ دوسرا گروہ ان ادیبوں کا ہے جو زندگی کے حقائق سے جُڑے ہوتے ہیں وہ مرتے دم تک لکھتے رہتے ہیں۔ آپ کا تعلق دوسرے گروہ سے ہے اس لیے آپ بالکل بے فکر ہیں۔ آپ زندگی میں بہت سی کتابیں لکھیں گے اور یہ بھی یاد رکھیں کہ آپ نے چار سال میں چار شعری مجموعے نہیں چھپوائے بلکہ وہ چار اصناف سخن کی پہلی پہلی کتاب ہے'۔

عارف چچا جان سے بات کر کے مجھے کافی حوصلہ ملا۔ چند سال بعد مجھے یہی خیال ورجینیا وولف کے شوہر لینرڈ وولف کی سوانح عمری میں ملا۔ وہ لکھتے ہیں کہ ورجینیا وولف جب ڈپریشن کا شکار ہوتی تھیں تب بھی وہ تھوڑی دیر کے لیے محفلوں میں شریک

ہوتی تھیں تا کہ اپنے اگلے ناول کا ہوم ورک کر سکیں۔

عارف چچا جان کے ساتھ ادب اور شاعری کے رازوں کے بارے میں بھی تبادلہ خیال ہوتا تھا۔ایک دن کہنے لگے کہ غزل کا اکثر اوقات ایک شعر ہی جینون ہوتا ہے باقی اشعار بھرتی کے ہوتے ہیں۔پھر کہنے لگے کہ انہوں نے فردیات کا ایک مجموعہ "موج در موج" شائع کیا ہے جس میں پانچ سو کے قریب فردیات ہیں۔انہوں نے جان بوجھ کر ان فردیات کو غزل کا حصہ نہیں بنایا۔اس مجموعے کی چند فردیات حاضر خدمت ہیں:

اپنی پہچان کرنے نکلا تھا
ایک عالم سے روشناس ہوا

میں تمہیں ڈھونڈنے نہ نکلوں گا
سوچ کر مجھ سے تم جدا ہونا

لوٹ آئی ہو چشمِ نم لے کر
خوش نہ آئی ہوا زمانے کی

عارف چچا جان کا تخلیقی اور نظریاتی سفر روایت سے بغاوت اور بغاوت سے دانائی کا سفر تھا۔

ان کی غزلوں کے آخری مجموعے کا نام "حرفِ دُعا" ہے جس کا مزاج ان کے پہلے مجموعے "دیدہ و دل" سے بہت مختلف ہے۔لکھتے ہیں

میں حرفِ دُعا کا سلسلہ ہوں
عالم کی نجات چاہتا ہوں
مقتول کی مغفرت کا طالب
قاتل کی طرف سے خوں بہا ہوں

زندگی کی آخری دنوں میں کہنے لگے: "سہیل بیٹا! بعض دفعہ شعر کا صرف ایک

مصرعہ جینون ہوتا ہے۔ دوسرا مصرعہ بھی بھرتی کا ہوتا ہے۔' اس حوالے سے انہوں نے اپنی یک مصرعی نظموں کا مجموعہ "دھوپ کی چادر" چھپوایا۔ جس میں پانچ سو کے قریب یک مصرعی نظمیں ہیں اور ہر نظم کا اپنا جداگانہ عنوان ہے۔ ایک مثال حاضر ہے

عنوان: کتبہ
نظم: زیرِ زمیں گیا ہے وہ اپنے سراغ میں

عارف چچا جان نہ صرف مجھ سے محبت اور شفقت سے بلکہ بڑے احترام سے پیش آتے تھے۔ انہوں نے مجھے اپنی کتاب کا تحفہ دیتے ہوئے لکھا:

'نہایت پیار کے جلو میں
عزیز مکرم ڈاکٹر خالد سہیل صاحب کی نذر
جن کی بے کنار بصیرت اور بے پایاں جذباتی رفعت کا
میرے دل میں بڑا احترام ہے۔ عارف عبدالمتین'

میں جو بچوں اور نوجوانوں سے احترام سے پیش آتا ہوں اور نئے شاعروں اور ادیبوں کی حوصلہ افزائی کرتا ہوں یہ سبق میں نے عارف چچا جان سے ہی سیکھا تھا۔ یہ وہ قرض ہے جو میں لوٹانے کی کوشش کرتا رہتا ہوں۔

جب نوروز عارف کا بیٹا سروش، جو نیو یارک میں ایکٹنگ سیکھ چکا ہے، مجھ سے ملنے مونٹریال آیا اور اپنے دادا جان کے بارے میں سوال پوچھنے لگا تو میں نے اسے عارف چچا جان کی دانائی کی باتیں اور حکایتیں سنائیں اور کہا کہ میں ان کا بھتیجا تھا اور تم میرے بھتیجے ہو اور ایک دن تم یہ باتیں اور حکایتیں اپنے بھتیجے تک پہنچاؤ گے کیونکہ یہ دانائی کی وراثت ہمیں اگلی نسلوں تک منتقل کرتے رہنا چاہیے۔

مشترکہ محبوبہ

عارف چچا کی شخصیت اور مزاج میں فیض احمد فیض کی شخصیت کی طرح نرمی اور دھیما پن تھا۔ آخری ملاقات کے موقع پر کہنے لگے: 'اب رُخصت ہونے کا وقت قریب آ رہا ہے۔ مجھے موت کی چاپ سنائی دیتی ہے۔'

یہ میری خوش قسمتی کہ میں نے زندگی کی چند شامیں اپنے شاعر چچا جان عارف عبدالمتین کی صحبت میں گزاریں اور وہ چند دن میرے پاس کینیڈا آ کر درویش کی کٹیا میں رہے۔ ان کی یادوں کی خوشبو ان کے اس دارِ فانی سے کوچ کر جانے کے برسوں بعد بھی میرے قلب اور ذہن کو معطر رکھتی ہے۔

حامد یزدانی صاحب!

رخصت ہونے سے پہلے آپ کو عارف عبدالمتین کا ایک اور شعر سنا تا جاؤں

اپنی کہتے رہو، میری سنتے رہو، داستاں داستاں سے ملاتے رہو
یونہی جلتے رہیں درد کے قمقمے، رات جب تک رہے درمیاں دوستو

اب میں آپ کے اگلے ادبی محبت نامے اور عارف عبدالمتین کے بارے میں آپ کی یادوں اور ملاقاتوں کا انتظار کروں گا۔

آپ کی تخلیقات کا مداح
خالد سہیل
13 دسمبر 2022

حامد یزدانی کا خالد سہیل کو جواب

ڈاکٹر خالد سہیل صاحب!

آپ کا ادبی مکتوب نظر نواز ہوا۔ بے حد نوازش۔ آپ نے محترم پروفیسر عارف عبدالمتین صاحب کے بارے میں میرے تاثرات جاننے میں دلچسپی ظاہر کی ہے۔ یہ

میرے لیے کسی اعزاز سے کم نہیں۔

یہ بات کہ آپ عارف صاحب کے بھتیجے ہیں مجھے سن دو ہزار میں معلوم ہوئی جب آپ ریڈیو پاکستان لاہور سے مہربان دوست ارشاد حسین صاحب کے ساتھ میرے ہاں ٹورانٹو تشریف لائے تھے اور ہم نے کچھ گپ شپ بھی کی تھی اور ہیملٹن تک سیر بھی اور آپ نے اپنا شعری مجموعہ "تلاش" مجھے تحفتاً عطا کیا تھا جو آپ کے تخلیقی سفر کا نقشِ اوّلین تھا۔

آپ نے اپنے خط میں عارف صاحب سے اپنے رشتے اور قلبی ربط کا اظہار بے حد خوب صورت انداز میں کیا۔ اپنے اور اپنے اہل خانہ کے ان سے تعلقات، اپنا اور عارف صاحب کا ذاتی، علمی اور ادبی سفر مرحلہ مرحلہ جس طرح قلمبند کیا ہے وہ اس عظیم دانش ور اور ادیب وشاعر کی تصویر پڑھنے والے کے سامنے واضح کر دیتا ہے اور پھر برمحل شعری حوالے آپ کے خط کو ایک مستقل ادبی دستاویز کا روپ دیتے دکھائی دیتے ہیں۔

عارف صاحب سے میرا خون کا رشتہ تو نہ تھا تاہم حرف واحساس کا تعلق ضرور تھا جو اب بھی قائم ہے۔ میں اس تعلق پر ہمیشہ نازاں رہا ہوں۔ آپ کے خط کی روشنی میں میرے ذہن کے پردے پر کئی منظر نمودار ہونے لگے۔ کچھ واضح اور کچھ مبہم۔ کچھ الگ الگ اور کچھ ایک دوسرے میں مدغم۔ ان میں سے چند ایک یہاں آپ سے شیئر کر رہا ہوں۔

پروفیسر عارف عبدالمتین صاحب والد صاحب یزدانی جالندھری کے تو دیرینہ دوست تھے مگر میری ان سے اوّلین ملاقات غالباً ستر کی دہائی میں ہوئی۔ عارف صاحب سے غائبانہ تعارف بڑے بھائی خالد یزدانی صاحب کے توسط سے ہوا۔ وہ چشتیہ ہائی سکول میں ان سے پڑھتے رہے تھے اور سکول سے واپسی پر والد صاحب کو عارف صاحب کا سلام دعا پہنچاتے۔

جب میں نے مشاعروں میں آنا جانا شروع کیا۔ ستر کے اواخر میں تو عارف

صاحب ایم اے او کالج میں پڑھانے لگے تھے اور لاہور کی ہر اہم ادبی تقریب میں، مشاعرے میں شریک ہوتے تھے۔

مجھے ان سے اپنی پہلی ملاقات جو یاد آتی ہے وہ لٹن روڈ لاہور پر ہوئی تھی۔ ہمارا گھر وہاں سے قریب ہی تھا اور میں چوک جنازہ گاہ سے جین مندر کی طرف جا رہا تھا جبکہ وہ اس سمت سے آرہے تھے یعنی مزنگ چونگی کی طرف جا رہے تھے۔ ڈھیلی ڈھالی خاکی پتلون اور سفید شرٹ میں ملبوس تھے۔ بھورے رنگ کے جوتے جو دیکھنے ہی میں نرم دکھائی دے رہے تھے پاؤں میں تھے۔ ہاتھ میں چمڑے کا تھیلا تھا جس میں یقیناً تازہ ترین مضامین اور شاعری ہوگی۔

میں انھیں دیکھ کر ٹھٹکا تو وہ بھی رک گئے۔ میں نے سلام عرض کیا اور مصافحہ کے لیے ہاتھ آگے بڑھا دیا۔ عارف صاحب نے بڑی محبت سے ہاتھ تھام لیا۔ ایک دل نشیں مسکان ان کے ہونٹوں پر کھلی ہوئی تھی۔ آنکھوں میں اپنائیت بھری کشش اور ہاتھ میں جیسے طبیعت کا سارا گداز عود کر آیا ہو۔ مجھے سمجھنے میں مشکل ہو رہی تھی کہ ان کا لہجہ زیادہ پُرگداز اور نرم تھا یا ان کے ہاتھ؟ اسی نرم اور دھیمے لہجے میں انھوں نے پہلے والد صاحب اور پھر خالد بھائی کی خیریت دریافت کی۔ میری مصروفیات کا پوچھا۔ میں نے عرض کیا کہ میں کمیونٹی ہائی سکول میں پڑھتا ہوں اور شعر کہنے کا شوق رکھتا ہوں۔ یہ سن کر خوشی کا اظہار کیا اور کہنے لگے:

”اس میں کیا حیرت کی بات ہے۔ یزدانی جالندھری صاحب کے بیٹے شاعر ہی ہو سکتے ہیں۔“

والد صاحب کی طرح وہ بھی مجھے ”آپ“ کہہ کر مخاطب کر رہے تھے۔ چھوٹوں سے بھی محبت میں احترام کا یہ عنصر مجھے دیگر بزرگوں میں کم کم دکھائی دیا۔ جیسا کہ آپ کے خط میں بھی اس کا ذکر ہے۔

اس ملاقات کے بعد تعلیمی اداروں کے بعض مشاعروں میں انھیں سننے کی سعادت حاصل ہوئی۔

میں گورنمنٹ کالج لاہور میں داخل ہوتے ہی ریڈیو پاکستان لاہور کے طلبہ کے ہفتہ وار پروگرام یونیورسٹی میگزین میں شرکت کرنے لگا۔کبھی کبھی نثر بھی پڑھنے کا موقع ملتا مگر اکثر نظم یا غزل۔ عارف صاحب اس پروگرام کے میزبان یا مدیر ہوتے تھے۔ وہ پروگرام کا آغاز اداریے سے کرتے جس میں ادب کے جدید رجحانات پر اظہارِ خیال کرتے۔ پروگرام میں پیش کی جانے والی تخلیقات اور تخلیق کار طلبہ کا تعارف کرواتے اور پھر باری باری ہمیں مائک پر آنے کی دعوت دیتے۔

پروگرام کے اختتام پر پھر سے مختصر تبصرہ کرتے اور پروگرام کے بعد بھی طلبہ و طالبات کے سوالات کے لیے ٹھہر جاتے۔ مجھے یہ اعزاز بارہا حاصل ہوا کہ پروگرام کے بعد میں ان کے ساتھ سٹوڈیو سے ویگن سٹاپ تک گیا اور راستے میں اور ویگن کے آنے تک ان کی باتوں سے استفادہ کرتا رہا۔ایک روز پروگرام کے بعد دوسرے شرکا بھی ویگن سٹاپ تک ساتھ ہو لیے۔ شاعر دوست احمد ندیم رفیع نے اپنی تازہ نظم یا غزل پر عارف سے مشورہ چاہا اور انھوں نے کمال شفقت سے انتہائی دیانت دارانہ مشورہ دیا۔ مجھے بھی موقع مل گیا اور میں نے کہا:

”عارف صاحب! میری غزل کو بہتر بنانے کے لیے بھی کوئی مشورہ عطا کیجیے، کچھ اصلاح فرما دیجیے اس کی۔“ یہ سن کر میری طرف دیکھ کر مسکراتے ہوئے اور اسی شفیق اور دھیمے لہجے میں بولے:

”آپ کے تو گھر میں گنگا بہتی ہے۔ یزدانی صاحب مسلمہ استادِ سخن ہیں۔ ان سے بہتر مشورہ کون دے سکتا ہے۔“

مجھے ان کی بات سے بیک وقت مایوسی بھی ہوئی اور خوشی بھی۔

آپ نے بالکل درست کہا کہ دھیما پن عارف صاحب کے مزاج اور ان کی شخصیت کا حصہ تھا۔حتیٰ کہ اُونچی آواز میں ہنستے بھی نہ تھے۔ مجھے صرف دوایسے مواقع یاد ہیں جب وہ بے اختیار کھلکھلا کر ہنس دیے تھے۔ پہلی بار تب جب ہمارے ایک کالج فیلو نثر نگار افضل خان پروگرام میں اپنی مزاحیہ تحریر پیش کرر ہے تھے۔مضمون کہانی نما تھا اور صورت حال کچھ ایسی مضحکہ خیز کہ کوشش کے باوجود عارف صاحب اپنے قہقہے پر قابو نہ رکھ سکے۔ میں نے فوراً شیشے کے پار دیکھا تو ادھر کھڑے پروڈیوسر جعفر رضا اور ریکارڈنگ انجینئر بھی لوٹ پوٹ ہور ہے تھے۔

ریکارڈنگ روک دی گئی۔ جعفر رضا بھی سٹوڈیو میں آ گئے اور پھر سب مل کر ہنسنے لگے۔ چند منٹ بعد حالات کچھ قابو میں آئے تو جعفر رضا باہر نکل گئے اور ریکارڈنگ پھر سے آغاز ہوئی۔ افضل اس جملے پر پہنچے تو پھر سے سب ہنس پڑے۔ عارف صاحب کے قہقہوں میں شامل ہونے کے لیے پروڈیوسر اور ریکارڈنگ انجینئر بھی سٹوڈیو میں آ گئے۔ یہ عجیب پر لطف منظر تھا ہم سب کے لیے۔

دوسری بار، حلقہ اربابِ ذوق لاہور کے انتخابات کی مہم کے سلسلے میں عارف صاحب کے گھر جانا ہوا۔ میرے ساتھ اصغر عابد تھے جو عارف صاحب سے باقاعدہ مشورہ سخن کرتے تھے۔ ہم شام ڈھلے چشتیہ ہائی سکول کے عقب میں واقع ان کے گھر پہنچے تھے۔ عارف صاحب نے ہمیں اندر آنے کی دعوت دی۔ کھانے اور چائے سے تواضع کی اور پھر ادبی باتیں شروع ہوگئیں۔ شعرا کے ناموں کے ساتھ ان کے آبائی شہروں کے نام لگانے کی روایت پر بات چل نکلی۔ حفیظ جالندھری، یزدانی جالندھری، حفیظ ہوشیار پوری، طفیل ہوشیار پوری، صفی لکھنوی، سائل دہلوی وغیرہ وغیرہ۔ باتیں کرتے کرتے عارف صاحب کہنے لگے:

"ہر کوئی اپنے علاقے کا نام استعمال نہیں کرسکتا کیونکہ بعض شہروں یا قصبوں کے

نام مضحکہ خیز سے ہوتے ہیں۔ جیسے ہمارے پیارے شاعر دوست اسلم کولسری نے جانے کیوں کولسر کو اپنے نام کا حصہ بنا لیا۔ ذرا توقف سے بولیں تو کول اور سر سے عجیب سا تاثر پیدا ہوتا ہے جیسے کوئی 'کولے' یعنی پیالے جیسے سر کی بات کر رہا ہو۔ کیسا مضحکہ خیز تاثر بنتا ہے"۔ انھوں نے ہاتھ سے کولے یعنی کٹورے کی شکل بناتے ہوئے کچھ اس معصومیت سے کہا ہم دونوں بھی ہنس پڑے اور عارف صاحب کی ہنسی بھی بے قابو ہو گئی۔ تاہم بعد ازاں وہ اسلم کولسری صاحب کی شاعری اور شخصیت کی کافی دیر تعریف کرتے رہے۔ ملاقات کے اختتام پر عارف صاحب سے حلقہ کے انتخابات میں جائنٹ سیکرٹری کے لیے مجھے ووٹ دینے کی درخواست کی گئی جسے انھوں نے قبول کیا اور کام یابی کی دعا بھی دی۔

عارف صاحب کی شخصیت ادبی دنیا میں غیر متنازع تھی۔ وہ وزیر آغا صاحب سے بھی ملتے اور احمد ندیم قاسمی صاحب سے بھی اور کبھی ان میں سے کسی کی بُرائی نہیں کرتے تھے۔ اگر کوئی بات کرنا ہوتی تو مثبت انداز میں حوالہ دیتے۔

ڈاکٹر خالد سہیل صاحب!

آپ نے اپنے خط میں لکھاری کے فکری رویوں کو جاننے کے لیے جو کلیدی استعاروں کی شناخت کی بات کی ہے وہ بہت اہم ہے۔ میں نے دیکھا کہ عارف صاحب اپنی نثر میں منشور، آدرش، طیف، ذات، تلاش، سچائی، آشوب اور ایسے ہی کچھ اور الفاظ ضرور استعمال کرتے۔ طلبہ کے ریڈیو پروگرام کے اداریوں میں بھی اور کتابوں کے تجزیات اور فلیپس وغیرہ میں بھی۔ سوچتا ہوں شاید یہ عارف صاحب کے ایوان فکر کی کنجیاں ہوں۔

کتابوں کے فلیپ کی بات ہوئی ہے تو چلیے یہ بات بھی شیئر کر لیتا ہوں کہ عارف صاحب ہر کسی کی حتی المقدور حوصلہ افزائی کرتے۔ اس لیے پرانے اور نئے لاتعداد ایسے لکھاری ہیں جن کی کتابوں کے پیش لفظ یا فیلپ عارف صاحب کے الفاظ سے منور

ہیں۔ میرے والد صاحب کی دو کتابوں پر ان کی رائے موجود ہے۔

میں اپنے تخلیق کار دوستوں کے ساتھ چائے نوشی کی غرض سے لاہور کے اکثر بڑے چھوٹے چائے خانوں کا چکر لگایا کرتا۔ کبھی خالد علیم صاحب کے ساتھ اور کبھی طارق کامران کے ساتھ۔ کبھی شیزان اور کبھی سیلوز ریستوران۔ اور عارف صاحب سہ پہر کے وقت مرکزی دروازے سے داخل ہوتے دکھائی دے جاتے۔ ان کی چال بھی ان کی طبعی نرم روی کی آئینہ دار تھی۔ اسی نرم روی سے چلتے ہوئے وہ کسی کونے والی خالی نشست پر بیٹھ جاتے۔ ہاتھ میں تھاما بیگ سامنے میز پر رکھتے۔

چائے کا کہتے اور بیگ میں سے کتاب اور کاغذ نکالتے اور جیب سے قلم اور لکھنا شروع کر دیتے۔ ہم لوگوں سے نظر مل جاتی تو مسکرا کر وہیں سے سلام کا جواب دے دیتے۔ ہم ازراہِ ادب جھجکتے سے ان کے پاس چلے جاتے اور ان کے پُرخلوص دھیمے دھیمے جملوں سے اور ان کی آنکھوں سے چھلکتے شفاف اخلاص سے فیض یاب ہوتے۔ وہ ہماری خیریت دریافت کرتے۔ نئی تخلیقات کے بارے میں استفسار کرتے۔ ہماری کسی حالیہ تحریر کا حوالہ دیتے ہوئے حوصلہ افزائی کرتے اور دعا دیتے اور ہم خوشی خوشی اپنی نشست پر لوٹ آتے اور عارف صاحب کی ادبی کمٹ منٹ اور ان کی شفقت و محبت پر بات کرنے لگتے۔

ڈاکٹر خالد سہیل صاحب!

ہم چند دوستوں نے مل کر ایک ادبی تنظیم فکر ادب کے نام سے بنائی تھی جو بعد میں دبستانِ اہل قلم کی صورت میں قائم رہی اور اس کے تحت ہم نے کچھ اچھے مشاعرے کروانے کی سعادت بھی حاصل کی۔ یہ بھی گورنمنٹ کالج لاہور کے دنوں کی بات ہے۔ ایک یادگار مشاعرہ ہم نے پاکستان نیشنل سنٹر میں بھی منعقد کروایا تھا جس کی صدارت عارف عبدالمتین صاحب نے فرمائی تھی جبکہ مہمان خصوصی میرے سکول کے استاد اور ممتاز

شاعر راز کاشمیری صاحب تھے۔ اس کے انعقاد میں نیشنل سنٹر کے ریزیڈنٹ ڈائریکٹر اعزاز احمد آذر اور پروگرام منیجر خالد خلیل صاحب کا تعاون ہمیں حاصل رہا۔ شہر کے سبھی اہم شعرا اس میں شریک ہوئے۔ اس مشاعرے کی ایک دو تصاویر میں نے آپ سے بھی شیئر کی تھیں۔

عارف صاحب کی شاعری دیکھوں تو بلا امتیاز اصناف اس میں انسان کی ہمت اور صلاحیت کی اہمیت کا ذکر بہر طور نمایاں ہوتا ہے۔ یہ پہلو ان کی نعت میں بھی دیکھا جاسکتا ہے۔ آپ کے ہاں بھی یہ پہلو مجھے اُجاگر ہوتا دکھائی دیتا ہے۔

ایک روز پتہ چلا کہ عارف صاحب اپنے بیٹے کے پاس امریکا تشریف لے گئے ہیں اور مستقلاً وہیں قیام کا ارادہ رکھتے ہیں۔ آپ کی تحریروں سے مجھے یہ پتہ چلا کہ وہ کینیڈا بھی آئے تھے اور آپ کے ہاں قیام کیا تھا۔

ڈاکٹر صاحب!

بس یہ چند بکھری بکھری سی یادیں ہیں جو آپ کے خط کا مطالعہ کر کے عارف صاحب کے حوالے سے میرے ذہن کے اُفق پر اُبھریں اور میں نے "جواب آں غزل" کے طور پر رقم بھی کر دیں۔ ہیرے جیسے دمکتے کرداروں والے اہلِ علم و ادب سے جڑی یہ یادیں میرے لیے کسی ان مول خزانے سے کم نہیں اور انہیں آپ کے ساتھ شیئر کرتے ہوئے مجھے انتہائی خوشی ہو رہی ہے۔

ہاں، ایک بات جس کی وضاحت اگر آپ کر سکیں تو ممنون ہوں گا وہ یہ کہ عارف صاحب اپنے مہربانوں یعنی اپنے ہمسائے سعادت حسن منٹو اور اساتذہ فیض احمد فیض اور اختر حسین رائے پوری کا جو ذکر کرتے تھے تو کیا کچھ بتاتے تھے۔ یہ جاننے میں مجھے دل چسپی ہے کہ یہ سب ادبی تاریخ کا حصہ ہے۔

اور دوسری بات یہ کہ عارف صاحب کی جو تصویر آپ کی تحریروں میں ملتی ہے

مشترکہ محبوبہ

وہ اس تصویر سے قطعی مختلف ہے جو میں نے سال ہا سال دیکھی۔ ہاں، عارف صاحب کے دہریہ ہونے کا ذکر ایک بار رسالہ "شام و سحر" کے مدیر شاعر خالد شفیق صاحب نے کیا تھا اور میں نے اعتبار نہ کیا تھا کیونکہ میں نے لڑکپن سے عارف صاحب کو دین کی طرف راغب دیکھا تھا۔ آپ کی تحریروں سے البتہ خالد شفیق صاحب کی باتوں کی تصدیق ہوتی ہے۔

ورنہ مجھے اچھی طرح یاد ہے چینیز لنچ ہوم کی بیسمنٹ میں حلقہ ادب اور پنجابی ادبی پروار کے ہفتہ وار اجلاس ہوا کرتے تھے اور انتظامیہ کو انتظار کرنا پڑتا تھا کہ عارف صاحب لنچ ہوم کے باہر واقع گرین بیلٹ پر نماز مغرب ادا کر لیں تو اجلاس شروع کیا جائے۔

اور پھر ان کی دل نشیں اور ایمان افروز نعتیں جو ان کے مجموعہ نعت "بے مثال" میں بھی شامل ہوئیں ان میں سے اکثر ہم نے ان کی زبانی ریڈیو، ٹی وی کے مشاعروں اور شہر کی نعتیہ نشستوں میں سنیں۔ سب ایمان افروز ہیں۔ آپ کے والد گرامی پروفیسر عبدالباسط صاحب اور عارف عبدالمتین صاحب دونوں نے جو فکری دائرہ بائیں سے دائیں جانب سفر کر کے طے کیا یعنی لا دینیت سے روحانیت اور دین کی طرف وہ دائرہ آپ کے ہاں الٹ طرف مکمل ہوتا دکھائی دیا۔ ایسا نہیں ہے کیا؟

ایک سوال یہ بھی کہ کیا آپ عارف صاحب کے بارے میں ایک مبسوط کتاب مرتب کرنے کا ارادہ رکھتے ہیں؟ اگر ایسا ہو تو ایک اہم ادبی دستاویز ہمارے سامنے آ جائے گی اور آپ ہی یہ کام بہترین انداز میں انجام دے سکتے ہیں۔

اب اجازت دیجیے۔

آپ کا ادبی دوست اور مداح

حامد یزدانی

18 دسمبر 2022

ooo

عارف عبدالمتین کی دانائی کے چشمے سے فیض حاصل کرنے والے تین پیاسے

خالد سہیل، حامد یزدانی، نوروز عارف

نوروز عارف کا خط خالد سہیل کے نام

خالد بھائی!

چند دن پہلے آپ اور حامد یزدانی صاحب کے خطوط 'ہم سب' پر پڑھنے کا اتفاق ہوا۔ سب سے پہلے تو میں آپ کا، یزدانی صاحب اور 'ہم سب' کا بہت مشکور ہوں کہ ان خطوط کے حوالے سے آپ نے نئی نسل کو عارف عبدالمتین کے ساتھ نئے سرے سے متعارف کروایا ہے۔ اس کے ساتھ ساتھ یہ بات بھی قابلِ ذکر ہے کہ ان کے بیٹے کی حیثیت سے جب میں نے وہ خطوط پڑھے تو اپنے والد، جنہیں ہم ڈیڈی جان کہہ کر مخاطب کہا کرتے تھے' کی خوبصورت یادوں کی بہار اور برسات میں کھو گیا کہ ان خطوط کو پڑھتے ہوئے میرے چہرے پر مسکراہٹ، آنکھوں میں آنسو اور دل میں فخر تھا۔

سہیل بھائی! آپ نے ڈیڈی کی نظم "ننھا گلچیں" کا ذکر کیا جو میرے بچپن کی سب سے پہلی یادوں میں سے ایک یاد ہے۔ اس نظم کے پس منظر میں جو واقعہ ہے وہ میرے اور میرے ڈیڈی کے خوبصورت رشتے کا آغاز ہے۔ واقعہ کچھ یوں ہے کہ اس

وقت میری عمر بمشکل سات یا آٹھ سال ہوگی۔ میں صبح سویرے گھر کے ساتھ والے باغیچے میں جاتا تھا اور وہاں سے موتیے کے پھول چن کر لاتا تھا۔ کئی دفعہ تو ایسا بھی ہوا کہ وہاں سے گزرنے والے نمازی ان تازہ پھولوں کو چُن لیتے تھے اور مجھے کوئی پھول نہ ملتا تھا اور میں ناکام واپس آجاتا تھا۔ اس کے بعد میری کوشش ہوتی کہ میں نماز پڑھ کر واپس آنے والوں سے پہلے وہاں پہنچ جاؤں کبھی کبھار تو میں اتنی جلدی وہ پھول چننے وہاں پہنچا کہ وہ کلیاں ابھی چٹکی بھی نہیں تھیں تب مجھے یہ علم بھی نہ تھا کہ موتیا پو پھٹنے پر کھلتا ہے۔

بہر حال، میں کبھی ایک مٹھی میں اور کبھی دونوں ہاتھوں میں اور کبھی اپنے دامن میں تازہ کھلے ہوئے پھول لے کر گھر آتا تھا اور ڈیڈی صحن میں بے خبر سو رہے ہوتے تھے۔ میں وہ تازہ پھول ان کی ناک کے بہت قریب لے جاتا اور ڈیڈی ان تازہ چٹکی ہوئی کلیوں کی مہک سے جاگ جاتے اور کلیاں مجھ سے لے کر مجھے ماتھے پر بوسہ دیتے اور ان کلیوں کو اپنے سرہانے رکھ کر دوبارہ سو جاتے۔

ایک دن انہوں نے اپنی بہنوں طاہرہ اوہ مقصودہ کو، اپنے بہنوئی خواجہ صادق حسن اور ان کے بچوں کو مدعو کیا اور اپنی نظم "ننھا گلچیں" سنائی۔ میں اس نظم میں اپنا نام سن کر بہت خوش ہوا اور جب ڈیڈی نے آخری بند پڑھا تو سب لوگ آبدیدہ ہو گئے۔ خاص طور پر میری امی اور پھوپھو جان مگر ایک بات میری سمجھ میں نہ آئی کہ اس میں رونے والے کیا بات ہے۔ مگر جب بلوغت میں پہنچا تو سمجھ میں آیا کہ یہ بہت دلگیر نظم ہے۔ ڈیڈی کی وفات کی تقریب میں میرے ایک دوست عابد فاروق نے یہ نظم پڑھی اور سب کو رُلا ڈالا۔

اب جبکہ میں خود ایک باپ ہوں تو میرے لئے یہ بہت ہی دلچسپ بات ہے کہ میں نے اپنے بچوں کے ساتھ ویسا رشتہ رکھنے کی کوشش کی جیسا کہ ڈیڈی جان کا میرے ساتھ تھا، یزدانی صاحب نے فرمایا کہ ڈیڈی انہیں "آپ" کہ کر مخاطب کیا کرتے تھے، یہ بات ہمارے لئے بھی بہت حیران کن اور پسندیدہ تھی کہ ہمارے ساتھ عزت کے ساتھ

پیش آیا جا رہا ہے جبکہ ہمارے اساتذہ دوسرے بزرگ، ہمارے رشتے دار اور دیگر جاننے والوں میں سے کسی نے بھی ہمیں اور ہمارے دوستوں کو عزت سے مخاطب نہیں کیا۔ ہم مرغا بننے سے بچنے کو بہت بڑی عزت افزائی سمجھتے تھے۔

ڈیڈی جن دنوں چشتیہ ہائی سکول میں سائنس پڑھاتے تھے تب انھوں نے میٹرک کے طلبا کی لیبارٹری میں سائنسی تجربات میں معاونت کرنے کے لئے ایک ہدایتی کتابچہ تحریر کیا تھا جس کا نام ''تجرباتی بیاض'' تھا۔ اس کتاب کی ایک خوبصورتی یہ تھی کہ وہ ان کی باقی ادبی کتابوں کی طرح پیش لفظ کے ساتھ شائع ہوئی اور اس کتاب کے پیش لفظ میں دوسرے اساتذہ کو مشورہ دیتے ہوئے لکھا کہ نصاب میں شامل دوسری کتابیں جب طلبا کو ہدایت دیتی ہیں تو وہ انہیں ''تم'' کہ کر مخاطب کرتی ہیں۔ ہمیں ایک استاد ہونے کی حیثیت سے طلبا کی عزت نفس کا خیال رکھتے ہوئے انہیں آپ کہہ کر مخاطب کرنا چاہے۔

1980ء کی دہائی میں مَیں جب امریکہ منتقل ہوا اور میری اور ڈیڈی جان کی خط و کتابت شروع ہوئی تو وہ خط پر میرا نام خواجہ نوروز عارف وائیں لکھا کرتے تھے۔ اسی وجہ سے میں نے اپنا نام نوروز عارف وائیں رکھ لیا۔

سہیل بھائی! آپ نے اپنے خط میں ذکر کیا کہ ڈیڈی آپ کے مشکل سوالوں کے جواب جامع اور سہل انداز میں دیا کرتے تھے تو آپ کو تو معلوم ہی ہے کہ وہ اکثر بہت گہرے سوال بھی بہت آسانی کے ساتھ پوچھ لیا کرتے تھے۔ جب میں نے ایف اے کا امتحان پاس کیا تو مجھے پوچھا بیٹا نوروز آپ کا مذہب کیا ہے؟

میں نے جواب دیا الحمدللہ میں مسلمان ہوں۔

ڈیڈی نے دوسرا سوال کیا جو کہ پہلے سوال سے زیادہ تگڑا تھا، فرمایا:

''وہ کیوں؟''

میں نے جواب دیا:

"میری خوش قسمتی کہ میں نے مسلمان گھرانے میں آنکھ کھولی۔"

فرمانے لگے: "یہ کافی نہیں ہے۔"

میں ان سے توقع کر رہا تھا کہ اب وہ نصیحت فرمائیں گے کہ جاؤ اور اپنے دین کا مطالعہ کرو مگر انھوں نے ایک اور بہت ہی غیر معمولی سوال پوچھا:

"کیا تم نے دنیا کے باقی مذاہب کا مطالعہ کیا ہے؟"

میں نے عرض کیا: "نہیں"

فرمانے لگے: "تو پھر تمہیں کیسے یقیں ہے کہ اسلام تمہارے لئے ایک صحیح مذہب ہے؟ دوسرے مذاہب کا مطالعہ کرو اور پھر فیصلہ کرو کہ تم نے کون سا مذہب اختیار کرنا ہے۔"

یہ ان دنوں کی بات ہے جب وہ اسلامیات کے پروفیسر تھے، میرے خیال میں وہ مجھے اس پراسس process سے مسلمان بنتا دیکھنا چاہتے تھے جس process سے گزر کر حضرت عمر مسلمان ہوئے تھے، وہ مجھے لاکھوں اور کروڑوں مسلمانوں سے منفرد انداز کا مسلمان دیکھنا چاہتے تھے وہ، ایک ایسا believer جو اندھی تقلید نہ کرے جیسا کہ سقراط کہا ہے کہ unexamined life is not worth living

ان کے ساتھ اس چند منٹ کی گفتگو نے میری وہ دیوار مسمار کر دی جس کے پیچھے چھپ کر اکثر انسان اپنی موروثی اقدار کے مطابق زندگی گزار کر مر جاتے ہیں۔ ان کی اس گفتگو نے مجھے اپنے اندر سے اجازت دلوا دی کہ میں دوسری روحانی اور مذہبی روایات کو جان سکتا ہوں یعنی میرا رویہ نیوٹرل ہو گیا، یقین مانیئے میں آج تک اسی سفر میں ہوں اور دینیات میرا من بھاتا مضمون ہے۔ اس کے بعد انھوں نے تصوف میں دلچسپی لینا شروع کی اور میری انگلی پکڑ کر اس چمن کی بھی سیر کروائی۔

حامد یزدانی صاحب نے ان کا 'سیلوز' ریستوران میں بیٹھنا یاد کروایا، میں اکثر

ان سے ملنے وہاں جاتا تھا اور چکن پیٹی اور سوڈا پینے کو ملتا۔ ڈیڈی جان وہاں یکسوئی کے ساتھ اپنا تحقیقی اور تنقیدی کام کیا کرتے تھے اگر کبھی سیلوز میں رش ہوتا تو وہ فلیٹیز ہوٹل چلے جاتے۔ 'امکانات' اور 'پرکھ پڑچول' جیسی کتابوں نے وہیں جنم لیا۔

ڈیڈی اپنا تخلیقی کام یعنی شاعری علی الصبح ہمارے گھر کے ساتھ سکول کے باغیچے میں کیا کرتے تھے۔ میں چونکہ ان کے ساتھ ٹائم گزارنا پسند کرتا تھا اس لیے میں اکثر انہیں ڈُھونڈتا ہوا باغیچے میں جا پہنچتا تھا، ڈیڈی وہاں ٹہل رہے ہوتے تھے، وہ بہت خوش لحن تھے اور اکثر مہدی حسن کی گائی ہوئی اپنے استاد فیض احمد فیض کی غزل "گلوں میں رنگ بھرے بادِ نو بہار چلے" گنگنایا کرتے تھے۔

سہیل بھائی! آپ نے ہمارے خاندان کے ساتھ ہونے والے سب سے بڑے سانحے کا ذکر کیا اور اور اس نے ڈیڈی کو کیسے متاثر کیا؟ میرا اشارہ ہمارے تیسرے بھائی کی جواں سال موت کی طرف ہے جو کہ ایک کار کے حادثے میں ہوئی، آپ کی آبزرویشن درست ہے اس حادثے کے بعد ڈیڈی کی بیماری کھل کر سامنے آگئی اور وہ پارکنسنز disease کی جکڑ میں آگئے اور ان کا موت کی جانب بہت تکلیف دہ سفر شروع ہوا، انہیں اس ناگہانی موت نے اتنا کیوں متاثر کیا اس کی وجہ میری نظر میں کچھ یوں ہے کہ ڈیڈی اپنے پانچوں بچوں کو بہت پیار کرتے تھے اور ان کے مطابق ان کا ہر بچہ ان کی ذات کے کسی نہ کسی پہلو کا پرتو تھا، ڈیڈی کا ایک شعر ہے:

اپنے بچوں کی طرف غور سے جب بھی دیکھا
کتنے ہی رنگوں میں نکھرا ہوا پایا خود کو

مجھے اور میری سب سے چھوٹی بہن تحسین عارف کے ساتھ ان کا تعلق تخلیقی تھا۔ میری ان کے ساتھ نابغانہ دوستی بھی تھی جو کہ تمام عمر رہی۔ شفقت کا برملا اظہار، ہمیں گلے لگانا اور اکثر انہیں ہم سب کے طرف اچانک محبت بھری نظر سے دیکھتے ہوئے پانا ایک

معمول تھا، مگر عرفی کے ساتھ وہ کچھ زیادہ ہی پیار کرتے تھے وہ ان کا سب سے پسندیدہ بیٹا تھا چونکہ وہ ہمیشہ اس کے گال پر بوسہ دیا کرتے تھے اور یہ اظہارِ محبت ہمیں اتنے معمول کے ساتھ نہیں ملتا تھا جتنے معمول اور تواتر کے ساتھ عرفی کو، مجھے ابھی تک وہ دن یاد ہیں جب وہ اس کی موت کے غم سے نڈھال تھے میں امریکہ سے کال کرتا اور ہم دونوں صدمے اور غم کی وجہ بات نہیں کر پاتے تھے ہم دونوں روتے اور روکر فون بند کر دیتے، بالآخر ایک دن انھوں نے ہمت کی اور کہا: "جب میں نے عرفی کا گال آخری دفعہ چوما تو وہ سرد تھا" اس جملے کے بعد ہم دونوں بہت دیر تک روتے رہے اور فون بند ہو گیا۔

مجھے اپنے بھائی کے چلے جانے کا دُکھ تھا جو کہ میں اپنے باپ کے ساتھ بانٹنا چاہتا تھا اور اپنے دوست کو بھی دلاسا دینا چاہتا تھا جس کا جوان بیٹا کار کے حادثے کے بعد ایک گھنٹہ سڑک پر زخمی پڑا رہا اور فوری طبی امداد نہ ملنے کی وجہ سے اس دنیا سے اپنے خوابوں کو حقیقت میں بدلتے دیکھے بنا اور اپنی تمناؤں کو پورا کیے بغیر اس دنیا سے چلا گیا۔ امریکہ میں میری زندگی کا تجربہ بہت مختلف تھا یہاں بہت کم لوگ حادثے کے بعد گھنٹوں شاہراہوں پر خون بہہ جانے کی وجہ سے مرتے ہیں، میں عرفی کی موت کو قتل سمجھتا تھا اور ڈیڈی نے تو اس ڈرائیور کو معاف ہی کر دیا۔

اس کے چند سالوں بعد امی اور ڈیڈی امریکہ چلے آئے اور میں نے اپنا تعلق ڈیڈی کے ساتھ پھر سے مستحکم کرنا شروع کر دیا۔

اس دور میں ان کے ساتھ گفتگو کے دوران مجھے اندازہ ہوا کہ ان کے اندر کا آدرش پرست انسان جو کہ اپنے آدرش شاعری کی وساطت سے دنیا کے ساتھ شیر کرتا تھا وہ ایک غیر مذہبی آزاد سوچ رکھنے والے مارکسسٹ دانشور سے آگے بڑھ کر ایک بلھے شاہ جیسا انسان دوست صوفی بن چکا ہے۔

سہیل بھائی!

آپ کا خیال ہے کہ وہ اپنی بیماری کی وجہ سے آہستہ آہستہ مذہب کے طرف مائل ہوئے میرے خیال میں ایک اہم nuance یہ ہے کہ وہ مارکسسٹ تو تھے ہی مگر اسٹالن کے ظلم اور خاص طور پر چیر مین ماؤ کے ثقافتی انقلاب سے disillusioned ہوئے تھے۔ وہ ایک فنکار تھے، اور فنکار کا معاشرے سے اوّلین مطالبہ سوچ اور اظہار کی آزادی ہوتا ہے اور ان آدرشوں کی خاطر وہ جان تک دے دیتا ہے اور اس کے برعکس ماؤ کے ثقافتی انقلاب کا اصل مقصد فنکار اور دانشوروں کی سوچ اور آزادیٔ اظہار پر پابندی لگانا ہی تو تھا چونکہ وہ فن کا اوّلیں مقصد انقلاب کی خدمت بتاتا تھا۔ عارف صاحب اور ان کے ہم عصر یہ کام تو پہلے ہی کر رہے تھے مگر ادب کو صرف انقلاب کی خدمت پر معمور کرنا اور صحافت کے درجے پر لانا انہیں گوارا نہیں تھا۔

سہیل بھائی!

ان دنوں جیسا کہ آپ کو یاد ہے، ان کی بیماری زور پکڑتی جا رہی تھی ان کے لیے کھانے والا چمچ تھامنا بھی مشکل ہو گیا تھا، کچھ لوگ ان کو نقاد کچھ انہیں دانشور اور کچھ لوگ انہیں شاعر کہتے ہیں مگر وہ اپنے آپ کو شاعر پہلے اور باقی سب کچھ بعد میں سمجھتے تھے، اس کا ثبوت یہ ہے کہ وہ اپنے سرہانے ایک نوٹ بک اور قلم رکھ کر سوتے تھے۔ ایک روز فرمانے لگے بیٹا اب جب آمد ہوتی ہے تو میں نقاہت اور بیماری کی وجہ سے وہ اشعار لکھ نہیں سکتا دعا کرو کہ اب شاعری مجھے چھوڑ کر چلی جائے۔

ننھا گلچیں

صبح دم جبکہ ابھی
گھر کے ہر فرد کی رگ رگ میں لہو کی صورت

عشرتِ خواب کی سرشاری رواں ہوتی ہے
میرا بیٹا، مرا نوروز جھٹک دیتا ہے
نیند کی کھولتے نشّے کی گرانباری کو
اور چپکے سے دبے پاؤں نکل جاتا ہے
پھول چُننے کے لیے ساتھ کے باغیچے میں
اور جب لوٹ کے آتا ہے یہ ننھا گلچیں
خالی کر دیتا ہے دامن کو سرہانے میرے
آنکھ کھلتی ہے تو ہر روز میں بستر پہ پڑا پاتا ہوں
کتنے ہی تازہ مہکتے ہوئے پھول
اپنے نوروز کی معصوم محبت کے دلآویز سجیلے پیکر
میں کہ ہوں عارضہ دل کا اسیر
ایک مدت سے مرا ڈھلتا پگھلتا ہوا جسم
موت اور زیست کے دوراہے پہ استادہ ہے
جانے کس لمحے یہ زنجیرِ تنفس کٹ جائے
اور میں راہِ عدم کا وہ مسافر بن جاؤں
جس کی رفتار سے ملتا ہے قیامت کا سراغ!
سوچتا ہوں کہ جب اس لمحہ سیال کے بعد
صبح دم پھول مرے واسطے لائے گا تو بستر مرا خالی پا کر
میرا بیٹا، مرا نوروز۔ یہ ننھا گلچیں
فکر و احساس کے کسی اجنبی گرداب میں کھو جائے گا

OOO

حامد یزدانی کا خط خالد سہیل کے نام

محترم ڈاکٹر خالد سہیل صاحب!

آداب وتسلیمات

جناب نوروز عارف صاحب کا خط مجھے بھیجنے کا شکریہ۔

آپ کے نام ان کے خط میں میرے اور آپ کے ان خطوط کا حوالہ موجود ہے جو ہم دونوں نے نوروز صاحب کے والد گرامی پروفیسر عارف عبدالمتین صاحب کی شخصیت، ان کے فن اور ان زندگی کے بارے میں تحریر کیے تھے۔ جو معروف سماجی ویب سائٹ "ہم سب" پر بھی شائع ہوئے اور اہلِ فکر ونظر کی توجہ حاصل کرنے میں کامیاب ہوئے۔

مجھے خوشی ہے کہ نوروز صاحب نے ہمارے ان خطوط کو نہ صرف پسند کیا بلکہ ان میں زیرِ بحث لائے گئے واقعات اور موضوعات کو اپنے اوّلین مکتوب کی بنیاد بھی بنایا ہے اور یہ امر بے حد خوش آئند ہے اس طرح وہ اس تخلیقی مکالمے کا باقاعدہ حصہ بن گئے ہیں جو اُردو شعر و ادب کی دنیا کی منفرد اور کثیر الجہت ہستی یعنی عارف صاحب کے حوالہ سے ہم نے بہت محبت سے آغاز کیا تھا۔

میں نے نوروز صاحب کا خط ایک بار پڑھا۔ پھر دوسری بار پڑھا تاکہ اس کی سطور میں موج زن ان کے خالص جذبات اور اظہار کے حسن و دل کشی سے احسن طور پر

لُطف اندوز ہوسکوں۔ یہ خط اردو نثر کا معیاری اور عمدہ نمونہ ہے جس میں گہری محبت، سچے احساسات اور فکر کی شفافیت کے چشمے پہلو بہ پہلو بہتے محسوس ہوتے ہیں۔

وہ اپنے پیارے ڈیڈی کو یاد کرتے ہوئے آب دیدہ ضرور ہوتے ہیں مگر حالات و واقعات کی صحت کو کسی جذباتیت سے متاثر نہیں ہونے دیتے۔ داخلیت اور خارجیت کو یوں ہاتھ میں ہاتھ ڈالے خرام کرتے ہم اب کم کم ہی دیکھتے ہیں۔

نوروز صاحب نے اپنے خط میں بیتے دنوں کا ذکر کرتے ہوئے نہ صرف اردگرد کے ماحول کو ہماری آنکھوں کے سامنے زندہ کر دیا ہے بلکہ ان واقعات کے اسباب اور ممکنہ جواز کی جانب بھی اشارہ کیا ہے۔ انہوں نے جس انداز میں عارف صاحب کی شخصیت، ان کی دلچسپیوں، اہلِ خانہ اور احباب کے ساتھ ان کے تعلق اور ان کی مشقِ سخن اور معمولات کا ذکر کیا ہے وہ متاثر کن ہے اور کم از کم میری معلومات میں تو خاطر خواہ اضافہ کرتا ہے۔

عارف صاحب کی فکری اور نظریاتی زندگی میں تغیر تبدل کی بات بھی انہوں نے نہایت عمدہ طور پر کی ہے اور زندگی میں تبدیلیوں کو خوش آمدید کہنے کی حوصلہ افزائی کا حوالہ بھی دیا ہے کہ کس طرح عارف صاحب اپنے بچوں کو غور فکر اور تجربوں کے لیے امکان کے دروازے کھلے رکھنے کا سبق دیتے ہیں اور تقابلی جائزہ کو علم و یقین کا لازمی حصہ قرار دیتے ہیں۔

دیگر حوالوں کے بعد انہوں نے یہ بھی لکھا ہے کہ کس طرح عارف صاحب خارجی سے داخلی دنیا کے فرد بن گئے اور روحانیت کے خطے کے مکین بن کر صوفی شعرا سے قریب تر ہو گئے۔ صوفی شعرا تو فی الواقع انسان دوست ہستیاں تھیں جن کا پیغام محبت رنگ و نسل و مذہب ہر تفریق سے پاک تھا۔

انہوں نے اپنے خط میں کئی ایسے یادگار واقعات اور مقامات کے حوالے دیے

ہیں جو میرے لیے شناسا ہیں اور بہت کچھ ایسا بھی ہے جو میرے لیے قطعی نیا ہے۔ خاص کر نظم "ننھے گل چیں" کا پس منظر دل چسپ بھی لگا اور دل پذیر بھی۔ ان کے خط میں مسکراہٹیں اور آنسو ایک ہی تسبیح میں پروئے دکھائی دیتے ہیں۔ ایسا ہر کوئی نہیں کرسکتا۔

میں نے اس سے قبل نوروز صاحب کی کوئی تحریر نہیں پڑھی لیکن ان کا خط ان کے اندر سانس لیتے ایک عمدہ ادیب کا پتہ دیتا ہے جس سے میں بار بار ملنا چاہوں گا۔

ڈاکٹر صاحب

آپ کا بہت شکریہ کہ آپ نے نوروز صاحب کا ہمارے اس مکالمہ کا حصہ بننے کی دعوت دی اور یوں مجھے ایک نفیس انسان اور عمدہ لکھاری سے متعارف کروایا۔ امید ہے کہ ہم اور ادب کے دیگر قاری بھی اب ان کی تحریروں سے استفادہ کرتے رہیں گے کیونکہ آنے والے دنوں میں نوروز اور بھی لکھیں گے اور مزید اچھا لکھیں گے۔ ان شا اللہ

میں نوروز صاحب کا شکر گزار ہوں کہ انہوں نے اپنے خط میں عاجز کا حوالہ بھی دیا۔ میں ہر شعبے میں ان کی کام یابی کے لیے دعا گو ہوں۔

اب جبکہ ہم پروفیسر عارف عبدالمتین صاحب کے صد سالہ جشن ولادت کی تقریبات کے آغاز کی جانب بڑھ رہے ہیں۔ امید ہے کہ یہ مکتوب نگاری 'عارف فہمی' کے باب میں قابل توجہ اضافہ خیال کی جائے گی۔

نیک تمناؤں کے ساتھ

حامد یزدانی

13- دسمبر 2023

ooo

مشترکہ محبوبہ

خالد سہیل کا خط نوروز عارف اور حامد یزدانی کے نام

نوروز عارف اور حامد یزدانی صاحبان!

آپ کے خطوط پڑھ کر مجھے احساس ہوا کہ ہم تینوں کی زندگیوں میں ایک قدر مشترک ہے ہم تینوں ایسے پیاسے ہیں جنہوں نے عارف عبدالمتین کی دانائی کے چشمے سے فیض حاصل کیا ہے۔

نوروز عارف صاحب! آپ نے جب مجھے بتایا کہ عارف عبدالمتین 1923 میں پیدا ہوئے تھے تو مجھے خیال آیا کہ اب 2023 ہے کیوں نہ ہم ان کا صد سالہ جشنِ ولادت منائیں۔ اس سلسلے میں جب میں نے فیملی آف دی ہارٹ سے بات کی تو وہ بھی خوشی سے راضی ہو گئے۔ اب ہم 29 جنوری کو ٹورانٹو میں ایک تقریب کا اہتمام کر رہے ہیں جس کی نظامت امیر جعفری کریں گے اور حامد یزدانی، میں اور آپ مضامین پڑھیں گے اور سیمینار میں حاضرین سے مکالمہ کریں گے۔ مجھے اس بات کی بھی خوشی ہے کہ نہ صرف آپ خود بلکہ آپ کی محبوبہ چندا اور فنکار بیٹے سروش اور آزر بھی اس محفل میں شامل ہوں گے۔

مشترکہ محبوبہ

حامد یزدانی صاحب!

ہم اس تقریب میں یہ بھی اعلان کریں گے کہ ہم تینوں مل کر عارف عبدالمتین کے حوالے سے ایک کتاب لکھ رہے ہیں جو ان کے دوستوں، شاگردوں اور پرستاروں کے لیے ہمارا ایک ادبی تحفہ ہوگا۔ میں آپ کا دل کی گہرائیوں سے شکرگزار ہوں کیونکہ میں اس خواب کو آپ کے تعاون کے بغیر شرمندہ تعبیر نہیں کر سکتا تھا۔

آپ کا ادبی ہم سفر
خالد سہیل
14 دسمبر 2023

ooo

تیسرا باب

باتیں اور ملاقاتیں

مشترکہ محبوبہ اور مولوی صاب

حامد یزدانی

ہم سب پر یارِ مہرباں ڈاکٹر خالد سہیل صاحب کا تازہ کالم "میری دو کمزوریاں میٹھی چیزیں اور میٹھے لوگ" پڑھا اور حسبِ سابق اوّلین فرصت میں پڑھا۔ ان کے کالم کا مرکزی موضوع "شوگر" یعنی ذیابیطس جیسا موذی مرض ہے جو دنیا بھر میں انسان کی جان کو آیا ہوا ہے۔ کالم میں اس تشویش ناک امر کا اعلان بھی ملتا ہے کہ ستّر برس کے ہمارے یہ نوجوان، فعال اور سرگرم لکھاری، دانش ور اور مفکر دوست بھی اس دشمن سے ہاتھ ملا بیٹھے ہیں۔ مگر صاحب، داد دیجیے ڈاکٹر صاحب کے اندر رچے بسے اُس ہنرمند قلم کار اور شگفتہ ادیب کی کہ مجال ہے کسی سطر پر غیر معقول تشویش کا بوجھل پن سایہ کر پایا ہو یا کسی لفظ میں غیر ضروری سنجیدگی نے پر پھیلانے کی جرأت کی ہو۔ شروع سے اخیر تک گویا گیند کو پورے میدان میں گھماتے ہوئے، دائیں بائیں اُچھالتے ہوئے، شائقین کی دھڑکنوں کو گِنتے ہوئے، آنکھوں آنکھوں میں مسکراتے ہوئے، گول کے چوکھٹے کی جانب بڑھتے چلے جاتے ہیں؛ ایک ایسے مشاق کھلاڑی کی طرح جو اپنے کھیل کا سٹائل بھی جانتا ہے اور اپنے ہدف کی پہچان بھی رکھتا ہے۔

کچھ اسی طرح 'بول چال' کے انداز میں وہ اپنی کم زوریوں میں کمی کی نوید سناتے ہیں، اپنے شیرینی پسند ذوق کا تذکرہ کرتے کرتے جب اپنی سیکرٹری مارسیلینا کی

کال، اپنے ڈاکٹر کی تشخیص اور ڈاکٹر لبنیٰ مرزا صاحبہ سے تبادلۂ خیال کا ذکر کرنے لگتے ہیں تو قاری کے ذہن کے افق پر فکرمندی کی بدلی منڈلانے کو پر تولنے لگتی ہے مگر وہیں Diabetes for Dummies اپنی شگفتہ عنوانی کے ساتھ سامنے آ کھڑی ہوتی ہے اور پڑھنے والا اس کے ممکنہ تراجم کی دل چسپی میں کھو جاتا ہے۔ اسی دوران میں مرض سے نمٹنے کے لیے احتیاطی Gloves کا چھ رُکنی فارمولا اپنی تاثیر کے رنگ بکھیرنے لگتا ہے۔ پھر کیا؟ میٹھے لوگوں سے شروع ہوئی بات بقراط کی فکرِ رسا کے اوج سے ہوتی ہوئی کینیڈا میں سینئرز کے لیے ادویہ کے خصوصی رعایتی پروگرام پر جا کر سانس لیتی ہے۔ مگر بھولیے گا نہیں کہ گیند اب بھی کھلاڑی کے پاس ہے۔ وہ بس دم لینے کو رُکا ہے، تھکا ہرگز نہیں۔ اب کے زقند بھرتا ہے تو سیدھا مستطیل 'گول' کے سامنے۔ اور دوسرے ہی لمحے گیند گول کے اندر" اب آپ مجھے بتائیں کہ پاکستانی حکومت اور عوام اپنے بزرگوں کا کس طرح خیال رکھتے ہیں؟"

کالم کی آخری سطر ہدف کے حصول کا اعلان کرتی دکھائی دیتی ہے۔

معلومات اور موازنہ پیش کرنے کے بعد دعوتِ فکر کی منزل کی جانب بلیغ اشارہ۔

میں ڈاکٹر خالد سہیل کے علم، حوصلے اور فن کاری کی غائبانہ داد دیے بغیر نہ رہ سکا۔

ابھی میں نے اس غائبانہ داد سے فارغ نہ ہوا تھا کہ فون پر برقی پیغام موصول ہونے کی گھنٹی بج اٹھی۔ دیکھا تو ڈاکٹر خالد سہیل صاحب ہی کا پیغام سامنے چہک رہا تھا:

"قبلہ و کعبہ ملاقات ہونی چاہیے۔"

میں اس حُسنِ اتفاق میں قلب و فکر کی ہم آہنگی و ہم رفتاری کا پتہ لگانے لگا اور جی ہی جی میں مسکرا دیا۔ اور ان کے پیغام کے جواب میں انہیں فوری کال کیا۔ دوسری جانب سے وہی زندگی سے بھرپور لہجہ ابھرا

"مزاج کیسے ہیں آپ کے؟"

میں نے عرض کیا:

"میں تو ٹھیک ہوں۔ دن بھر دفتر کی سالانہ تقریب کے انتظامی امور میں پھنسا رہا۔ ابھی فرصت ملی اور ابھی آپ کا کالم پڑھ کر فارغ ہوا ہوں۔ اور ابھی آپ کو پیغام بھی مل گیا اور میں مسکرا کر یہ سوچنے لگا کہ ڈاکٹر صاحب تو اب صرف میٹھے لوگوں ہی سے مِلا کریں گے یعنی دخترانِ خوش گل کا گھیرا ان کے گرداب کچھ اور بھی تنگ ہو جائے گا۔ مگر آپ بھی کمال ہستی ہیں کہ کہ اب بھی نام نہاد "مولویوں" سے ملاقات کے خواہاں ہیں۔"

اس پر دوسری جانب سے ایک حیات افروز قہقہہ سنائی دیا اور پھر یہ جملے:

''بات یہ ہے کہ میٹھے لوگوں میں ہم آپ کو بھی شمار کرتے ہیں۔ آپ شاید بھول رہے ہیں کہ جہاں ہم دخترانِ خوش گل کا حلقہ رکھتے ہیں وہاں ہمارا ایک دائرہ احبابِ خوش گفتار کا بھی تو ہے اور ہم ان کی شیریں بیانی کی بھی جی جان سے قدر کرتے ہیں۔''

''میں تو ڈر رہا تھا کہ اب پھر سے کہیں ہماری دوستی سے 'بن باس' نہ لے لیں!''

میں نے انہیں چھیڑتے ہوئے پہلی ملاقات کے بعد برسوں کی بے اعتنائی کی جانب اشارہ کیا۔ وہ سمجھ تو گئے ہوں گے مگر پھر بھی بولے:

"آپ ایسا کیوں سوچتے ہیں؟"

میں نے کہا: "رام جی اپنے بن باس اور کشن اپنی گوپیوں کے لیے مشہور ہیں اور آپ بھی دخترانِ خوش گل کے گھیرے میں رہتے ہیں۔ بس یہی سوچ کر۔''

تو اُدھر سے مسکراتا ہوا جواب آیا:

"میں تو آپ کی ظاہری مولویانہ وضع قطع کو دیکھ کر ازراہِ ادب 'احتیاطی' دُوری پر چلا گیا تھا۔"

آپ گویا مجھ تر دامن کو زاہدِ خشک سمجھ بیٹھے تھے۔ تب تک آپ نے میرا یہ شعر نہیں سنا ہوگا۔ یہ میرے دوسرے شعری مجموعہ "گہری شام کی بیلیں" میں شامل ہے۔

میری ہستی پہ نہ جاؤ، ذرا آگے آؤ
"ہاں، مِرے شہر کے آغاز میں ویرانہ ہے"

میں اپنا شعر سنانے کا موقع کہاں گنوانے والا تھا! سو، سنا دیا۔

"واہ، واہ۔ بہت عمدہ۔ بہت خوب۔"

داد دیتے ہوئے وہ بے ساختہ کھلکھلا دیے تھے۔

اور پھر ان کی انہی دل کش مسکراہٹوں کی جھلملاہٹوں میں ہم آئندہ ملاقات اور اپنی "مشترکہ محبوبہ" کے بارے میں بات کرنے لگے۔

زیادہ حیران ہونے کی ضرورت نہیں۔ 'مشترکہ محبوبہ' دراصل اُس زیرِ ترتیب کتاب کا نام ہے جو "ہم سب" پر شائع ہونے والی ہماری تحریروں کا ایک انتخاب ہے۔

کوئی دو برس قبل ڈاکٹر صاحب کی سُرخ سپورٹس کار اور دخترانِ خوش گل کے شیریں ذکر سے آغاز ہونے والا ہمارا ادبی مکالمہ مکتوبات، جنہیں ڈاکٹر صاحب ادبی محبت ناموں سے تعبیر کرتے ہیں، سے ہوتا ہوا ذاتی اور پیشہ ورانہ مصروفیات کے اثرات اور وہاں سے ہماری پسندیدہ تخلیقی شخصیات، دل چسپ یادوں، خوابوں اور انٹرویوز تک پھیلا ہوا ہے۔ اس دوران میں ہم نے پروفیسر عارف عبدالمتین صاحب، اختر حسین جعفری صاحب، پروفیسر محمد حسن صاحب، یزدانی جالندھری صاحب، منیر نیازی صاحب، زاہد ڈار صاحب سے ملاقاتوں کے احوال بھی ایک دوسرے کو سنائے اور پھر عالمی ادب کے ساتھ ساتھ ٹورانٹو اور لاہور کی ادبی وثقافتی فضاؤں کا بے تکلف تقابلی جائزہ بھی لیا۔ اب یہ سب مبسوط اور مجلد صورت میں محفوظ ہونے جا رہا ہے۔

"کہاں کھو گئے آپ؟" فون پر ڈاکٹر خالد سہیل صاحب کی آواز مجھے واپس لمحہ رُواں میں لے آئی تھی۔

مشترکہ محبوبہ

"جی، میں یہیں ہوں اور گزشتہ دو برس میں اپنی مشترکہ ادبی کوششوں کے بارے میں سوچ رہا تھا۔"

تو ڈاکٹر صاحب کہنے لگے:

"میں سمجھتا ہوں کہ "مشترکہ محبوبہ" سے ہمارے ذوق و شوق اور فکر کا اشتراک بھی واضح ہو کر سامنے آ جائے گا اور سماجی بہبود اور سوشل سائنسز میں ہماری دلچسپی بھی اور یہ بھی کہ ہم دونوں کثیر الجہت لکھاری ہیں اور پھر یہ کہ پڑھنے لکھنے کا شوق ہمیں وراثت میں ملا ہے۔"

"یہی نہیں ڈاکٹر صاحب، ایک مشترک شے اور بھی ہمیں وراثت میں ملی ہے۔"

میں نے ان کی بات آگے بڑھاتے ہوئے لقمہ دیا۔

"وہ کیا؟" انہوں نے حیرت سے پوچھا۔

میں نے کہا:

"ذیابیطس۔"

ooo

درختوں کے ہاتھ خالی ہیں: اختر حسین جعفری

حامد یزدانی

تین جون انیس سو بانوے کو بدھ کا دن تھا۔ دریائے رائن کے کنارے آباد تاریخی شہر کولون کے راڈر برگ گورٹل پر واقع ریڈیو دوئچے ویلے، دی وائس آف جرمنی کی بلند بالا عمارت کی آٹھویں منزل پر اُردو سروس کا عملہ معمول کی مصروفیات میں مگن تھا۔ شام کے پروگرام کے لیے موضوعات کا چناؤ اور ذمہ داریاں تقسیم کر کے کیفے ٹیریا میں ناشتہ کیا گیا تھا۔ جنوب ایشیائی نشریات کے انچارج ڈاکٹر گوبل گروس کو "ہیلو" کہتے ہوئے ہم اپنی اپنی نشستوں پر پہنچ گئے تھے۔

صدر شعبہ سید اعجاز حسین صاحب کے کمرے میں دستیاب اکلوتا کمپیوٹر اب سب کی توجہ کا مرکز تھا کہ سبھی کو باری باری اپنے موضوع کے مواد کے لیے اس کی مدد درکار تھی۔ پاکستان سے روزنامہ امروز اور جو کچھ رسالے بذریعہ ڈاک آتے تھے ان کی خبریں ہفتہ پرانی ہوتی تھیں۔ جنگ لندن کولون کے مرکزی ریلوے سٹیشن کے ایک بک سٹال پر آتا تھا جس کے حصول کے لیے شہر کا ڈاؤن ٹاؤن گزر کر تاریخی کیتھڈرل (ڈوم) کے پہلو میں واقع سٹیشن کی یاترا لازم تھی۔

دن کی گہما گہمی میں اچانک ہی یہ خبر موصول ہوئی کہ اردو کے عہد ساز نظم گو اختر حسین جعفری صاحب پاکستان میں انتقال کر گئے ہیں۔ میں نے دیکھا کہ ماحول کی گہما گہمی ایک دم، دم توڑ گئی ہے اور اس کی جگہ اُداسی کی چادر سی پھیلتی جاتی ہے۔ شاہ صاحب، اشرف انصاری صاحب، علی اصغر مداح، شہناز حسین، امجد علی سبھی بڑے معنی خیز

انداز میں میری طرف دیکھ رہے تھے کیونکہ ان کے نزدیک فکر وحرف سے محبت کے باعث میرا جعفری صاحب سے براہ راست رشتہ بنتا ہے۔ ادھر میرا معاملہ یہ ہے کہ دکھ کی خبر مجھے اور بھی خاموش کر دیتی ہے۔ مجھے کچھ وقت لگتا ہے غم کی لہروں کو عبور کرنے میں۔ ہر لحاظ سے سست پیراک ہوں۔

میں نے ان سب سے نظریں چُرا کر اپنی بائیں جانب دُھوپ سے روشن کھڑکی کے پار نگاہیں جما دیں۔ نیچے رنگ برنگی کاروں سے بھری پارکنگ سے ادھر سڑک کے دونوں طرف گھنے درخت لہلہا رہے تھے۔

"درختوں کے ہاتھ تو آج خالی ہونے چاہئیں۔" میں بے ساختہ بڑبڑایا تھا۔

کسی نے سنا یا نہیں۔ مجھے معلوم نہیں لیکن میرے خیال کے اوراق پر جعفری صاحب کی اس دلآویز کے مصرعے اُجاگر ہونے لگے تھے جو انھوں نے ایذرا پاونڈ کی رحلت پر کہی تھی:

تجھ کو کس پھول کا کفن ہم دیں
تُو جُدا ایسے موسموں میں ہوا
جب درختوں کے ہاتھ خالی ہیں
انتظارِ بہار بھی کرتے
دامن چاک سے اگر اپنے
کوئی پیمان پھول کا ہوتا
آ تجھے تیرے سبز لفظوں میں
دفن کر دیں کہ تیرے فن جیسی
دہر میں کوئی نو بہار نہیں

جعفری صاحب کی نظم مجھے کسی اور ہی موسم میں لے گئی تھی۔ کسی اور عہد کے اُفق پر نمودار ہوتی 1993ء کی ایک شام جب میں لاہور کی ٹولنٹن مارکیٹ میں واقع کبانا

ریستوران میں سینیئر تخلیق کاروں خالد احمد، نجیب احمد اور شہزاد صاحب کے ساتھ میں ٹولنٹن مارکیٹ میں واقع کبانا ریستوران میں بیٹھا تھا۔ باتوں کا رخ نئی نظم کی جانب مڑا اور چائے آنے تک اُردو نظم کے محسنوں نظیر اکبر آبادی، مولانا محمد حسین آزاد کی انجمن پنجاب کے تحت "نظمیہ" مشاعروں کی بنیاد، الطاف حسین حالی، اسماعیل میرٹھی، اکبر الہ آبادی، چکبست، اقبال اور جوش تک بات ہو چکی تھی۔ چائے آئی تو ان میں سب سے چھوٹا ہونے کے ناتے اسے بنانے اور پیش کرنے کی ذمہ داری مجھے تفویض ہوئی جبکہ استادانِ گرامی جدید اُردو نظم کے فروغ میں ترقی پسند تحریک اور حلقہ ارباب ذوق کے ادبی پلیٹ فارمز کے کردار پر بات کرنے لگے۔

اب ن۔م۔ راشد، میرا جی، فیض، اختر الایمان، سردار جعفری، مختار صدیقی، یوسف ظفر، قیوم نظر، احمد ندیم قاسمی، ساقی فاروقی، حبیب جالب، عارف عبدالمتین، اختر حسین جعفری، وزیر آغا، تصدق حسین خالد، مبارک احمد، افضال احمد سید، احمد ہمیش، عزیز حامد مدنی، رئیس فروغ، انورسن رائے، سلیم احمد، ثروت حسین اور جانے کتنے ہی اور اہم نظم گو شعرا اور ان کی نظمیں اس غیر رسمی گفتگو میں زیر بحث آئیں۔ ان کے عہد، ان کے اسلوب، ان کی فکر اور موضوعات پر بات ہوئی۔ ایک بات جو میرے لیے نئی تھی وہ نظم آزاد کے مصرعوں کو لکھنے کا ڈھنگ تھا یعنی لائن بریک کہاں اور کیسے ہو گی! شہزاد صاحب کا کہنا تھا کہ اس التزام کا لحاظ اس لیے بھی ضروری ہے کہ اس سے ایک تو ایک فنی تقاضا پورا ہو جاتا ہے اور دوسرے یہ کہ نظم پڑھنے اور سننے کے ساتھ ساتھ دیکھنے کی شے بھی بن جاتی ہے۔

"دیکھنے کی شے"

بات کچھ پلے نہ پڑی۔ میں نے چائے کا کپ پکڑاتے ہوئے سوالیہ نظروں سے خالد احمد کی طرف دیکھا: "آسان اردو میں سمجھائیے، پلیز"

انہوں نے اردگرد کو خاطر میں لائے بغیر اپنا مخصوص قہقہہ بلند کیا۔ پھر بولے:

"سچ سچ بتاؤ تم نے اب تک کتنی جدید نظمیں دیکھی ہیں؟" میں نے سوچتے

ہوئے کہا کہ جن شعرا کا ذکر آپ ابھی کر رہے تھے اکثر و بیشتر کی نظمیں دیکھی ہیں میں نے۔ بولے: "یہ ہو ہی نہیں سکتا۔ تم نے پڑھی ہوں گی مگر میں شرط لگاتا ہوں کہ دیکھی نہیں ہیں"۔

"اس پر میری حیرت کا اندازہ آپ بھی کر سکتے ہیں۔"

میری حیرت سے چند لمحے لطف اندوز ہونے کے بعد گویا ہوئے:

"میری بات سنو، اب سے تم نے نظمیں پڑھنی ہی نہیں دیکھنی بھی ہیں۔ تمھیں ورق پر نظم کی ایک صورت دکھائی دے گی۔ اچھی نظم میں مصرعوں کی ترتیب اور ان کا اندراج ایسے انداز میں کیا جاتا ہے گویا نظم نہیں لکھی گئی بلکہ الفاظ کی مدد سے کوئی مجسمہ تراشا گیا ہے۔ اس انداز سے دیکھو گے تو تمھیں شہزاد صاحب کی بات سمجھ آ جائے گی۔"

چناں چہ میں نے اختر حسین جعفری صاحب کی نظموں کو بھی اسی انداز سے ازسرِ نو دیکھنا اور پڑھنا شروع کر دیا۔ موضوعات و ہیئت اور اسلوب کے ساتھ ساتھ ان کے ہاں موجود تلازماتی نظام، تلمیحات کے استعمال اور زبان کے حُسن کا ایسا اسیر ہوا کہ اب تک رہائی ممکن نہیں ہوئی۔ شاید دل رہائی چاہتا بھی نہیں۔

جعفری صاحب کی نظموں کا مطالعہ کرنے کے دوران میں ان دنوں ایک نظم ہو گئی جو میں نے انھی کی نذر گزار دی۔ کیوں نہ آپ کی خدمت میں بھی پیش کر دوں؟:

سفر کی شاخ پر

(جناب اختر حسین جعفری کے لیے)

سفر کی شاخ پر کھلی تھیں ملگجی بشارتیں
کشادِ حرفِ ذات سے، سوادِ زخمِ خواب تک
سفید جھاڑیوں میں تھیں شفق کی خشک بیریاں
کہ جگنوؤں نے روشنی کا پیرہن اُتار کر

قدیم آسماں کے دائروں میں دفن کر دیا
نواحِ جاں میں سرمئی سی بادلوں کی ڈھیریاں
فرازِ برف زار سے نشیب ماہتاب تک
غروبِ شام رفتگاں کی جل بجھی وصیتیں
ہجوم رنگ میں گھرے، اُڑے اُڑے جواب تک
پسِ غبار آئنہ کوئی سوال رہ گیا
کہیں بس ایک عکس رنج اندمال رہ گیا۔

گزشتہ کتنے ہی برسوں کی طرح اس بار بھی اوائل جون میں ایک اہم نظم گو کو کھونے کے رنج کا عکس گہرا ہونا چاہیے تھا مگر اس بار احساس کے موسم میں اُداسی سے زیادہ طمانیت کی خوشبو رواں دواں ہے۔ یوں محسوس ہوتا ہے کہ اب کے درختوں کے ہاتھ خالی نہیں۔ کیونکہ میرے سامنے اختر حسین جعفری صاحب کے فن وشخصیت پر انگریزی کتاب

Akhtar Hussain Jafri : Life and Legacy

کسی اَن چھوئے تخلیقی گلاب کی طرح کھلی ہوئی ہے۔ یہ شان دار کتاب ہمارے دو بہت پیارے اور محترم تخلیق کار اور دانش ور دوستوں ڈاکٹر خالد سہیل اور امیر حسین جعفری صاحب نے مل کر تالیف کی ہے۔ یہ کتاب سرورق سے پس ورق تک تخلیقی، تحقیقی اور دل چسپ مواد سے معمور ہے۔

پہلے باب میں جعفری صاحب کے بارے میں ڈاکٹر خالد سہیل کا پُرمغز مقالہ درج ہے جس میں انہوں نے جعفری صاحب کی زندگی، ان کی شخصیت اور شاعری پر سیر حاصل گفتگو کرتے ہوئے انہیں ایک جدید ترقی پسند شاعر قرار دیا ہے۔

دوسرا باب امیر حسین جعفری کے دو اُردو انٹرویوز کے انگریزی تراجم پر مشتمل ہے۔ خالد سہیل کے ساتھ ان انٹرویوز میں امیر ان ذاتی اور خانگی، سیاسی، سماجی اور معاشی

احوال کو بھرپور انداز میں پیش کرتے ہیں جنہوں نے جعفری صاحب کی تخلیقی زندگی کو کسی نہ کسی انداز میں اور کسی نہ کسی سطح پر متاثر کیا۔

تیسرا اور چوتھا باب سید حیدر صاحب اور خالد سہیل صاحب کے ادبی خطوط کے تبادلے پر مشتمل ہیں۔ یہ مکتوبات ایک دل چسپ اور فکر انگیز مکالمہ کو جنم دیتے ہیں۔ سید حیدر صاحب جعفری صاحب کی نظم کے حوالہ سے جدید اردو نظم کے تفہیمی چیلنجز پر بات کرتے ہیں اور خالد سہیل انہیں مختلف حوالوں سے یہ بتانے کی کوشش کرتے ہیں کہ تخلیق پرت دار ہوتی ہے اس لیے اس کی تفہیم قاری کی ذہنی استعداد کے مطابق ہی ہوتی ہے۔ سید حیدر صاحب خالد سہیل کے دلائل کو سراہتے ضرور ہیں تاہم جدید نظم کی تفہیم کے ضمن میں اپنے تحفظات سے دستبردار ہوتے دکھائی نہیں دیتے۔ یہ ایک اہم اور دیانت دارانہ تبادلہ خیال ہے جس کو اس کتاب میں محفوظ کر کے ادبی تاریخ کا حصہ بنا دیا گیا ہے۔

پانچواں اور آخری باب جعفری صاحب کی 23 منتخب اردو نظموں کے انگریزی تراجم پر مشتمل ہے۔ یہ تراجم ممتاز ادیب، شاعر اور مترجم محمد سلیم الرحمٰن صاحب نے بہت خوب صورت اور تخلیقی انداز میں کیے ہیں۔ شاید آپ کے علم میں ہو کہ جعفری صاحب کی کچھ نظموں کو چند سال قبل ہلڈے یاقوب نے جرمن زبان میں بھی منتقل کیا تھا۔ کاش وہ تراجم بھی اس کتاب میں شامل ہوتے۔

مبارک باد دینا چاہتا ہوں ڈاکٹر خالد سہیل صاحب اور امیر حسین جعفری صاحب کو ان کی اس شان دار تالیف پر کہ جس کی اشد ضرورت تھی۔ کاش اردو ادب کو انگریزی اور دیگر زبانوں میں ڈھالنے کی کوششیں تیز تر ہو سکیں کہ عالمی ادبی دنیا جدید اردو شاعری سے بھرپور اور مؤثر انداز میں آشنا ہو سکے۔

(یہ تحریر ٹورانٹو میں انجمنِ ترقی پسند مصنفین کی جانب سے منعقدہ کتاب کی تقریبِ تعارف میں پیش کی گئی۔)

ooo

ترقی پسند نقاد پروفیسر محمد حسن کے حوالے سے مکالمہ

حامد یزدانی، خالد سہیل

حامد یزدانی کا خط بنام خالد سہیل

محترم ڈاکٹر خالد سہیل صاحب

میں زندگی میں اتفاقات پر بھی یقین رکھتا ہوں مگر ان سے کہیں زیادہ حادثات پر۔ کیوں کہ حادثات، میرے خیال میں، اتفاقات سے زیادہ پیش آتے ہیں انسان کو۔ یا شاید یاد زیادہ یہی رہ جاتے ہیں۔ نہیں کیا؟

بہرحال، سرِ دست کسی حادثے پر بات کرنا مقصود نہیں۔ ایک اتفاق بلکہ حسین اتفاق آپ سے شیئر کرنا چاہتا ہوں۔

گزشتہ کچھ عرصہ سے میں والد گرامی قبلہ یزدانی جالندھری صاحب کی نایاب مطبوعات کی تلاش میں "نیٹ گرداں" ہوں۔ جیسا کہ آپ کے علم میں ہوگا ان کے اوّلین شعری مجموعہ "ساغرِ انقلاب" سے لے کر درجن سے زیادہ نثری تصنیفات و تالیفات تقسیمِ برصغیر سے قبل شائع ہو چکی تھیں۔ ان میں ان کے طبع زاد افسانوں کے مجموعے بھی شامل تھے اور بین الاقوامی ادبی تراجم بھی مگر ان میں سے بہت کم کتابیں تھیں جو مجھے پاکستان میں دیکھنے کا موقع ملا۔ بھارت کا سفر کرنے والے احباب البتہ یہ خبر دیتے رہے کہ یزدانی

صاحب کی کتابیں، خاص کر، روسی، بنگالی اور ہندی ناولوں اور افسانوں کے اردو تراجم وہاں مسلسل شائع ہو رہے ہیں جس کا ثبوت اب ادبی ویب سائٹ ”ریختہ“ پر ان کتابوں کی موجودگی ہے جس کے توسط سے ادبی دنیا پھر سے ”یزدانی ادب“ سے آشنا ہو رہی ہے۔

ہاں وہ حُسنِ اتفاق جس کے لیے یہ سب تمہید باندھی گئی وہ یہ کہ گم شدہ ادبی خزانے کی اسی ”برقی تلاش“ کے دوران میں گزشتہ روز بھارت سے شائع ہونے والے علمی، ادبی اور تحقیقی مجلّہ ”عصری ادب“ کا شمارہ 57 جو اپریل 1987ء میں شائع ہوا تھا میری کمپیوٹر سکرین پر جلوہ افروز ہو گیا۔ مجلّہ کے ابتدائی صفحہ پر حسبِ روایت اس کے مدیران کے نام درج ہیں یعنی ڈاکٹر روشن آرا حسن اور سیّد بہا الدین احمد اور ان سے اُوپر مجلّہ کے نگراں کا نام بھی جلی حروف میں درج ہے: محمد حسن۔

ذہن نے فوراً کہا کہ یہ ضرور ڈاکٹر محمد حسن ہیں جن کی علمی، ادبی، تخلیقی نگارشات اہلِ علم و دانش کی نگاہ میں انتہائی قدر کی نگاہ سے دیکھی جاتی ہیں۔ انھیں اُردو کا قابلِ احترام نقاد، ناول نگار اور ڈراما نگار قرار دیا گیا ہے۔ ان کی تصانیف و تراجم کی کتابوں کے ساتھ اگر ان کی ادارت میں نکلنے والے ادبی جریدہ کی اشاعتوں کو بھی شامل کر لیں تو ان کی تعداد 75 بن جائے گی۔

ڈاکٹر محمد حسن کے ادبی کارناموں کی گونج پاکستان اور بھارت سمیت ساری اردو دنیا کے دانش کدوں میں سنائی دیتی ہے۔ اُن کے علمی تبحّر اور تخلیقی معراج کی گواہی اُن کی زندگی ہی میں اُن کے نام ور ہم عصر ادبا نے بھی دی اور ان کے بعد آنے والی نسل نے بھی۔ جس کی جھلکیاں ہم کتابوں میں بھی دیکھتے ہیں اور پسِ رحلت اُن کی یاد میں شائع ہونے والے ادبی جرائد کے خصوصی شماروں میں بھی۔

ڈاکٹر محمد حسن صاحب کو یاد کرتے ہوئے جہاں ان کی دیگر ادبی خدمات کا ذکر ہوتا ہے وہاں ان کی ادارت اور نگرانی میں دہلی سے نکلنے والے مجلّہ ”عصری ادب“ کا

تذکرہ بھی انتہائی تحسینی انداز میں کیا جاتا ہے۔

کل اس مجلہ کے شمارہ 58 کے ابتدائی صفحہ پر نگراں صاحب کا نام دیکھ کر یہ سب باتیں ذہن میں گردش کرنے لگی تھیں۔ اور پھر برقی ورق پلٹا تو آنکھ مندرجات سے ہم نگاہ ہوئی۔ کیسے کیسے نام سامنے روشن تھے: منظر سلیم، ڈاکٹر سلامت اللہ، عزیز حسن، فیض احمد فیض، سردار جعفری، ادا جعفری، ابرار الحسن، عبدالقوی ضیا، کلام حیدری، قیصر تمکین، حیات اللہ انصاری اور کئی اور بھی۔ مگر میری نظر جا ٹھہری اس شمارہ کے خصوصی گوشہ پر جس کا عنوان ٹھہرا: "ایک فن کار"۔ اور اس عنوان کے تحت جس فن کار کا باتصویر تعارف و تخلیقات شاملِ شمارہ تھیں وہ ہیں "خالد سہیل" یعنی آپ۔

بس یہی حُسنِ اتفاق تھا جس نے مجھے ایک خوش گوار حیرت اور قلبی مسرت سے سرشار کر دیا۔ میرا آپ سے غائبانہ تعارف آپ کی تخلیقات کے توسط سے ستّر کی دہائی کے اواخر میں ہوا تھا جبکہ بالمشافہ ملاقات کی سبیل 1999ء کے موسمِ سرما میں کینیڈا کے شہر ٹورانٹو میں ہوئی تھی جو "اوقاف و رموز" کے مراحل سے گزرتی ہوئی اب ایک قدرے بے تکلف ادبی دوستی کا رُوپ دھار چکی ہے۔ آپ کی اب تک شائع ہونے والی اردو اور انگریزی زبان کی ستّر سے زیادہ کتابوں میں سے اکثر سے مستفیض بھی ہو چکا ہوں بلکہ چند ایک پر مضامین لکھنے کا شرف بھی پا چکا ہوں۔

گویا میں آپ کا ایک ایسا خوش قسمت ہم عصر ہوں جو آپ کے فن کا مداح بھی ہے۔ مگر یہ تو 2024ء کی یعنی آج کی بات ہے۔ حیرت ناک سچائی یہ ہے کہ اردو ادبی دنیا کے سنجیدہ حلقے تو چار عشرے پہلے سے آپ کو اعترافِ فن کے اعزازات سے نوازتے رہے ہیں۔ "عصری ادب" کا یہی شمارہ دیکھ لیجیے۔ "حرفِ آغاز" یعنی اداریہ میں محمد حسن صاحب قارئین سے آپ کا تعارف کرواتے ہوئے رقم طراز ہیں:

"پھر خالد سہیل ہیں جو بالکل نئے طرز کے ذہنی اور سماجی رویے لے کر آئے

ہیں۔ معاملہ یہ نہیں کہ انسان کس کُرّے میں زندہ ہے بلکہ یہ ہے کہ دورِ جدید میں انسانی رشتوں کی نوعیت پر سائنٹیفک اور معقولیت پسند انداز میں غور کیا جائے اور انسان کے جسم اور اس کی ذہنی اور جذباتی آسودگیوں پر، خواہ انفرادی ہوں یا اجتماعی، نئے ڈھنگ سے سوچا جائے۔"

اور پھر اپنے اس دعویٰ کی دلیل کے طور پر آپ کے تعارف "ذاتی بیان" کے بعد وہ آپ کی دو نظمیں اور نو خاکے بعنوان "کرچیاں" پیش کرتے ہیں۔ میرے نزدیک یہ خاکے درحقیقت ایسے بصیرت افروز مختصر افسانے ہیں جو ہمیں جدید انسانی زندگی کے بدلتے ہوئے رویوں اور ہمہ وقت تغیر پذیر وقت کے تقاضوں سے متعارف کرواتے ہیں اور تخلیقی ادب میں سادہ بیانی اور کفایتِ لفظی کی بہترین مثال ہیں۔

ڈاکٹر صاحب!

اس قدر دیر سے سہی مگر پھر بھی اس اہم ادبی مجلہ میں آپ کے بھرپور ادبی تعارف پر میں آپ کو "تاخیری" مگر دِلی مبارکباد پیش کرتا ہوں۔

عمر رسیدگی کے "ثمرہ" کی بدولت اگرچہ کتنی ہی باتیں ذہن کی تختی سے صاف ہو چکی ہیں مگر جانے کیوں مجھے یہ بات نہیں بھولی کہ ایک بار تخلیق کاروں سے آپ کی یادگار اور اتفاقی ملاقاتوں اور ان کی شخصیت کے نفسیاتی پہلوؤں پر گفت گُو کرتے ہوئے آپ نے ڈاکٹر محمد حسن صاحب کا بھی ذکر کیا تھا کہ ان سے آپ کی ملاقات رہی اور رابطہ بھی رہا۔ میں تو ان سے بالمشافہ کبھی مل نہیں سکا اور اب اس کا امکان بھی نہیں۔ تو بس "عصری ادب" کے زیرِ نظر شمارہ سے اتفاقی برقی "مڈبھیڑ" مجھے اُکسا رہی ہے کہ میں آپ سے ڈاکٹر محمد حسن سے آپ کی ملاقاتوں اور باتوں کی تفصیلات جانوں۔ مجھے لگتا ہے آپ کی ان باتوں سے میں ہی نہیں کتنے ہی اور تشنگانِ ادب استفادہ کرنے کو بے قرار ہوں گے۔

امید ہے آپ اس ادبی درخواست پر غور کریں گے اور اپنی بے پناہ مصروفیات

میں سے اس خط کا جواب تحریر کرنے کے لیے وقت نکالیں گے۔

مع السلام

آپ کا ادبی دوست اور مداح

حامد یزدانی

واٹرڈاؤن، کینیڈا

خالد سہیل کا جواب

محترمی و معظمی حامد یزدانی صاحب!

آپ نے اپنے والد گرامی یزدانی جالندھری کی تخلیقات کے بارے میں جو تاثرات رقم کیے ہیں ان سے میرے دل میں ان کے شعری ونثری فن پاروں کو پڑھنے کا شوق بڑھ رہا ہے۔ جب آپ کو وقت ملے تو مجھے ان کی تخلیقات کی فہرست بھیج دیں۔ مجھے یوں محسوس ہوتا ہے جیسے آپ کے والد بھی آپ کی طرح ایک ہمہ جہت شخصیت کا مالک تھے۔

آپ کے حُسنِ اتفاق سے میرے دل میں محمد حسن کی بہت سی پرانی یادیں سرگوشیاں کرنے لگیں۔ پروفیسر محمد حسن ایک تنقیدی شعور اور ترقی پسند سوچ کے مالک تھے۔ ان کی شخصیت میں نظریاتی خوداعتمادی بھی بدرجہ اتم موجود تھی۔

پروفیسر محمد حسن استاد بھی تھے نقاد بھی تھے ایڈیٹر بھی اور بہترین مقرر بھی تھے۔

ان کے ادبی رسالہ "عصری ادب" نے اردو کے بہت سے نئے لکھنے والوں کی تربیت بھی کی اور پرانے لکھنے والوں کی رہنمائی بھی کی۔

جب میری کینیڈا کی ایک کانفرنس میں ان سے ملاقات ہوئی تو انھوں نے اس خواہش کا اظہار کیا کہ وہ ایک ویک اینڈ گزارنے میرے ساتھ میرے گھر چلیں چنانچہ

میں انہیں اپنے گھر لے آیا۔ ان دنوں میں اور میرے دوست زاہد لودھی اکٹھے رہتے تھے۔ پروفیسر محمد حسن نے ہمارے ساتھ دو دن گزارے۔

ہم رات دیر تک مختلف موضوعات پر تبادلہ خیال کرتے رہے۔

انہوں نے اس رات ہمیں اپنا ایک طویل ڈرامہ "ضحاک" بھی سنایا۔

میرے لیے ان کی یہ بات خوشگوار حیرت لیے ہوئے تھی کہ وہ میرے بارے میں اپنے مجلّے "عصری ادب" میں ایک گوشہ نکالنا چاہتے ہیں۔

یہ آپ کی محبت کہ آپ نے وہ رسالہ انٹرنیٹ پر "ریختہ" کی ویب سائٹ پر ڈھونڈ نکالا۔

پروفیسر محمد حسن کے اس ادبی تعارف نے میرے لیے اُردو دنیا کے بہت سے دروازے کھول دیے۔

یہ اسی تعارف کا فیضان ہے کہ برسوں بعد ان کی جواہر لعل نہرو یونیورسٹی کی طالبہ شبانہ خاتون نے میرے افسانوں پر اپنا ایم فل کا تھیس لکھا بھی اور چھپوایا بھی۔

ہندوستان میں کسی ادیب نے ایک اُردو افسانوں کی اینتھالوجی چھپوائی اور پروفیسر محمد حسن کو تبصرے کے لیے بھیجی۔ محمد حسن نے اپنے تبصرے کے آخر میں لکھا کہ اردو افسانوں کا یہ انتخاب نامکمل ہے کیونکہ اس میں خالد سہیل کا افسانہ شامل نہیں ہے۔

یہ جملہ میری تخلیقی صلاحیتوں سے زیادہ محمد حسن کی محبت اور شفقت کا آئینہ دار ہے۔ انہوں نے میرے افسانوں کے بارے میں جو رائے رقم کی تھی اسے امیر حسین جعفری نے اپنی کتاب ''ڈاکٹر خالد سہیل۔فن اور شخصیت'' میں بھی شامل کیا ہے۔

رقم طراز ہیں:

خالد سہیل دورِ حاضر میں معقولیت پسندی کی میزان پر انسانی رشتوں کی پہچان کے فن کار ہیں۔ ہمارے کندھوں پر صدیوں کی روایت کا جو بوجھ خوش عقیدگی اور

دقیانوسیت نے مسلط کر رکھا ہے اس سے خالد سہیل سماجی ضرورتوں کے عرفان اور معروضیت کے ذریعے نجات پانا چاہتے ہیں۔ وہ مشرق کے ماضی پرست معاشرے سے ہجرت کر کے مغرب کے دُور اُفتادہ اور نسبتاً مرفہ الحال معاشرے میں جا بسے ہیں لیکن اس تبدیلی نے ان کی شخصیت کو پارہ پارہ نہیں کیا ہے اور وہ انسانی وجود کی بنیادی اور غیر منقسم حسیت کے علمبردار ہیں۔

ان کی کہانیاں اس روشن خیال فرد کے افکار و اقدار کی داستانیں ہیں جو قوم و نسل، مذہب اور عقیدے، جنس اور جذباتیت، رنگ اور روایت کی جکڑ بندیوں کو توڑ کر فطری زندگی جینا چاہتا ہے۔ مرد اور عورت کا رشتہ بھی اس حیاتیاتی اور صالح مندانہ بنیادوں پر طے کرنا چاہتا ہے۔ اس اعتبار سے ان کی کہانیاں انسانی زندگی کے نئے افہام اور معروضی تفہیم کی طرف رہبری کرتی ہیں اور اردو ادب کو ایک نئی فکری اور فنی جہت بخشتی ہیں۔

ڈاکٹر محمد حسن

پروفیسر جواہر لال نہرو یونیورسٹی نئی دہلی انڈیا

جولائی 1990

پروفیسر محمد حسن نے اپنی ملاقات کے دوران اس خواہش کا اظہار کیا تھا کہ ان کے مرنے کے بعد میں ان کے بارے میں کچھ لکھوں۔ لیکن میں ان کی وہ خواہش جب بھی پورے کرنے کا سوچتا تو میرے قلم پر لُکنت طاری ہو جاتی۔ اس کی ایک وجہ یہ تھی کہ انہوں نے مجھ سے اپنے کچھ تکلیف دہ ازدواجی تعلقات کا بھی ذکر کیا تھا جنہیں سوچ کر میں دُکھی ہو جاتا تھا۔ اب جبکہ میں نے سو سے زیادہ مشرقی اور مغربی ادیبوں اور فنکاروں، شاعروں اور دانشوروں کی سوانح عمریوں کا مطالعہ کیا ہے تو مجھے اندازہ ہوا کہ ان میں سے بہت سوں کی ازدواجی زندگیاں بہت تکلیف دہ اور پریشان کن تھیں۔

قبلہ وکعبہ!

میرے دل میں پروفیسر محمد حسن کے لیے عزت و احترام کے بے انتہا جذبات موجود ہیں۔ میں نے ان سے بہت کچھ سیکھا۔ وہ ایک عہد ساز شخصیت کے مالک تھے۔ میں آپ کا تہ دل سے شکریہ ادا کرنا چاہتا ہوں کہ آپ نے ان کے حوالے سے مجھے خط لکھ کر مجھے یہ موقع دیا کہ میں ان کا دیرینہ قرض ادا کروں۔

حامد یزدانی صاحب!

یہ خط لکھتے لکھتے مجھے خیال آیا کہ یزدانی جالندھری ایک شاعر اور دانشور تو تھے ہی ایک باپ بھی تھے جنہیں آپ نے ایک بیٹے کی حیثیت سے قریب سے دیکھا۔ کیا ہی اچھا ہو اگر آپ اگلے خط میں یزدانی جالندھری صاحب کی شخصیت کے حوالے سے کچھ بتائیں تا کہ 'ہم سب' کے قارئین کا ان کی ادبی خدمات کے علاوہ ان کی طرز زندگی سے بھی تعارف ہو۔

میں چاہتا ہوں کہ ادبی خطوط کا یہ سلسلہ جاری رہے۔

جب تلک بس چل سکے ساغر چلے۔

آپ کا دوست اور مداح

خالد سہیل

OOO

یزدانی جالندھری: بحیثیت والد، بطور تخلیق کار

حامد یزدانی

محترم ڈاکٹر خالد سہیل صاحب!

ممنون ہوں کہ آپ نے پروفیسر محمد حسن صاحب سے متعلق اپنے مکتوب کے آخر میں مجھ سے "ہم سب" کے قارئین کے لیے اپنے والد صاحب قبلہ یزدانی جالندھری (جنھیں ہم پاپا جی کہتے تھے) کے بارے میں کچھ لکھنے کی فرمائش کی تھی۔ آپ کی یہ فرمائش کیسی بروقت و برمحل ہے کہ اسی ماہ یعنی جون ہی میں دنیا بھر میں "فادرز ڈے" بھی منایا جاتا ہے۔

یزدانی جالندھری صاحب میرے والد ہی نہیں میرے آئیڈیل بھی رہے اور ہیں۔ 'ہیں' اس لیے کہا کہ اُن کے عملی اور زبانی طور سکھائے زندگانی کے اصولوں اور معمولات کو میں اب بھی اپنا راہ بر پاتا ہوں۔ یوں اُن کی ہمدمی اور پُرشفقت رفاقت اب بھی میری ہم نفس و ہم قدم ہے۔ شاید اسی کو بلھے شاہ صاحب کہتے ہیں:

بلھے شاہ اساں مرنا ناہیں، گور پیا کوئی ہور

کہ انسان مادی حیات سے کنارہ کش ہو کر بھی فکری زندگی میں موج زن رہتا ہے۔ یزدانی صاحب کا ایک شعر ہے:

سانس کے قافلے کا رُک جانا
ابتدا اِک نئے سفر کی ہے

ہم اُن کی زندگی کے سفر پر نگاہ کریں تو ولادت اُن کی متحدہ ہندوستان کے شہر جالندھر میں سنہ انیس سو پندرہ میں ہوئی۔ ابتدائی تعلیم وہیں حاصل کی۔ پھر اپنے اہلِ خانہ کے ساتھ منٹگمری (ساہیوال) آ بسے۔ یہاں سے ہائی سکول تک تعلیم مکمل کی اور اسلامیہ کالج لاہور پہنچ گئے جہاں اُن کے دوست اور ہم جماعت ایسے لوگ بھی ہوئے جنھوں نے بعد ازاں اپنے اپنے شعبوں میں خوب نام کمایا۔ ان میں حمید نظامی، میرزا ادیب، ضمیر جعفری، نسیم حجازی اور دیگر شامل تھے۔ وہ اپنے اساتذہ میں سے پروفیسر عبدالمجید سالک صاحب کے بہت معترف تھے۔ شعروادب کی طرف آئیں تو ابتداً وہ حفیظ جالندھری سے بھی متاثر رہے مگر باقاعدہ تحصیل فن کے ضمن میں انھوں نے علامہ تاجور نجیب آبادی اور مولانا افسر صدیقی امروہوی سے استفادہ کیا۔

اُن کے ابتدائی ادبی رفقا میں احسان دانش، خاطر غزنوی، عبدالحمید عدم، ظہیر کاشمیری، سیف الدین سیف، علی سردار جعفری، سجاد ظہیر، ساحر لدھیانوی، خوشتر گرامی، ثاقب زیروی، انجم رومانی، شہرت بخاری، سی۔ ایل۔ کاوش، نذیر ترمذی اور طفیل ہوشیار پوری کے نام اس وقت ذہن میں آ رہے ہیں۔

نظم ونثر یعنی شاعری، افسانے اور ناول طبع زاد اور تراجم کو ملالیں تو ان کی تعداد بیس سے زیادہ بنتی ہے جن میں سے نو یا دس اب ادبی ویب سائٹ "ریختہ" پر موجود ہیں۔ شرت چندر چیٹر جی کے مقبول بنگالی ناول "دیوداس" کو اردو دنیا سے یزدانی صاحب ہی نے متعارف کروایا تھا جب انھوں نے انیس سو چالیس میں اس ناول کا ترجمہ اردو میں کیا تھا۔

جہاں تک ان کی صحافیانہ زندگی کا تعلق ہے تو اس کا آغاز انیس سو بتیس میں ہوتا ہے جو تا حیات یعنی انیس سو نوے تک قائم رہتا ہے۔ جن اخبارات و جرائد میں انھوں نے خدمات انجام دیں ان کی تعداد کم از کم اٹھارہ ہے۔

یزدانی صاحب نے اپنی عمر کا کچھ حصہ ہندو پاک کی فلمی صنعت کے لیے بھی

وقف کیا۔جس کے دوران میں انھوں نے ایک اندازے کے مطابق سترہ فلموں کے لیے یا تو مکالمے اور گیت لکھے یا بطور معاون ہدایت کار خدمات انجام دیں۔اسی دور میں گلوکار مہدی حسن نے فلم کے لیے اپنی زندگی کا پہلا نغمہ ریکارڈ کروایا۔فلم شکار کا یہ نغمہ یزدانی جالندھری صاحب ہی کا لکھا ہوا تھا۔

ڈاکٹر خالد سہیل صاحب!

اس مختصر ادبی جائزہ سے آپ پر یہ بات ضرور روشن ہوگئی ہوگی کہ یزدانی صاحب کثیر الجہت تخلیق کار تھے اور تخلیق کاری ہی ان کا اوڑھنا بچھونا تھا۔ ہاں، انھوں نے بعض نجی تعلیمی اداروں میں فارسی اور اردو کے استاد کے طور ہر بھی کچھ عرصہ کام کیا۔ معاشی صورتِ حال کے پیشِ نظر رسمی تعلیم میں کوئی بڑی ڈگری تو حاصل نہ کر پائے مگر انسانیت، اخلاص، شرافت، خدمت، انکسار اور محنت کے شعبوں میں ان کا مقام لائقِ تقلید رہا۔ انھوں نے عُمر بھر قلم کی مزدوری کی۔ معاشی طور پر مشکل حالات کے باوجود کسی سے کبھی کوئی شکوہ نہ کوئی شکایت لبوں پہ آئی۔فرماتے ہیں:

دل آتشِ خاموش میں سُلگا ہے بہت دیر
لیکن مِرے ہونٹوں پہ دھواں تک نہیں آیا

یوں دیکھیں تو وہ ایک دُروں بین اور خلوت پسند انسان تھے۔طبیعت میں قناعت پسندی کا عنصر نمایاں تھا۔اور ایسے درویش طبع تھے کہ اپنے کام کے معاوضے پر بھی اصرار نہ کرتے تھے۔اُن کی اپنی ضرورتیں بالکل محدود سی تھیں۔سادہ لباس پہنتے تھے۔ بہت کم سوتے تھے اور بہت کم کھاتے تھے۔اگر یوں کہوں کہ وہ چائے اور سگریٹ پر زندہ تھے تو کچھ غلط نہ ہوگا۔

اُن کی پہلی اور آخری محبت ادب تھا اور اُن کی مکمل توجہ اسی کی جانب رہتی تھی۔ اسی لیے امی جان کو ان سے شکایت رہتی کہ وہ گھریلو ذمہ داریوں کی جانب خاطر خواہ توجہ

نہیں دیتے۔ مجھے یاد ہے مجھے سکول داخل کروانے بھی امی جان ہی ساتھ گئی تھیں۔ وہ ہم سات بہن بھائیوں کی روزمرہ کی ضروریات کا بھی خیال رکھتیں اور گھر کی دیکھ بھال بھی کرتیں۔ والد صاحب جن دنوں اخبار کی نائٹ شفٹ میں نہ ہوتے تو شام کو گھر آ کر ہم سب کے ہوم ورک میں مدد کرتے اور جن دنوں رات کی ڈیوٹی کرتے ہم بھائی اُن کے لیے رات کا کھانا دفتر لے کر جاتے اور وہاں سکول کا کام بھی کر لیتے۔ کام سے چُھٹی ہوتی تو وہ گھر پر کتابیں رسالے پڑھنے میں زیادہ وقت صرف کرتے یا پھر کچھ لکھنے لکھانے میں۔ اس دوران میں ان کی اگر کوئی فرمائش ہوتی تھی تو بس ایک کپ چائے کی۔ ورنہ وہ اپنا کام خود کرنے کے عادی تھے۔ انھیں دوسروں کے لیے کام کر کے بھی خوشی حاصل ہوتی تھی۔

اُن کی طبیعت میں روایتی مشرقی باپ والی سختی ہرگز نہ تھی۔ وہ امی جان کو بھی اور ہم بچوں کو بھی ہمیشہ "آپ" سے مخاطب کرتے۔ یہ بات بجا کہ وہ کم گو تھے۔ لیکن اگر کوئی سوال پوچھتا تو اطمینان بخش حد تک تفصیلی اور واضح جواب دیتے۔ مخاطب کی بات بغور اور دل جمعی سے سُنتے، چاہے وہ کوئی بڑا ہو یا چھوٹا۔ اپنے موقف کے خلاف باتوں کو بھی مسکراہٹ کے ساتھ سُنتے۔

شعر پر اصلاح دیتے ہوئے بھی اپنی رائے کو ایک آپشن کے طور پر پیش کرتے استادانہ تحکم کے انداز میں نہیں۔ مذہبی اور سیاسی نظریات و اختلافات پر بات نہیں کرتے تھے۔ انھیں ہر فرد کا انفرادی معاملہ قرار دیتے تھے۔ ایک زمانے میں ہمارے اپنے گھر کے افراد تین مختلف سیاسی جماعتوں کے حامی تھے مگر مجال ہے کسی طرح کی بدمزگی پیدا ہوئی ہو۔ یہ والد صاحب کی تربیت ہی کی دین تھی۔

ڈاکٹر صاحب!

سچ پوچھیں تو یزدانی صاحب بھی آپ کی طرح ایک سچے انسان دوست اور محبت کے پیغام بر تھے۔ کسی سے لڑائی جھگڑا نہیں۔ چہرے پر متانت کے ساتھ ساتھ ایک دھیمی

دھیمی مسکان بھی دمکتی رہتی۔ اُن کی صحبت میں رہ کر امی جان کو بھی کلاسیکی شعرا کے متعدد اشعار ازبر ہو گئے تھے جن کو وہ بطور حوالہ گاہے گاہے اپنی گفت گو میں شامل کیا کرتی تھیں۔

ایک بات اور میں نے محسوس کی، والد صاحب کو نمایاں ہونے کا شوق نہ تھا۔ تقریبات کی صدارت وغیرہ سے حتی المقدور گریز کرتے اور مشاعروں میں اپنی حد تک تقدیم و تاخیر کے التزام کو ضروری نہیں سمجھتے تھے۔ ہاں، دوسروں کے مقام اور احترام کو لازم خیال کرتے۔

ڈاکٹر خالد سہیل صاحب!

یہ اُن کی بے لوث ادبی خدمات اور طبعی شرافت ہی تھی کہ جب ان کا انتقال ہوا تو ہر مکتبِ فکر کے نمائندہ افراد نے انھیں محبت سے یاد کیا۔ جن میں ظاہر ہے والد صاحب کے قریبی دوست جیسے طفیل ہوشیار پوری، میرزا ادیب، ضمیر جعفری، احمد ندیم قاسمی، عارف عبدالمتین اور ڈاکٹر وحید قریشی تو تھے ہی مگر بعض ایسے تخلیق کار بھی شامل تھے جو شاید والد صاحب سے کم کم ملے ہوں اور جو دوسروں کی تعریف کرتے بھی کم کم ہی دیکھے گئے ہوں۔ ان میں معروف شاعر منیر نیازی صاحب کا تعزیتی پیغام مجھے یاد ہے جس میں انھوں نے والد صاحب کی نفیس طبیعت اور شان دار ادبی خدمات کا ذکر کرتے ہوئے کہا تھا:

”میں جن چند لوگوں سے زندگی میں متاثر ہوا اُن میں یزدانی جالندھری کا نام بہت نمایاں ہے۔“

منیر نیازی صاحب نے اس بات کا حوالہ بھی دیا کہ اُن کی اوّلین تخلیق یزدانی صاحب ہی نے اپنی ادارت میں منٹگمری (ساہیوال) سے نکلنے والے رسالہ ’تیج‘ میں شائع کی تھی۔ یہ ایک افسانہ تھا۔

یہ والد صاحب سے منیر نیازی صاحب کی بے غرض محبت ہی تھی کہ وہ مجھ سے بھی جب جب ملے بے حد پیار سے پیش آئے اور ازراہِ شفقت میرے شعر کی بھی

مشترکہ محبوبہ

پذیرائی کی۔ حال آں کہ ان کے بارے میں عام تاثر یہی تھا کہ وہ کسی دوسرے شاعر کو خاطر میں نہ لاتے تھے اور مشاعرے میں بھی لیے دیے رہتے تھے۔ لیکن مجھے یاد ہے ریڈیو، ٹی وی کے مشاعروں اور شہر اور بیرونِ شہر منعقدہ تقریبات اور خاص کر گورنمنٹ کالج لاہور کی ایک سو پچیس سالہ تقریبات کے سلسلہ میں منعقدہ دونوں مشاعروں میں انھوں نے نوجوان شعرا کے کلام کی خوب خوب پذیرائی کی۔ اُن کی شخصیت میں ایک تخلیقی کشش سی محسوس ہوتی تھی اور ان کا کلام پیش کرنے کا انداز بھی مسحور کُن تھا۔ والد صاحب سے ان کا تعلقِ خاطر اور ان کے فن و شعر کا سحر سبھی میرے احساس اور توجہ کو ان کی طرف مائل کرتے تھے۔

ڈاکٹر صاحب!

آپ نے بھی تو متعدد لکھاریوں کو دیکھا، سنا اور پڑھا اور ان پر لکھا بھی۔ آپ اردو شعر و ادب کی اس منفرد شخصیت یعنی منیر نیازی کے فن و شخصیت کو کیسے دیکھتے ہیں؟ اُن کی شخصیت اور فن کے کون کون سے پہلو آپ کے نزدیک اہم تر ہیں؟ ہاں، اُن سے آپ کی ملاقات بھی تو ہوئی تھی۔ کچھ ذکر اُس ملاقات کا بھی ہو جائے۔

آپ کے جواب کا انتظار رہے گا۔

آپ کا ادبی دوست

حامد یزدانی

جون 2024

واٹر ڈاؤن، کینیڈا

ooo

منیر نیازی سے ایک یادگار ملاقات

خالد سہیل

حامد یزدانی کے ادبی محبت نامے کا جواب

محترمی و معظمی حامد یزدانی صاحب!

آپ نے اپنے ادبی محبت نامے میں اپنے والد یزدانی جالندھری صاحب کے بارے میں مختصر مگر جامع تعارف رقم کیا ہے۔ مجھے قوی امید ہے کہ اس سے 'ہم سب' کے قارئین کو ان کی تخلیقات کا سنجیدگی سے مطالعہ کرنے کی تحریک و ترغیب ہوگی۔

یہ بات آپ کی مجھ سے بے پناہ محبت کی عکاس ہے کہ آپ کو مجھ میں اور اپنے والد صاحب میں کوئی خصوصیت مشترک دکھائی دی۔ سچی بات تو یہ ہے کہ مجھے آپ میں آپ کے والد کی شخصیت کا عکس دکھائی دیتا ہے۔آپ میں بھی ان کی طرح

تحمل ہے

بردباری ہے

قناعت ہے

اور

سب سے بڑھ کر انسان دوستی ہے۔

ایسے اوصاف اس دور میں کم ہوتے جا رہے ہیں۔

ایسی وراثت بہت ہی قیمتی وراثت ہے۔

میرے لیے یہ بات خصوصی اہمیت کی حامل ہے کہ آپ کے والد صاحب نے اپنی پیشہ ورانہ مصروفیات کے ساتھ ساتھ اپنی خاندانی ذمہ داریوں کو بھی بڑی خوش اسلوبی سے نبھایا۔ میں ایسے بہت سے شاعروں، ادیبوں اور دانشوروں کی سوانح عمریاں پڑھ چکا ہوں جو فنکار تو اچھے تھے لیکن بطور باپ نہایت غیر ذمہ دار تھے۔ ان کی غفلت کی قیمت ان کے بچوں نے ادا کی۔ آپ خوش قسمت ہیں کہ یزدانی جالندھری ایک اعلیٰ شاعر اور دانشور ہی نہیں ایک محبت کرنے والے باپ بھی تھے۔

آپ نے مجھ سے منیر نیازی کی شخصیت اور شاعری کے بارے میں پوچھا ہے۔

منیر نیازی سے میری ایک ہی ملاقات ہوئی لیکن وہ ایک ملاقات دیگر شاعروں کی بیسیوں ملاقاتوں پہ بھاری تھی۔ میرے لیے منیر نیازی کی بے نیازی دلچسپی کا عنصر لیے ہوئے تھی۔ میں سمجھتا ہوں اردو شاعری میں منیر نیازی کا ایک اعلیٰ مقام ہے۔

عام طور پر اردو شاعری اور خاص طور پر اردو غزل کا انگریزی زبان میں ترجمہ کرنا مشکل ہوتا ہے لیکن منیر نیازی اپنی شاعری میں ایسے امیجز استعمال کرتے ہیں کہ وہ امیجز ترجمہ کرنے میں آسانی پیدا کرتے ہیں۔

منیر نیازی کی شخصیت میں ایک انفرادیت تھی۔ میں اپنے موقف کی حمایت میں ایک واقعہ بیان کرتا ہوں۔

منیر نیازی نے ایک دفعہ ریڈیو پاکستان کے مشاعرے میں شرکت کی۔ چونکہ وہ کسی اور شاعر کو داد نہ دیتے تھے اس لیے باقی شاعروں نے سازش کی کہ آج ہم بھی منیر نیازی کو داد نہیں دیں گے۔

منیر نیازی کی باری آئی۔

ان کے سامنے مائکروفون رکھا گیا۔

منیر نیازی نے ایک مصرعہ پڑھا۔

خاموشی

منیر نیازی نے دوسرا مصرعہ پڑھا۔

مزید خاموشی

منیر نیازی سمجھ گئے کہ کوئی سازش ہو رہی ہے۔

پھر انہوں نے اپنی آواز بدل کر خود ہی کہا:

"واہ واہ کیا خوبصورت شعر ہے دوبارہ پڑھیے"

اور انہوں نے دوبارہ اپنا شعر پڑھا:

ان کی اس ادا پر سب شاعر ہنس پڑے اور ان کو داد دینے لگے۔

منیر نیازی کی شخصیت میں ایک ڈراما ہی نہیں ایک میلوڈراما بھی تھا جس کی وجہ سے ان کی شخصیت میں انانیت کی ساتھ ساتھ ایک جاذبیت بھی تھی۔ ایک کشش بھی تھی۔ ایک مقناطیسیت بھی تھی۔ میں نے منیر نیازی کے ساتھ اپنی ملاقات کی تفصیل کہیں لکھی تھی۔ وہ حاضر خدمت ہے۔

'آج سے کئی سال پیشتر کینیڈا سے پاکستان کے ایک سفر کے دوران میں زاہد ڈار اور سعید احمد 'سنگِ میل پبلشرز' کے دفتر میں بیٹھے گپ شپ لگا رہے تھے کہ اصغر ندیم سیّد مسکراتے ہوئے داخل ہوئے اور جلد ہی فضاؤں میں لطیفوں اور قہقہوں کی گھنٹیاں بجنے لگیں۔ 'خالد سہیل! تم اتنی دور ٹورانٹو سے لاہور آئے ہو۔ تم ہمارے مہمان ہو۔ ہم تمہاری کون سے خواہش پوری کر سکتے ہیں؟'

'میری ایک دیرینہ خواہش ہے کہ میں منیر نیازیؔ سے ملوں۔ کینیڈا میں ایک دفعہ کسی نے مشہور کیا تھا کہ منیر نیازی فوت ہو چکے ہیں۔ سب ادیب فاتحہ پڑھنے بھی جمع ہو گئے تھے۔ پھر کسی نے تعزیت کے لیے لاہور فون کیا تو منیر نیازی نے فون اٹھایا اور پتہ

مشترکہ محبوبہ

چلا کہ وہ افواہ منیر نیازی کے کسی دشمن نے پھیلائی تھی۔

'یہ تو کوئی مسئلہ نہیں۔ ابھی فون کرتے ہیں۔ منیر نیازی کا نمبر کس کے پاس ہے؟'

زاہد ڈار نے فون نمبر دیا تو اصغر نے منیر نیازی کو وہیں سے فون کیا۔ ہم سب ایک طرف کی گفتگو سن سکتے تھے۔

'سلامالیکم! سر جی! اصغر ندیم بول رہا ہوں۔ پورے شہر میں آپ کی باتیں ہو رہی ہیں۔ میرے ڈرامے کا نام 'اک اور دریا کا سامنا تھا' بہت پسند کیا گیا۔

(مجھے یاد تھا کہ منیر نیازی کا مشہور شعر ہے

اک اور دریا کا سامنا تھا منیرؔ مجھ کو
میں ایک دریا کے پار اترا تو میں نے دیکھا)

آپ کا کیا حال ہے؟ یہاں کینیڈا سے آپ کے ایک مداح ڈاکٹر خالد سہیل آئے ہوئے ہیں۔ آپ سے بات کرنا چاہتے ہیں۔

اور اصغر نے فون مجھے پکڑا دیا۔

'منیر نیازی صاحب! میں خالد سہیل ہوں۔ آپ سے ملنے کی خواہش ہے۔'

'آ جاؤ پھر'

'میرے ساتھ زاہد ڈار اور سعید احمد بھی ہیں'

'انہیں بھی لے آؤ'

'ہم تھوڑی دیر میں حاضر ہوں گے'

'تھوڑی دیر میں کیوں۔ ابھی آ جاؤ'

چنانچہ ہم نے اصغر ندیم سے منیر نیازی کا پتہ لیا اور سعید احمد کی گاڑی میں بیٹھ کر ٹاؤن شپ کی طرف چل دیے۔ اصغر نے ایسا پتہ بتایا تھا کہ ہم کھو گئے اور میں نے

مشترکہ محبوبہ

زاہد ڈار کو کسی کا یہ شعر سنایا:

ہم کچھ اس طرح ترے گھر کا پتہ دیتے ہیں
خضر بھی آئے تو گمراہ بنا دیتے ہیں

آخر ہم نے ایک مقامی شخص کو پتہ بتایا اور اپنا رہبر بنایا۔ کہنے لگا 'میں سکوٹر پر ہوں۔ آپ میرے پیچھے چلیں' یہ کہتے ہی وہ ون وے لین پر غلط رُخ پر چل پڑا اور ہم بھی مجبوراً اس کے پیچھے چل پڑے۔ حسنِ اتفاق سے وہ ہمیں غلط راستے سے صحیح منزل پر پہنچا آیا۔

سڑک کے کنارے ایک بے ترتیب سا سفید رنگ کا گھر تھا۔ نہ نام کی تختی نہ دروازے پر گھنٹی۔ ہم ہچکچاتے ہوئے داخل ہوئے، سیڑھیاں چڑھے، ایک گھنٹی نظر آئی، بجائی کوئی جواب نہ آیا۔ پھر بجائی، ایک محترمہ گھر کی بغل سے نکلیں اور پوچھنے لگیں:

'آپ کس سے ملنا چاہتے ہیں؟'

'منیر نیازی سے'

'آپ کے نام؟'

'زاہد ڈار، خالد سہیل اور سعید احمد'

اتنے میں دوسری طرف سے ایک شخص نے کھڑکی نما دروازے سے سر نکالا اور کہا: 'آ جاؤ۔ اندر آ جاؤ۔' اور ہم تینوں سیڑھیاں اُتر کر، دروازے سے گزر کر، زیرِ زمین بیسمنٹ نما کمرے میں داخل ہوئے۔

'آؤ زاہد ڈار!' منیر نیازی نے زاہد کو گلے لگایا۔

'میں سعید احمد ہوں' سعید نے ہاتھ ملاتے ہوئے کہا۔

'اور میں خالد سہیل کینیڈا سے آیا ہوں' منیر نیازی نے بڑی محبت سے مجھے بھی گلے سے لگایا اور میں نے زندگی میں پہلی بار اردو اور پنجابی کے لونگ لیجنڈ Living

134

کو اتنے قریب سے دیکھا۔ان کی آنکھیں سوجی ہوئی، بال بکھرے ہوئے، Legend کپڑے میلے اور ہاتھ میں شراب کی بوتل تھی۔صاف ظاہر تھا کہ باطن کے زلزلوں کے اثرات ظاہر تک آ گئے تھے۔ان کا کمرہ بیک وقت ان کا لونگ روم، بیڈروم اور فیملی روم لگ رہا تھا۔سارا کمرہ بے ترتیب تھا۔

بستر، لحاف اور چادر بے ترتیب،

میز پر کیسٹ بے ترتیب،

فرش پر خالی بوتلیں اور گلاس بے ترتیب،

اور چاروں طرف پھیلی بادام اور پستے کی پلیٹیں بے ترتیب۔

لیکن اس بے ترتیبی میں بھی ایک ترتیب اور اپنائیت کا سماں تھا۔مجھے اپنا شعر یاد آ گیا

ہمارے گھر کی ہر اِک چیز بے گھروں کی طرح
شریر بچوں کی بے ربط خواہشوں کی طرح

’ویسے تو میرے گھر میں ایک سجا سجایا کمرہ بھی ہے۔‘ منیر نیازی نے کہا ’جہاں میں بیوروکریٹس کو لے جاتا ہوں لیکن دوستوں کے لیے یہی کمرہ مناسب ہے‘۔

منیر نیازی نے اپنی الماری سے دو سکاچ کی بوتلیں نکالیں ’چلو ایک پیگ لگاؤ‘ ہم نے منیر نیازی کا ساتھ دیا لیکن زاہد ڈار نے پستے بادام پر اکتفا کیا۔

’اُم الخبائث نہیں چھوؤ گے زاہد ڈار! چلو تمہاری مرضی۔تمہاری بھابی تمہیں چائے پلا دے گی‘

اس کے بعد ایک گھنٹہ منیر نیازی بے ربط لیکن دلچسپ باتیں کرتے رہے۔وہ گفتگو ڈائیلاگ سے زیادہ مونولوگ بلکہ فری ایسوسی ایشن تھی۔وہ بولتے رہے اور ہم سنتے رہے۔گھر آ کر جو یاد رہا لکھ لیا۔منیر نیازی کہہ رہے تھے:

'میں اس شہر کا سب سے بڑا شاعر ہوں۔ اس کے بعد زاہد ڈار ہے۔ ویسے اس شہر میں بہت سے بے ہودہ شاعر بھی بستے ہیں۔ خالد سہیل تم نے اچھا کیا ملنے آ گئے۔ تم اچھے شاعروں کی شناخت رکھتے ہو۔ میں بھی کینیڈا گیا تھا۔ مجھے پسند آیا۔ یہ دیکھو میں نے "جہاں نما" رسالے میں اپنے سفر کا ذکر کیا تھا۔ اشفاق سے بھی ملاقات ہوئی تھی۔ اچھا آدمی ہے۔ میں لندن بھی گیا تھا۔ وہاں بھی کچھ دوست بنے تھے۔ ان میں سے ایک دوست مر بھی گیا ہے۔ ہم جس سے محبت کرتے ہیں، جو ہمارے حق میں ہوتا ہے۔ نجانے کیوں مر جاتا ہے۔ میری پہلی بیوی بھی مر گئی۔ دوسری بیوی رامپور کی پٹھان ہے۔ چلو اچھا ہوا چائے آ گئی۔ زاہد ڈار تم اُم الخبائث نہیں پیتے، تم چائے پی لو۔ زاہد ڈار تم ایک اچھے شاعر ہو۔ جی چاہتا ہے تمہارے لئے ایک کنال زمین کا انتظام کروں۔ اس میں تمہارے لئے چار مرلے کا مکان بنواؤں۔ باقی گلاب ہی گلاب ہوں۔ میرا کیا ہے شاعر ہوں۔ ہواؤں میں بیج بوتا رہتا ہوں۔ نجانے کہاں پھول اُگ آئیں۔ آؤ تمہیں اپنے گھر کے پھول دِکھاؤں۔ میرا ایک باغ بھی ہے۔ اس میں لیموں کے پودے بھی ہیں۔ سبزیاں بھی ہیں۔ میں اپنے باغ میں بیٹھ کر شعر لکھتا رہتا ہوں۔ میں نے ایک نظم بھی لکھی ہے۔ اس کا عنوان ہے 'وہ دُعا جو میں بھول گیا'۔ خالد سہیل یہ دیکھو میری کالی ڈائری۔ اس میں اکیس نظموں کے عنوان ہیں۔ ایسی نظموں کے عنوان جو میں نے ابھی نہیں لکھیں۔ پچھلے دنوں ایک صاحب آئے تھے۔ کہنے لگے آپ کی پنجابی نظموں کا انگریزی ترجمہ کیا ہے۔ خالد سہیل تم کینیڈا سے آئے ہو۔ تم انگریزی نظمیں بہتر سمجھتے ہو۔ کتاب کا نام ہے

The Colours of Silence

'جہاں نما' میں کالم لکھنے شروع کیے ہیں۔ ایک کالم کے ہزار روپے دے دیتے ہیں۔ لاکھ روپے کے مکان کی قسط نکل جاتی ہے۔ چیک آتا ہے تو چار دن کے لئے شانتی ہو جاتی ہے۔ خالد سہیل یہ دیکھو 'ماہِ نو' کا تازہ شمارہ۔ کشور ناہید نے میری غزل شائع کی

ہے۔شعر ہے:

مجھ میں ہی کچھ کمی تھی کہ بہتر میں ان سے تھا
میں شہر میں کسی کے برابر نہیں رہا

یہ کشور ناہید بڑے دھڑلے والی عورت ہے۔کئی مردوں سے زیادہ دلیر اور زور دار۔میں اپنی بیوی کو اس سے پردہ کرواتا ہوں۔

(فون کی گھنٹی بجتی ہے۔منیر نیازی فون اٹھاتے ہیں)

'اچھا میرے ساتھ شام منانا چاہتے ہو۔آنا ہے آ جاؤ۔تمہیں کینیڈا سے آئے ہوئے شاعر سے ملوائیں۔خالد سہیل تم بیٹھو۔ابھی سٹوڈنٹس آئیں گے۔ان سے تم بھی بات کرنا۔زاہد ڈار تم چائے پیو اور سعید احمد کچھ اور پیو یار۔ام لخبائث پیو۔اس کی سب سے بڑی خرابی یہ ہے کہ ختم ہو جاتی ہے۔میں زیادہ تر اسی کمرے میں آرام کرتا ہوں۔شعر بھی یہیں لکھتا ہوں۔میں نے نوکرانی کو منع کر رکھا ہے۔بارہ بجے سے پہلے نہ آئے۔کبھی سر میں درد ہو تو مالش کروا لیتا ہوں۔میری بیوی اعتراض کرتی ہے۔میں کہتا ہوں وہ نمازی پرہیز گار عورت ہے۔زاہد ڈار تمہارے لئے چار مرلے کا مکان باقی گلاب ہی گلاب۔خالد سہیل میرا پبلشر میری کلیات کا تازہ ایڈیشن چھاپ رہا ہے۔مجھے بیس ہزار روپے دے گیا تھا۔چلو گھر کا خرچ نکل آتا ہے۔چار دن کی شانتی ہو جاتی ہے۔(لڑکے دروازے پر نظر آتے ہیں) آؤ اندر آ جاؤ۔تم میرے ساتھ شام منانا چاہتے ہو۔اچھی بات ہے۔میرے ساتھ اور شاعروں کو مت بلانا۔بس میں ہی کافی ہوں۔موڈ ہوا تو آ جاؤں گا۔تم مجھے لینے آ جانا۔اور یہ تمہارا دوست ہے۔یوں لگتا ہے اسے پنگھوڑے میں بیٹھے بیٹھے ہی مونچھیں اُگ آئی ہیں۔اچھا بیٹا اب تم جاؤ۔اس شام مجھے لینے آ جانا۔جس جس کو بلانا اسے بتا دینا، میرا موڈ ہوا تو آ جاؤں گا۔خالد سہیل تمہیں ایک فلسطینی شاعر کی نظم کا ترجمہ سناتا ہوں۔شاعر کا نام بھول گیا ہے۔کہتا ہے:

میں اپنے باپ کے گھر کی مدافعت کروں گا
اپنے ہتھیاروں کے ساتھ
میرے دشمن میرے ہتھیار مجھ سے چھین لیں گے
میں اپنے باپ کے گھر کی مدافعت کروں گا
اپنے ہاتھوں کے ساتھ
وہ میرے ہاتھ کاٹ دیں گے
میں اپنے باپ کے گھر کی مدافعت کروں گا
اپنے بازوؤں کے ساتھ
وہ میرے بازو کاٹ دیں گے
میں اپنے باپ کے گھر کی مدافعت کروں گا
اپنے جسم کے ساتھ
وہ مجھے قتل کر دیں گے
میں اپنے باپ کے گھر کی مدافعت کروں گا
اپنی روح کے ساتھ

زاہد ڈار میں رونے لگ گیا ہوں۔ میں آگے نہیں پڑھ سکتا۔ ویسے رونا بھی اچھا ہوتا ہے۔ خالد سہیل اچھا کیا۔ تم اپنی کتاب 'تلاش' اور کیسٹ 'تازہ ہوا کا جھونکا' لائے ہو۔ میں کل اسے پڑھوں گا اور سنوں گا۔ موڈ بن گیا تو مضمون لکھ دوں گا۔ اخبار والے ہزار روپے بھیج دیں گے۔ گھر کی ایک اور قسط ادا ہو جائے گی۔ چار دن کے لئے شانتی ہو جائے گی۔ تم لوگوں نے اچھا کیا آ گئے۔ (ہم نے اجازت چاہی)۔ زاہد ڈار تمہاری ایک تصویر اور اُتار لوں۔ یہ آخری تصویر ہے۔ سعید احمد تم یہ فلم دھلوا دینا۔ اچھا تو تم لوگ جا رہے ہو۔

یہ لو میرے گھر کے گلاب۔ انہیں ساتھ لے جاؤ۔ ان میں بہت خوشبو ہے۔ اچھا خدا حافظ۔ وقت ملے تو پھر آنا۔ کچھ اور باتیں کریں گے۔

قبلہ وکعبہ حامد یزدانی صاحب!

آپ سے جہاں ادبی مکالمہ ہو رہا ہے وہیں ہمارا نفسیات و سماجیات کے طالب علموں کی حیثیت سے بھی تبادلہ خیال ہو رہا ہے۔

میں نے آپ کو اپنی پیشہ ورانہ زندگی کے بارے میں ایک خط لکھا تھا اور پوچھا تھا کہ آپ کو ایک سوشل ورکر بننے میں کن شخصیات اور کن واقعات نے انسپائر کیا اور وہ تجربہ کیسا تھا؟

اگر آپ اپنے فارغ وقت میں اس خط کا جواب لکھ دیں تو ہم 'ہم سب' کے قارئین کو ایک اور ادبی تحفہ بھیج سکتے ہیں۔ کیا خیال ہے؟

آپ کا مداح

خالد سہیل

ooo

مشترکہ محبوبہ

لاہور کے ادبی درویش زاہد ڈار سے ملاقاتیں

خالد سہیل

محترمی و معظمی حامد یزدانی صاحب!

میری آپ کے شہر لاہور کے کئی شاعروں، ادیبوں اور دانشوروں سے بہت سی ملاقاتیں ہوئیں لیکن منیر نیازی کی ملاقات کی طرح اکثر اوقات وہ ملاقاتیں مختصر تھیں لیکن آج میں آپ کو ایک ایسی شخصیت کے بارے میں بتانا چاہتا ہوں جن سے میری اسّی کی دہائی میں تفصیلی ملاقاتیں ہوئیں اور میں انہیں ایک ادبی درویش سمجھتا ہوں۔ اس ادبی درویش کا نام زاہد ڈار ہے۔ اگر کوئی اردو کا ادیب پاک ٹی ہاؤس اور لاہور کے ادیبوں کے بارے میں ایک کتاب لکھنا چاہے تو وہ کتاب میری درویشانہ اور طالب علمانہ رائے میں زاہد ڈار کے بارے میں باب کے بغیر نا مکمل ہوگی۔

حامد یزدانی صاحب!

بعض انسانوں سے انسان چند گھنٹوں میں ہی اندر سے جڑ جاتا ہے اور بعض لوگوں سے برسوں کی ملاقات کے بعد بھی تکلفات کی دیواریں حائل رہتی ہیں۔ انسان اندر سے جڑ جائے تو ملاقاتوں کا اشتیاق بھی بڑھ جاتا ہے اور چھوٹی چھوٹی بے ربط باتوں میں بھی لطف آنے لگتا ہے۔ میں زاہد ڈار سے پہلی ملاقات میں ہی اندر سے جڑ گیا تھا۔ دوسری ملاقات کے لیے میں صبح اٹھا اور پاک ٹی ہاؤس کی طرف ایسے بڑھا جیسے ایک

لوہے کا ٹکڑا مقناطیس کی طرف کشاں کشاں بڑھتا ہے۔ زاہد ڈار اپنی مخصوص کرسی پر بیٹھے کسی کتاب کا سنجیدگی سے مطالعہ کر رہے تھے۔

مجھے دیکھا تو بڑے تپاک سے ملے۔ چائے کا دور چلا اور بے تکلفی بڑھی تو میرے تجسّس نے اپنے پاؤں پھیلائے۔

'کیا میں آپ سے ایک ذاتی سوال پوچھ سکتا ہوں؟'

'ضرور پوچھیں آپ ایک ماہر نفسیات ہیں آپ کے لیے میں ایک کھلی کتاب ہوں۔'

میں نے پوچھا: 'آپ کام نہیں کرتے تو زندگی کیسے گزارتے ہیں؟ روزانہ کا خرچ کہاں سے آتا ہے؟' زاہد ڈار کو شاید ایسے سوال کی توقع نہ تھی۔ چند لمحے خاموش رہے پھر کہنے لگے: 'میں اپنے آبائی گھر میں رہتا ہوں۔ میرے بہن بھائیوں نے مجھے ایک کمرہ دے رکھا ہے۔ میں اس پر قانع ہوں۔ وہ مجھے کھانا بھی دیتے ہیں اور روزانہ پچیس روپے بھی۔ وہ سب کالجوں میں پروفیسر ہیں۔ میں ہر روز پاک ٹی ہاؤس صبح دس سے گیارہ بجے اور شام پانچ سے چھ بجے آتا ہوں۔ آدھا سیٹ چائے صبح اور آدھا سیٹ چائے شام۔ ایک زمانہ تھا آدھے سیٹ کی قیمت دو روپے ہوا کرتی تھی پھر تین روپے ہوگئی اور اب چار روپے ہے۔ ایک روپیہ ٹپ دیتا ہوں۔ اس طرح پانچ روپے صبح اور پانچ روپے شام۔ گیارہ روپے روز کے سگریٹ پیتا ہوں۔ یہ ہوئے اکیس روپے۔ ہر روز کے باقی بچے چار روپے۔ ان سے مہینے میں ایک دو کتابیں خرید لیتا ہوں۔ ویسے آج کل میری جیب گرم ہے کیونکہ 'سنگ میل پبلشر' میری شاعری کی کتاب 'تنہائی' چھاپ رہے ہیں۔ نیاز احمد صاحب نے مجھے تین ہزار روپے دیے ہیں۔ اس لیے اب میں نے چند نئے کپڑے خریدے ہیں۔

ہم ابھی یہ باتیں ہی کر رہے تھے کہ سعید احمد مونچھوں کو تاؤ دیتے ہوئے چلے

آئے اور چائے کا ایک اور دور چل پڑا۔

میں ایک دفعہ پھر زاہد ڈار کی ذاتی زندگی کی طرف لوٹا۔

'کیا آپ کبھی کسی عورت کے ساتھ رہے ہیں؟' میں زاہد ڈار کی محبوبہ تنہائی سے متعارف ہونا چاہتا تھا۔'

'نہیں کبھی نہیں۔ بیس پچیس سال پیشتر مجھے ایک عورت ملی تھی۔ وہ مجھے پسند آ گئی تھی۔ میں اس سے شادی کرنا چاہتا تھا۔ اس کی شرط تھی کہ میں ملازمت کروں۔ چنانچہ اس عورت کی محبت کی خاطر میں نے زندگی میں پہلی بار کلرکی شروع کر دی لیکن وہ کلرکی دو تین مہینوں سے آگے نہ چل سکی۔ آخر میں نے اس عورت سے کہا 'میری زندگی کا پہلا مقصد کتابیں پڑھنا ہے اور دوسرا مقصد تم سے شادی۔ میں نے جب سے نوکری شروع کی ہے میں یکسوئی سے کتابیں نہیں پڑھ سکتا۔ چنانچہ میں نے نوکری چھوڑ دی اور اس عورت نے مجھے چھوڑ دیا۔ اب میں کبھی کبھار سوچتا ہوں کہ مجھے ایسا نہیں کرنا چاہیے تھا۔'

زاہد ڈار کی یہ باتیں سن کر سعید احمد نے چھلانگ لگائی 'اب بھی کچھ بگڑا نہیں۔ اب بھی تم شادی کر سکتے ہو، اکیاون برس کی عمر میں۔' زاہد ڈار نے اپنی کنپٹیوں پر سفید بالوں کو چھوا۔ اس شہر میں بہت سی پینتیس چالیس سالہ عورتیں ہیں جو شادی کرنا چاہتی ہیں وہ خود کالجوں میں پڑھاتی ہیں۔ انہیں دولت نہیں صرف شوہر چاہیے۔ سعید احمد کی باتیں سن کر زاہد ڈار سوچ میں پڑ گئے۔

'اگر ارادہ ہو تو میں تحقیق کروں۔' سعید احمد نے مشورہ دیا۔ زاہد ڈار خاموش رہے۔

اتنے میں ایک دراز قد، شلوار قمیص جیکٹ میں ملبوس لمبے لمبے بالوں والے صاحب ہاتھ میں بریف کیس لیے ہماری میز پر آ بیٹھے زاہد ڈار نے ان کا مجھ سے تعارف کروایا: 'یہ ناصر زیدی ہیں۔ اسلام آباد میں رہتے ہیں۔ صدر اور وزیر اعظم کی تقریریں

لکھتے ہیں۔ناصر زیدی نے مجھے اپنا کارڈ دیا جس پر لکھا تھا

Speech Writer

'آپ آج کل کیا کر رہے ہیں؟' میں متجسس تھا۔ کہنے لگے 'میں اسلام آباد میں پاکستانی ادیبوں کی ایک ڈائریکٹری بنا رہا ہوں۔ پھر انہوں نے مجھے ایک فارم دیتے ہوئے کہا: آپ بھی اس میں اپنی کتابوں کے نام لکھ دیں۔'

تھوڑی دیر کے بعد بریف کیس سے نکال کر انہوں نے ایک ضخیم کتاب میرے سامنے رکھ دی۔اس پر لکھا تھا میری "بہترین غزل" یہ کیا ہے؟' میں نے پوچھا 'میں اُردو کے شاعروں سے ان کی بہترین غزل ان ہی کے ہاتھ سے لکھوا رہا ہوں۔آپ جس کا نام لیں اس کی غزل اس کتاب میں ہوگی میں نے کہا "محسن احسان" انہوں نے محسن احسان کی غزل دکھا دی۔ پھر میں نے کہا "عارف عبدالمتین" انہوں نے عارف عبدالمتین کی غزل بھی دکھا دی۔ ناصر زیدی نے پوچھا۔آپ نے عارف عبدالمتین کا نام کیوں لیا، تو زاہد ڈار نے کہا: 'عارف عبدالمتین خالد سہیل کے چچا ہیں'۔

'چلیں اس کتاب کے حوالے سے ہمارا ایک اور رشتہ ہو جائے گا'۔ میں نے ناصر زیدی کی کتاب میں اپنے ہاتھ سے وہ غزل لکھ دی جو میں نے غالب کی زمین میں جنوبی افریقہ کے حوالے سے لکھی تھی۔

کالے جسموں کی ریاضت کا مآل اچھا ہے
حکمراں اب نظر آتے ہیں نڈھال اچھا ہے
اُونچے میناروں سے دے جا کے اذان جمہور
ہر سیہ شخص جو بن جائے بلال اچھا ہے

تھوڑی دیر کے بعد محفل برخواست ہوئی اور زاہد ڈار اپنے گھر چلے گئے۔

پاک ٹی ہاؤس میں اگلی ملاقات پر میں نے زاہد ڈار سے پوچھا، اب آپ نظمیں نہیں لکھتے؟ نہیں پچھلے دس سال سے نہیں لکھیں۔ وہ کیوں؟ 'مجھے انسانی ذہن پر رحم آتا ہے۔' زاہد ڈار نے سگریٹ سلگایا۔ کیا مطلب؟ دنیا میں پہلے ہی لاکھوں اچھی کتابیں لکھی جا چکی ہیں جنہیں پڑھنے کے لیے ہمارے پاس وقت نہیں ہے۔ ان حالات میں مزید کتابیں لکھنا کہاں کی عقلمندی ہے۔ ویسے آپ نے نثری نظمیں لکھنی کب شروع کی تھیں؟'

'یہ انیس سو ساٹھ کی بات ہے۔ میں اور انیس ناگی ان دنوں قریبی دوست ہوا کرتے تھے۔ مجھے روایتی قسم کی نظمیں پسند نہیں تھیں۔ میں ذاتی قسم کی نظمیں لکھنا چاہتا تھا۔ اس لیے نثری نظمیں لکھنے لگا۔ اب میں ڈائری لکھتا ہوں۔ آپ ڈائری میں کیا لکھتے ہیں؟ بس اپنے جذبات اور کیفیات۔ میں واقعات پر زور نہیں دیتا۔ میری زندگی میں نئے تجربات بہت کم ہوتے ہیں۔ گھر سے پاک ٹی ہاؤس اور پاک ٹی ہاؤس سے گھر۔ میں پچھلے بیس برس سے ڈائری لکھ رہا ہوں لیکن ایسا لگتا ہے میں اپنے آپ کو دہراتا رہتا ہوں۔ دس سال پہلے کی ڈائری پڑھتا ہوں تو یوں لگتا ہے جیسے دس دن پہلے لکھی ہو۔ سنگِ میل کے پبلشر نیاز احمد میری ڈائری چھاپنا چاہتے ہیں لیکن میں اپنی ڈائری کو زیادہ اہمیت نہیں دیتا۔ اس لیے نہیں چھپواتا۔

پھر جاوید شاہین آئے اور مجھے اور زاہد ڈار کو اپنے گھر لے گئے۔ ہم نے ان کی بیوی اور بچوں کے ساتھ لنچ کھایا۔ میں نے بڑی مدت کے بعد آلو والے پراٹھے کھائے مزا آ گیا۔

پھر جاوید شاہین نے اپنی بیگم سے کہا: 'زاہد ڈار کی خواہش ہے کہ آپ انہیں ایک دن گجریلا کھلائیں'۔ 'ضرور کھلائیں گے یہ تو کوئی بڑی فرمائش نہیں ہے'۔ لنچ کے بعد جاوید شاہین نے اپنی چند غزلیں اور نظمیں سنائیں۔

آپ بھی ان کی ایک نثری نظم سن لیں۔

مشترکہ محبوبہ

لوگوں کا نیند میں چلنا

لوگوں کا نیند میں چلنا
اور دریا کی طرف جانا
میرے دل میں وہم لاتا ہے
مجھے ڈر میں گرفتار کرتا ہے
اور میں ساری رات جاگتا رہتا ہوں
ساری رات جاگتا رہتا ہوں
دریا کے ساتھ ساتھ
دیوار چنتا رہتا ہوں
اور سوچتا رہتا ہوں
کہ سارے شہر کا
ایک ہی مرض میں مبتلا ہو جانا
کھلے پانی کی طرف چل پڑنا
کس چیز کی علامت ہے؟
کیا ظاہر کرتا ہے؟
صبح ہونے پر
لوگوں سے پوچھتا ہوں
وہ حیرت سے مجھے تکتے ہیں
میری باتوں پر ہنستے ہیں

میری محنت پر رشک کرتے ہیں
پھر مجھے دکھانے پڑتے ہیں
دریا تک آئے ہوئے ان کے نقش قدم
دیواروں پر بنے ہوئے ان کے ہاتھوں کے نشاں

حامد یزدانی صاحب!

میری زاہد ڈار سے جب بھی ملاقات ہوتی مجھ پر ان کی شخصیت کا ایک نیا رُخ اُجاگر ہوتا۔ کہنے کو تو وہ ایک تنہا زندگی گزار رہے تھے لیکن ان کی تنہائی میں بھی ایک انجمن آباد تھی۔ ایک صبح پاک ٹی ہاؤس میں بیٹھے سگریٹ جلاتے ہوئے کہنے لگے۔ 'دیکھو سہیل کتنے دن ہو گئے بارش نہیں ہوئی۔ درختوں کے پتوں پر (انہوں نے پاک ٹی ہاؤس کے باہر ایک گھنے درخت کے پتوں کی طرف اشارہ کیا) کتنی گرد جمع ہو گئی ہے۔ بارش ہو گی تو وہ دھل جائیں گے اور اچھے لگیں گے۔' اور میں سوچنے لگا کہ اس شہر کے درختوں کے پتوں پر ہی نہیں، یوں لگتا ہے چہروں، کپڑوں اور ذہنوں پر بھی گرد جم چکی ہے جو نئے جذبوں نئے ولولوں اور نئے خوابوں کی بارش کی راہ تک رہی ہے۔ انسانوں کے چہرے دُھل جائیں تو ان پر نکھار آ جاتا ہے اور ذہن دھل جائیں تو تازہ افکار کی خوشبو چاروں طرف پھیل جاتی ہے۔

حضور والا!

آئیں آج آپ کو زاہد ڈار کی کتاب "تنہائی" سے ایک نظم سناؤں۔

میں ستاروں اور درختوں کی خاموشی کو سمجھ سکتا ہوں
میں انسانوں کی باتیں سمجھنے سے قاصر ہوں

مشترکہ محبوبہ

میں انسانوں سے نفرت نہیں کرتا
میں ایک عورت سے محبت کرتا ہوں
میں دنیا کے راستوں پہ چلنے سے معذور ہوں
میں اکیلا ہوں
میں لوگوں میں شامل ہونا نہیں چاہتا
میں آزاد رہنا چاہتا ہوں
میں خوش رہنا چاہتا ہوں
میں محبت کے بغیر خوش نہیں رہ سکتا
میں ایک عورت کی محبت کا بھوکا ہوں
میں ایک عورت کی محبت نہیں پا سکا
میں تنہائی سے نکلنے کا راستہ نہیں پا سکا
میں دُکھ میں مبتلا ہوں
میں ایک عورت کو سمجھنے سے قاصر ہوں
میں خاموشی کی آوازوں کو سمجھ سکتا ہوں

حامد یزدانی صاحب!
لاہور کے ادبی درویش زاہد ڈار جو انیس سو چھتیس میں پیدا ہوئے تھے دو ہزار اکیس میں پچاسی برس کی عمر میں اس جہان فانی سے رُخصت ہو گئے لیکن ان کی نظمیں اردو ادب کے لیے خوبصورت تحفے ہیں اور ریختہ ویب سائٹ میں آج بھی محفوظ ہیں۔
قبلہ و کعبہ!
آپ کا تو لاہور شہر سے ایک خصوصی رشتہ اور گہرا تعلق ہے۔ وہ شہر آپ کے دل

مشترکہ محبوبہ میں بستا ہے۔ آپ کی ضرور لاہور کے بہت سے شاعروں ادیبوں اور دانشوروں سے تفصیلی ملاقاتیں ہوئی ہوں گی۔ آپ اپنی کسی ادبی دوستی کے بارے میں کچھ تفصیل سے بتائیں تا کہ ادبی محبت ناموں کا یہ سلسلہ آگے بڑھتا رہے۔

آپ کا مداح

خالد سہیل

ooo

کچھ اقبال ساجد کے بارے میں

حامد یزدانی

محترم ڈاکٹر خالد سہیل صاحب!

آپ کا ادبی مکتوب نظر نواز ہوا جس میں آپ نے لاہور کی ایک منفرد ادبی شخصیت زاہد ڈار صاحب سے قلمی تجدیدِ ملاقات کا سامان کیا ہے۔ آپ کے خط سے پاک ٹی ہاؤس اور اس کے مستقل "نشینوں" کی یادیں بھی تازہ ہوگئیں اور زاہد ڈار کی شاعری سے بھی حظ اٹھانے کا موقع ملا۔

اس حوالہ سے دل چسپ بات یہ کہ زاہد ڈار صاحب ان شخصیات میں سے تھے جن سے رسمی سا تعارف تو پاک ٹی ہاؤس میں پہلی بار قدم رکھتے ہی ہوگیا تھا مگر دوستانہ شناسائی کبھی نہ ہوسکی۔ وجہ اس کی میری کم مائیگی بھی ہوسکتی ہے اور جیسا کہ آپ کے خط میں بھی اشارہ ملتا ہے کہ وہ خود بھی کچھ مردم گریز اور مردم بیزار فرد تھے۔ مجھے یاد ہے، انہیں پہلی بار انیس سو ستتر میں دیکھا تھا جب میں اپنے ایک شاعر دوستوں بابر شوکت اور افضل اقبال کے ساتھ شہرت بخاری صاحب اور انجم رومانی صاحب کو ایک مشاعرہ میں مدعو کرنے پاک ٹی ہاؤس گیا تھا۔ یہ ٹی ہاؤس کو اندر سے دیکھنے کا میرا پہلا موقع تھا۔ دائیں طرف کھڑکی کے ساتھ والے پہلے ہی میز کے گرد انتظار حسین اور مظفر علی سید اپنے دوستوں

کے ساتھ تشریف فرما تھے۔ دوسرے پر ڈاکٹر سہیل احمد خان، انیس ناگی، ڈاکٹر انور سجاد، عبدالرشید اور جاوید شاہین کی محفل سجی تھی۔ درمیان والے قدرے اُونچے میز کے گرد شہرت بخاری اور انجم رومانی اپنے ادبی احباب کے ساتھ محوِ تکلم تھے۔ انتہائی دائیں کونے میں سیڑھیوں کے ساتھ دیوار گیر صوفے پر اسرار زیدی صاحب نے اپنی مجلس سجا رکھی تھی۔ ٹی ہاؤس کے ادب اور ادیب نواز ویٹرز شاعروں ادیبوں کو چائے پلانے میں مصروف تھے۔ ان میں سے ایک تو شاعر بھی تھے جو 'بنجارہ' تخلص کرتے تھے۔ ٹی ہاؤس میں آوازوں اور قہقہوں کی آمیزش نے ایک عجب شور بپا کر رکھا تھا۔ مگر دیوار کے ساتھ کاؤنٹر کے پاس والی پہلی نشست پر ایک منحنی سے صاحب سفید کرتے اور کُھلے پائنچے کے پاجامے میں ملبوس، دبیز شیشوں کی عینک لگائے اس شور سے بے نیاز انتہائی انہماک سے کسی کتاب کے مطالعہ میں مصروف تھے۔ ان کے سامنے چائے کا ایک کپ دھرا تھا۔ جس کے آس پاس سگریٹ کا دُھواں رقص کر رہا تھا۔ مجھے وہ صاحب پہلی نگاہ ہی میں مختلف اور منفرد لگے۔ بعد میں میرے دوست وسیم گوہر نے بتایا کہ ان کا نام زاہد ڈار ہے اور یہ کہ وہ نظم کے شاعر اور مطالعہ کے رسیا ہیں۔

ڈاکٹر صاحب!

پھر ٹی ہاؤس میں جب میں باقاعدہ جانے لگا، حلقہ اربابِ ذوق کا رُکن بھی بن گیا اور رُکنیت کے اگلے ہی برس سالانہ انتخابات میں جائنٹ سیکرٹری کے عہدہ کے لیے الیکشن کے میدان میں بھی اُتر گیا یا اتار دیا گیا تو انتخابی مہم کے سلسلہ میں حلقہ کے سبھی اراکین سے رابطہ کرنا پڑا۔ ظاہر ہے اراکین کی فہرست میں زاہد ڈار صاحب کا نام بھی شامل تھا تو ان سے بھی ووٹ طلب کرنے پہنچ گیا۔ وہ اس وقت ٹی ہاؤس سے باہر ریلنگ پر بیٹھے تھے اور تب بھی تنہا تھے۔ ہاں، ایک کتاب ضرور ان کے بغل میں دبی تھی۔ شام ہو رہی تھی۔ وہ دُور شفق کا نظارہ کر رہے تھے یا بس یوں ہی خلا میں گھور رہے تھے؟ مجھے

معلوم نہ ہو سکا۔ مگر میرے تعارف اور انتخابی منشور کی فراہمی کے بعد ان کا ردِعمل قطعی مختلف تھا یعنی انہوں نے کوئی جواب نہ دیا۔ میری باتیں تاثر سے عاری چہرے کے ساتھ سُنیں، پمفلٹ تھاما۔ اسے ایک نظر دیکھنے کی بھی زحمت نہ کی اور جب تک میں بولتا رہا وہ عجیب معنی خیز نظروں سے مجھے دیکھتے رہے جیسے کہہ رہے ہوں:

"اچھا، یہ انتخاب جس کے لیے تم اتنی تگ و دو کر رہے ہو اگر بالفرض جیت بھی گئے تو کیا تیر مار لو گے؟"

میں نے دن بھر کی کارکردگی کی زبانی 'رپورٹ' رات گئے اپنے 'انتخابی مشیر' جناب مبارک احمد کی خدمت میں پیش کی تو زاہد ڈار صاحب کے بارے میں بھی بتایا تو مبارک صاحب نے قہقہہ لگاتے ہوئے کہا:

"اسے چھوڑیئے آپ۔ وہ ایسا ہی ہے۔ ووٹ آپ ہی کو دے گا۔ اُس کا معاملہ مجھ پر اور سعادت سعید پر چھوڑ دیجیے۔"

پھر میں زاہد ڈار صاحب کو مسلسل ٹی ہاؤس کے اندر، باہر دیکھتا رہا۔ کبھی وہ حلقہ کے اجلاس میں شرکت کے لیے گیلری میں بھی آ جاتے۔ کراچی سے ڈاکٹر آصف فرخی لاہور آئے تو ٹی ہاؤس میں ان سے بھی باتیں کرتے رہے لیکن مجھ سے باقاعدہ ملاقات کی کوئی صورت نہ بن سکی۔ ہاں کتاب اور مطالعہ سے ان کے عشق کی داستانیں اُس دور میں بھی لاہور کی ادبی فضاؤں میں گونجا کرتی تھیں۔

میں دیکھتا تھا کہ وہ ٹی ہاؤس میں داخل ہوتے اور سیدھا اپنی مخصوص نشست پر جا بیٹھتے اور پھر چائے، کتاب اور دُھواں ان کے رفیق ہو جاتے۔ میں نے انہیں نہ کبھی کسی اور کی طرف بڑھتے ہوئے دیکھا اور نہ ہی کسی کو اپنے پاس بیٹھنے کو مدعو کرتے۔ لوگ ان سے ملنا چاہتے تھے مگر وہ ان سے کتراتے تھے اور کبھی کبھار تو قریب کھڑے یا بیٹھے لوگوں کو بھی نظر انداز کر دیتے تھے۔ شاید یہی ان کا مزاج تھا۔

ڈاکٹر خالد سہیل صاحب

ٹی ہاؤس کی ان دنوں کی دنیا عجب رنگا رنگ تھی۔ اس میں جہاں ہمیں زاہد ڈار جیسے مردم گریز تخلیق کار دکھائی دیتے تھے وہاں ایسے لکھنے والے بھی متواتر نظر آتے تھے جن سے دوسرے گریز کرتے تھے۔ ایسی ہی ایک شخصیت منفرد لب ولہجہ کے شاعر اقبال ساجد تھے۔ وہ بھی باقاعدگی سے اس چائے خانہ میں آتے اور میں دیکھتا کہ اکثر احباب نہیں چاہتے تھے کہ اقبال ساجد ان کے میز پر آ بیٹھیں۔ وجہ اس گریز کی یہ بتائی جاتی تھی کہ وہ شراب نوشی کے عادی ہیں اور نشہ پورا نہ ہونے کی صورت میں بھی اور نشہ میں ہونے کی صورت میں بھی 'غیر محتاط' باتیں کرتے ہیں۔ وہ دعویٰ کرتے ہیں کہ وہ شہر کے کئی معروف شعرا اور شاعرات کو معاوضہ پر کلام لکھ کر دیتے ہیں۔ جیسا کہ وہ خود کہتے تھے:

روشن ہوئے ہیں لوگ مِرا فن خرید کر

ان سے ایک گلہ یہ بھی کیا جاتا کہ وہ اپنے ہم عصر سینئر شعرا پر بھی الزام لگاتے ہیں کہ وہ نہ صرف ان کے اشعار 'چُراتے' ہیں بلکہ اچھی اور ان سے بہتر شاعری کے سبب ان سے حسد بھی کرتے ہیں۔ مثلاً ان کی ایک غزل کا یہ مطلع اس دور میں خاصا مشہور ہوا:

نئے زمانہ میں ان کا جواز کچھ بھی نہیں
فراق و فیض و ندیم و فراز کچھ بھی نہیں

وہ احمد ندیم قاسمی صاحب کو بھی اپنے حاسدین کی فہرست میں شامل کرتے تھے۔ مجھے یاد ہے میں والد صاحب محترم یزدانی جالندھری کے ساتھ ریڈیو پاکستان لاہور کے اس مشاعرہ کی ریکارڈنگ میں موجود تھا جس میں اقبال ساجد صاحب اپنی طنزیہ لہجہ کی غزل سناتے ہوئے مسلسل ندیم صاحب کی طرف دیکھتے رہے گویا غزل کی زبان میں انہی سے مخاطب ہوں۔ ان کی اس غزل کے اشعار کے تیور ذرا دیکھیے:

ہر کسی کو کب بھلا یوں مسترد کرتا ہوں میں
تُو ہے خوش قسمت اگر تجھ سے حسد کرتا ہوں میں

بغض بھی سینے میں رکھتا ہوں عداوت کی طرح
نفرتیں کرنے پہ آ جاؤں تو حد کرتا ہوں میں

کچھ شعوری سطح پر، کچھ لاشعوری طور پر
کارِ فکر و فن میں اب سب کی مدد کرتا ہوں میں

مشاعرہ کے بعد میں نے خالد احمد، نجیب احمد، قائم نقوی اور کچھ دوسرے دوستوں کو اقبال ساجد کے اس 'اندازِ جسارت' پر خفگی کا اظہار کرتے سُنا۔

لیکن یہ میرا پہلا موقع نہ تھا اقبال ساجد کو سننے کا۔ میں نے انہیں پہلی بار ستّر کے عشرے کے اواخر میں الشجر بلڈنگ، نیلا گنبد میں واقع ایک نجی تعلیمی ادارہ میں منعقدہ اس محفلِ مشاعرہ میں سنا تھا جس کا اہتمام ڈاکٹر تبسم رضوانی صاحب کی ادبی تنظیم مجلس شمع ادب نے کیا تھا۔ میں ان دنوں ہائی سکول میں پڑھتا تھا اور بطور سامع والد صاحب کے ساتھ ادبی تقاریب میں شرکت کرنے لگا تھا۔ اقبال ساجد کی پہلی غزل نے ہی مجھ پر گہرا اثر چھوڑا کیوں کہ ان کا شعر کہنے کا ڈھنگ دیگر شعرا سے مختلف تھا۔ ان کی غزل کی زمین بھی منفرد تھی۔ اس شام سُنی ان کی غزل کا مطلع آپ بھی پڑھ لیجیے:

سورج ہوں زندگی کی رمق چھوڑ جاؤں گا
میں ڈُوب بھی گیا تو شفق چھوڑ جاؤں گا

اور بعد ازاں ان کی متعدد غزلیں سنیں اور پڑھیں:

وہ چاند ہے تو عکس بھی پانی میں آئے گا
کردار خود اُبھر کے کہانی میں آئے گا

......

دہر کے اندھے کنویں میں کس کے آوازہ لگا
کوئی پتھر پھینک کر پانی کا اندازہ لگا

......

کل شب دلِ آوارہ کو سینے سے نکالا
یہ آخری کافر بھی مدینے سے نکالا

......

غار سے سنگ ہٹایا تو وہ خالی نکلا
کسی قیدی کا نہ کردار مثالی نکلا

ڈاکٹر صاحب!

جب میں گورنمنٹ کالج لاہور میں داخلہ کے بعد اسّی کے اوائل میں لاہور کے ادبی حلقوں میں متعارف ہونا شروع ہوا تو اقبال ساجد ایک منفرد و ممتاز شاعر کے طور پر اپنی پہچان بنا چکے تھے۔ میں دیکھتا تھا کہ ایک طرف جہاں ان کے اشعار کی قدر افزائی ہو رہی ہے وہاں دوسری جانب ان کی شخصیت اور طرزِ عمل کو تنقید کا نشانہ بنایا جا رہا ہے۔ مثلاً دوست بتاتے تھے کہ وہ شراب پینے کے لیے ان سے رقم ادھار مانگتے رہے ہیں اور یہ کہ ان کی اس عادت اور نامساعد معاشی حالات کے باعث ان کے اہلِ خانہ سخت پریشانیوں اور مشکلات کا شکار ہیں۔ اس ضمن میں وہ ریواز گارڈن میں ان کے پڑوسی معروف شاعر اور لکھاری احمد راہی صاحب کا بھی نام لیتے کہ وہ ان کے خاندان کی کس مپرسی کے عینی شاہد ہیں۔ میرے مشاہدہ کی حد تک لاہور کے ادبی حلقوں میں ان کا کوئی قریبی دوست نہ تھا۔ ان کی طرف دوستی کا ہاتھ بڑھانے میں کئی امور میرے دامن گیر رہے؛ ایک تو عمر کا تفاوت، دوسرے میری طبع کم آمیز اور پھر انہیں احباب سے اُلجھتے دیکھنا۔ میں ان کی شاعری کا مداح ہونے کے باوصف ان سے حدِ فاصل بنائے رہا۔

ڈاکٹر صاحب!

آپ خود تخلیق کار ہونے کے ساتھ ساتھ ایک ماہرِ نفسیات اور ایک تھیراپسٹ

ہیں اور بخوبی سمجھتے ہیں کہ معاشی وسائل کی عدم دست یابی اور اسی پر مہنگا شوق یا علت کسی فرد اور اس کے اہلِ خانہ کو معاشرہ میں کن مشکل حالات سے دوچار کر سکتے ہیں۔ اقبال ساجد کو دیکھ کر لامحالہ مجھے والد صاحب کے ایک اور شاعر دوست ساغر صدیقی یاد آ جاتے۔ انسان کی احتیاج اس کی سوچ کو کس رُخ پر لے جاتی ہے۔ اقبال ساجد کا ایک شعر دیکھیے:

آج کے دن بھی مِرا رزق نہ اُترا مجھ پر
آج کے دن بھی پڑوسی مِرے رازق ٹھہرے

تاہم، دل چسپ امر یہ کہ برسوں کی ملاقات کے باوصف دوستوں کے بیانات کے برعکس انہوں نے مجھ سے کبھی رقم کا تقاضا نہیں کیا بلکہ ایک دوبار مجھے کھانے کی دعوت ہی دی۔

مجھے یاد ہے چودہ اگست کا دن قریب آ رہا تھا۔ ہم نے ریڈیو پاکستان لاہور کے لیے خصوصی آزادی مشاعرہ ریکارڈ کروایا تھا اور پھر پاکستان نیشنل سنٹر میں منعقدہ شعری تقریب میں بھی ایک ساتھ شرکت کی تھی۔ واپسی پر رات ہوگئی۔ ہم مال روڈ کی رنگارنگ روشنیوں کے جِلو میں پاک ٹی ہاؤس پہنچے تو وہ بند ہو رہا تھا۔ اقبال ساجد صاحب نے اس پر اپنی ناراضی کا اظہار کیا اور کچھ 'نازیبا' الفاظ بھی کہہ گئے۔ وہاں اس وقت چند اور نوجوان شاعر دوست بھی جمع تھے جنہوں نے یہ سوچ کر کہ وہ نشے میں ہیں ان کا 'مذاق' اُڑانا شروع کر دیا۔ اقبال ساجد صاحب نے چند منٹ ان کے 'حملوں' کا جواب دیا اور پھر آگے بڑھے، میرا بازو تھاما اور تقریباً کھینچتے ہوئے بولے:

"تم نکلو بے شناخت لوگوں کے اس ہجوم سے۔ تمہارا ان میں کیا کام؟"

میں نے کہا:

"اقبال ساجد صاحب، یہ میرے دوست ہیں۔"

انہوں نے میرا بازو چھوڑ دیا اور اپنے دونوں ہاتھ میرے شانوں پر رکھتے

ہوئے بولے:

"دیکھو، ان کا کوئی ادبی پس منظر نہیں۔کوئی شناخت نہیں۔ یہ مجھے کچھ بھی کہہ لیں مجھے کیا فرق پڑتا ہے! مگر تم۔"

میں نے فوراً کہا کہ میں نے تو آپ کے بارے میں کچھ نہیں کہا۔تو میری آنکھوں میں دیکھتے ہوئے رک رک کر کہنے لگے:

"تم ایک جینوئن شاعر کے بیٹے ہو۔ یزدانی جالندھری کے بیٹے۔تمہارا ان ناہنجاروں کے ساتھ کھڑے رہنا بھی مجھے گوارا نہیں۔ چلو، یہاں سے۔ میں تمہیں انارکلی سے اچھا سا کھانا کھلاتا ہوں۔"

میں نے تردّد کیا تو جیب میں ہاتھ ڈالا اور کچھ نوٹ دکھاتے ہوئے بولے:

"ارے، واقعی میں ہی کِھلاؤں گا۔ پیسے ہیں میرے پاس۔ یہ دیکھو۔"

میں نے ادب سے کہا کہ وجہ پیسوں کی نہیں۔ دراصل مجھے بھوک نہیں اور پھر یہ کہ انہیں بھی اب گھر جانا چاہیے۔ یہ سن کر وہ کچھ جذباتی سے ہو گئے۔ کہنے لگے کہ میں بھی یہی سمجھتا ہوں کہ کھانا کھانے کے بعد وہ بل نہ چکا پائیں گے۔

میں نے ہزار سمجھانے کی کوشش کی کہ میں ایسا نہیں سمجھتا مگر وہ خفگی کے انداز میں کچھ بڑبڑاتے ہوئے سڑک کے دوسری جانب چل دیے۔ اُس سڑک کی جانب جو انارکلی کی جانب بھی جاتی ہے اور ریواز گارڈن کی طرف بھی۔ وہ اس رات وہاں سے انارکلی گئے تھے یا ریواز گارڈن اپنے گھر۔ مجھے کبھی معلوم نہیں ہو سکا۔

ڈاکٹر صاحب!

شعر و شراب کی لہروں میں بہتا یہ باکمال شاعر زندگی کے نشیب و فراز کے ہچکولے برداشت کرتا ہوا انیس سو اٹھاسی میں اس دارِ فانی رخصت ہو گیا۔ایک ایسے سماج میں جہاں معاشی اور معاشرتی ناہمواری کے جھکڑ چلتے ہوں، جہاں انسان کی عزتِ نفس

اور تخلیقی پہچان گروہی وابستگیوں اور چاپلوسیوں سے مشروط ہو اور جہاں مشکلات کے طوفان اور مسائل کے بھونچال مکینوں کی زندگیاں تہ و بالا کر دینے کے در پے ہوں وہاں اتنے سال جی جانا بھی کسی کرشمہ سے کم نہیں۔ اقبال ساجد کی شاعرانہ بصیرت تو دیوار و در ہلاتے ان طوفانوں اور بھونچالوں کو سماج کی بنیادوں میں بیٹھا دیکھتی تھی۔ اسی لیے تو وہ کہتے ہیں:

جہاں بھونچال بنیادِ فصیل و در میں رہتے ہیں
ہمارا حوصلہ دیکھو ہم ایسے گھر میں رہتے ہیں

جہاں تک ان کے شعری اثاثے کا تعلق ہے تو وہ کلیات کی صورت میں شائع تو ہوا مگر افسوس کہ ان کی زندگی میں نہیں۔

دیکھیے، ڈاکٹر خالد سہیل صاحب! آپ کے ادبی مکتوب کا جواب رقم کرتے ہوئے لاہور کی ایک ادبی شخصیت ہی نہیں ایک پورا دَور نگاہ کے سامنے گھوم گیا بلکہ چشمِ تصور میں پھر سے زندہ ہو گیا۔ میں یادوں کی اس نیم روشن بستی کی سیر کا موقع فراہم کرنے پر آپ کا شکر گزار ہوں۔

نیک تمناؤں کے ساتھ

آپ کا ادبی دوست

حامد یزدانی

یکم ستمبر دو ہزار چوبیس

ooo

حامد یزدانی کے "خاکی تھیلے" میں چھپے راز

ڈاکٹر خالد سہیل

اصحابِ کہف گہری نیند سے جاگے اور کچھ خریدنے بازار گئے تو انہیں شہر کے لوگوں نے بتایا کہ ان کے سِکّے پرانے اور متروک ہو چکے ہیں۔ یہ بات سن کر اصحابِ کہف کو اندازہ ہوا کہ وہ ایک طویل عرصے تک سوتے رہے ہیں۔

اصحابِ کہف کی طرح حامد یزدانی کے افسانے "خاکی تھیلے" کا ہیرو جب کرونا وبا کے ختم ہونے بعد بازار جاتا ہے اور اپنے محبوب کیفے میں داخل ہوتا ہے تو اسے احساس ہوتا ہے کہ کرونا وبا کی وجہ سے بہت کچھ بدل چکا ہے۔ خارجی طور پر بھی اور داخلی طور پر بھی۔ سماجی طور پر بھی اور نفسیاتی طور پر بھی۔ معاشی طور پر بھی اور معاشرتی طور پر بھی۔

کرونا وبا کی پہلی لہر آئی تو لوگ اپنے اپنے گھروں میں قید ہو گئے۔

شہر سنسان اور گلیاں ویران ہو گئیں۔

لوگوں کی آنکھوں میں خوف اور دلوں میں ڈر کے سائے گہرے ہونے لگے۔

وہ ایک دوسرے سے ملتے تو دُور دُور سے آنکھوں ہی آنکھوں میں ایک دوسرے سے کہتے:

کیا تم نے کبھی اپنا مقدر نہیں دیکھا
ہر گھر میں جو بستا ہے یہاں ڈر نہیں دیکھا

ہر شہر میں ایک انجانا اور اَن دیکھا وائرس کسی چور دروازے سے گھس آیا تھا ایسا

مشترکہ محبوبہ

وائرس جو موت کی خبر لے کر آیا تھا۔

لوگ حیران تھے پریشان تھے وہ نہیں جانتے تھے کہ یہ وائرس یہ موت کا فرشتہ کہاں سے آیا ہے؟ کس نے بھیجا ہے؟ کیا یہ کسی عالمی سازش کا حصہ ہے؟

وائرس کی پہلی لہر کے بعد دوسری پھر تیسری اور پھر چوتھی لہر آئی۔

وائرس سے بچنے کے لیے انفرادی اور اجتماعی طور پر مقامی اور بین الاقوامی حفاظتی تدابیر کی گئیں۔

لوگوں نے مختلف رنگوں اور سائزوں کے ماسک پہننے شروع کر دیے۔

پہلے وہ روایت اور منافقت کے ماسک پہنتے تھے اب کاغذ اور کپڑے کے ماسک پہننے لگے۔

ایک دوسرے سے فاصلہ رکھنا شروع کر دیا۔

نہ کوئی دوست ہاتھ ملاتا، نہ کوئی آشنا گلے ملتا اور نہ ہی کوئی محبوب بوسہ دیتا۔

وقت کے ساتھ ساتھ وائرس سے بچنے کے لیے ڈاکٹروں اور سائنسدانوں نے مختلف قسم کی ویکسینز بنانی شروع کر دیں۔

خوف و ہراس کی فضا قدرے کم ہوئی تو لوگوں نے دوبارہ زندگی کے معمولات میں حصہ لینا شروع کیا۔

لوگوں نے جب اپنے پسندیدہ کلب، ریستوران اور کیفے میں جانا شروع کیا تو انہیں اندازہ ہوا کہ وہ عمارتیں باہر سے نہ بدلنے کے باوجود اندر سے بہت بدل چکی تھیں۔

حامد یزدانی کے افسانے کا ہیرو اپنے پسندیدہ کیفے میں جاتا ہے تو حیران بھی ہوتا ہے اور پریشان بھی۔ کیفے میں سب کچھ بدل چکا ہے۔

وہ جب میزبان مہ جبیں دوشیزہ سے پوچھتا ہے:

'وہ وہ فرنیچر کیا ہوا جو یہاں ہوتا تھا؟'

تو وہ پری وش اسے چہک چہک کر بتاتی ہے: 'اس جان لیوا وبا کی وجہ سے کیفے

بند ہوا تو خوش قسمتی سے ہمیں رینوویشن کا موقع مل گیا۔ دیکھیے سب کچھ نیا کر دیا ہے۔ دیواروں کے رنگ وروغن سے لے کر چھت، فرش اور میز، کرسی تک سب کچھ بالکل نیا اور دلکش۔نہیں کیا؟'

میزبان جس بات سے سُکھی ہے مہمان اسی بات سے دُکھی ہے۔

میزبان کو نیا پسند ہے اور مہمان کو پرانا۔

اس مکالمے کے بعد مہمان اور افسانے کے قاری کو احساس ہوتا ہے کہ جب تک ہم زندگی میں کسی چیز کو کھوتے نہیں اس وقت تک ہمیں اس چیز یا اس شخص کی اہمیت، افادیت اور معنویت کا پوری طرح اندازہ نہیں ہوتا۔

ہیرو کا ان پرانی کرسیوں، میزوں، دیواروں اور تصویروں سے ایک رشتہ تھا خاص رشتہ لیکن وبا کے بعد رینوویشن کے بعد وہ رشتہ ختم ہو چکا ہے۔

حامد یزدانی رقم طراز ہیں:

'اب وہ سارے لفظ جو یہاں بیٹھ کر سوچے اور جو مناظر ان کرسیوں پر بیٹھ کر دیکھے تھے اب انہیں کہاں ڈُھونڈوں! ان کرسیوں میزوں پر میرا اتنا کچھ تھا میرا لمس تھا ان پر۔وہ کیا ہوا؟'

ہیرو کے اس واقعے، اس واردات اور اس سانحے سے ماضی کے پرانے زخم تازہ ہو جاتے ہیں۔اسے یاد آنے لگتا ہے کہ اس کے بچپن اور نوجوانی میں اس کے ساتھ ایسے ہی واقعات پیش آئے۔اسے بتایا گیا کہ وہ اب ایک نئے گھر میں رہے گا۔اس سے اس کا مانوس ماحول چھین لیا گیا اور اس سے کسی نے پوچھا تک نہیں۔

'بس ایک دن بتا دیا جاتا ہے۔کوئی پوچھتا ہی نہیں مجھ سے'

حامد یزدانی ہمیں اس افسانے کے حوالے سے بتاتے ہیں کہ انسان کتنا عاجز اور کتنا مجبور ہے۔لوگ اس کا ماحول اور اس کی زندگی بدل دیتے ہیں اور وہ خاموش رہتا ہے۔

افسانے کا ہیرو کہتا ہے:

'مجھے یاد ہے میرے بچپن کے سبھی سِکّے ایک ایک کر کے متروک ہو گئے تھے'

حامد یزدانی کا یہ جملہ پڑھ کر مجھے اصحاب کہف کے متروک سکے یاد آنے لگے۔

افسانے کے ہیرو کا سب سے بڑا نفسیاتی المیہ اس جملے میں پوشیدہ ہے۔ حامد یزدانی لکھتے ہیں۔

'سب کچھ پھنکوا دیا۔ یہاں گزرا سارا وقت بھی کوڑے میں پھینک دیا۔ مجھ سے پوچھا تک نہیں'

کرونا وبا نے انسانوں کی ذات اور شخصیت کے بہت سے پہلوؤں کو اُجاگر کیا اور ہم پر منکشف کیا۔

ہمارے محبوب ریستوران، کلب اور کیفے یا بند ہو گئے یا بدل گئے اور ہم نہ کچھ کہہ سکے اور نہ ہی کچھ کر سکے۔ ہماری محبوب شاموں کی یادوں کو بے وقعت سمجھ کر کوڑے میں پھینک دیا گیا اور ہم خاموش تماشائی بنے رہے۔

کسی بھی کلب، کسی بھی ریستوران اور کسی بھی کیفے کے مالک کو اندازہ نہ تھا کہ ان کرسیوں، میزوں، دیواروں اور تصویروں کے ساتھ کتنے لوگوں کی کتنی خوشگوار اور دلگداز یادیں وابستہ ہیں۔

حامد یزدانی نے اپنے افسانے "خاکی تھیلے" میں کرونا وبا کی نفسیاتی اور سماجی حقیقتوں اور آزمائشوں کا تخلیقی اظہار کیا ہے۔

آج سے چند برس یا چند دہائیاں بعد جب کوئی طالب علم کرونا وبا کے اُردو ادب پر اثرات پر تحقیق کرے گا اور کرونا وبا کی کوکھ سے پیدا کی گئی تخلیقات کو یکجا کرے گا تو اس مجموعے میں حامد یزدانی کا یہ افسانہ ایک نمایاں مقام پائے گا۔ میں حامد یزدانی کو ایسا شاہکار افسانہ لکھنے پر مبارکباد پیش کرتا ہوں۔

ooo

مشترکہ محبوبہ

چوتھا باب

ادبی محبت نامے

حامد یزدانی کے نام پہلا خط

خالد سہیل

محترمی و معظمی و مکرمی حامد یزدانی صاحب!

میں اپنی مشرق و مغرب میں گزاری ہوئی طویل زندگی میں بہت سے ادیبوں، شاعروں اور دانشوروں سے مل چکا ہوں لیکن ان میں سے بہت کم ایسے تھے جن سے سنجیدہ مکالمہ ممکن تھا۔ مجھے یوں محسوس ہوتا ہے جیسے ہماری دوستی اب اس موڑ پر آ گئی ہے جہاں ہم زندگی کے مختلف موضوعات پر بے تکلفی سے تبادلہ خیال کر سکتے ہیں:

چاہے وہ شاعری ہو یا افسانہ نگاری

چاہے وہ انٹرویوز ہوں یا تراجم

چاہے وہ علم نفسیات ہو یا علم سماجیات

یہ سب ادبی جہتیں ہماری مشترکہ محبوبائیں ہیں جن کے عشوہ و غمزہ و انداز و ادا سے ہم دونوں بخوبی واقف ہیں۔

یہ ادبی محبت نامہ دراصل ایک دعوت نامہ ہے۔

یہ ہماری ادبی دوستی کی غزل کا مطلع ہے۔ اگر آپ اس کا حسن مطلع رقم کریں گے اور جوابی ادبی محبت نامہ بھیجیں گے تو پھر ہم اس حوالے سے بات آگے بڑھائیں گے کہ ہم کن کن موضوعات پر تبادلہ خیال کر سکتے ہیں۔ ایسے موضوعات جو ہم دونوں کے

مشترکہ محبوبہ

لیے اپنے دامن میں دلچسپی کا سامان رکھتے ہوں۔

میں کافی عرصے سے اپنا ایک ادبی خواب شرمندہ تعبیر کر رہا ہوں اور وہ خواب دیگر ادیبوں کے ساتھ مل کر خطوط کا تبادلہ کرنا اور پھر ان خطوط کو کتابی صورت میں شائع کرنا ہے۔ میں آپ سے اس خواب کے شرمندہ تعبیر ہونے کے بارے میں ایک تفصیلی خط لکھنا چاہتا ہوں۔

آپ کی کیا رائے ہے؟

آپ کا ادبی ہم سفر
خالد سہیل
۲۲ فروری ۲۰۲۳ء

ooo

دوسرا ادبی محبت نامہ

خالد سہیل

محترمی ومکرمی حامد یزدانی صاحب!

میری زندگی کے بہت سے خواب جو شرمندہ تعبیر ہوئے ان میں سے ایک خواب ادبی محبت ناموں کا تھا۔ میرا خواب تھا کہ دو ادیب مل کر ایک کتاب لکھیں جو ادبی خطوط پر مشتمل ہو۔ وہ خواب کئی سالوں کے بعد اس وقت شرمندہ تعبیر ہوا جب میں نے رابعہ الربا کے ساتھ کتاب ''درویشوں کا ڈیرا'' لکھی۔ اس کتاب کے بیک کور پر میرا ایک خط چھپا جو کچھ یوں ہے۔

خطوط کی پینٹنگ

درویش کا رتجگا کرنے والی رابعہ کو سلام

درویش نجانے کب سے یہ سوچ رہا ہے کہ رابعہ اور درویش کے خطوط کا سلسلہ ایک پینٹنگ کی صورت اختیار کرتا جا رہا ہے۔ ایسی پینٹنگ جس میں وقت کے ساتھ ساتھ مختلف رنگ اُبھرتے آ رہے ہیں۔ درویش نے جب ان خطوط کو غور سے پڑھا تو اسے ان میں قوسِ قزح کی طرح سات رنگ دکھائی دیے۔ وہ جانتا ہے کہ کچھ رنگ ایسے بھی ہیں جو اس کی نگاہ سے ابھی اوجھل ہیں۔

پہلا رنگ ایک مکالمے کا ہے

دوسرا رنگ آپ بیتی کا ہے

تیسرا رنگ جگ بیتی کا ہے

چوتھا رنگ ادب کا ہے

پانچواں رنگ روحانیات کا ہے

چھٹا رنگ نفسیات کا ہے

ساتواں رنگ دوستی کا ہے اور یہ رنگ آہستہ آہستہ باقی رنگوں پر غالب آتا جا رہا ہے کیونکہ اس دوستی میں خلوص بھی ہے اپنائیت بھی، عزت بھی ہے احترام بھی اور سب سے اہم بات ایک دوسرے سے کچھ سیکھنے کا عمل بھی شامل ہے۔ درویش رابعہ کی نثر سے بہت متاثر ہوا ہے۔ اس نثر میں شاعری ہے، روانی ہے اور دانائی ہے۔ یہ مکالمہ دو ایسے ادیب دوستوں کا مکالمہ ہے جو سچ کی تلاش میں نکلے ہوئے مسافر ہیں۔

درویش کا برسوں کا خواب تھا کہ کسی رابعہ کے ساتھ ادبی خطوط کا تبادلہ کرے کیونکہ وہ جانتا تھا کہ خطوط کا دامن غزل، نظم، افسانے، مقالے اور ڈرامے سے زیادہ وسیع اور کشادہ ہے کیونکہ خطوط میں شعور اور لاشعور کی رَو میں بہہ کر خیالات، جذبات، نظریات اور تجربات جب الفاظ میں ڈھلتے ہیں تو وہ باقی اصناف سے مختلف ہو جاتے ہیں۔

درویش کا خیال ہے کہ خطوط کو اُردو ادب میں وہ مقام نہیں ملا جن کے وہ مستحق تھے۔ خطوط کو ذاتی تحریر سمجھ کر نظر انداز کیا گیا ہے۔ غالب کے خطوط کو عزت ملی لیکن وہ خطوط بھی یک طرفہ ٹریفک تھے۔ درویش خطوط کی دو طرفہ ٹریفک کے بارے میں سوچا کرتا تھا لیکن اس کے لیے ایک اور لکھاری کی ضرورت تھی۔ درویش نے ایک دو دفعہ کوشش بھی کی اور دو ادیب فرضی طور پر رابعہ بھی بن گئے اور چند خطوط کا تبادلہ بھی ہوا لیکن پھر وہ سلسلہ چند وجوہات کی وجہ سے منقطع ہو گیا۔ درویش کو بالکل اندازہ نہ تھا کہ اسے ایک دن سات سمندر پار ایک حقیقی رابعہ مل جائے گی اور اس کا ادبی خواب شرمندہ تعبیر ہو جائے گا۔ درویش رابعہ سے ادبی، سماجی اور نظریاتی تبادلہ خیال سے بہت خوش

ہے اوراس کا تہہ دل سے شکریہ ادا کرنا چاہتا۔ درویش رابعہ سے کبھی نہیں ملا لیکن پھر بھی اس سے ایک ادبی تعلق محسوس کرتا ہے۔ دوستی کی ایک تعریف یہ ہے کہ اس میں فریقین ایک دوسرے کی بہترین صفات کو اُجاگر کرتے ہیں۔ آج کے دَور میں کسی مشرقی مرد اور عورت کی تخلیقی دوستی نایاب نہیں تو کمیاب ضرور ہے۔ رابعہ کا اس کے بارے میں کیا خیال ہے؟

حامد یزدانی صاحب!

میں نہیں جانتا کہ آپ نے "درویشوں کا ڈیرا" کتاب پڑھی ہے یا نہیں لیکن اس ایک خط سے آپ کو کتاب کی شخصیت کا اندازہ ہو گیا ہو گا۔

رابعہ الربا کی، 'ہم سب' کے مدیر اعلیٰ وجاہت مسعود سے بھی دوستی ہے۔ جب رابعہ نے وجاہت کو بتایا کہ انہوں نے میرے ساتھ ادبی و نظریاتی خطوط کا تبادلہ کیا ہے تو وجاہت نے ان خطوط کو چھاپنے کا مشورہ دیا۔ اس طرح کئی مہینوں تک ہمارے خطوط باقاعدگی سے 'ہم سب' پر چھپتے رہے اور بہت مقبول ہوئے۔

اسی دوران رابعہ نے میرا تعارف نعیم اشرف سے کروایا جو ایک ادب دوست انجینئر ہیں۔ وہ افسانے بھی لکھتے ہیں اور تراجم بھی کرتے ہیں۔ جب مجھے پتہ چلا کہ انہوں نے The Forty Rules of Love by Elif Shafak کا اردو میں اور اردو کے سو افسانوں کا انگریزی میں ترجمہ کیا ہے تو میں نے نعیم اشرف کو مشورہ دیا کہ وہ درویشوں کے ڈیرے کا انگریزی میں ترجمہ کریں۔ وہ مان گئے اور ان کا ترجمہ Darvesh's Inn کے نام سے چھپا۔ یہ خطوط کی دوسری کتاب تھی۔

درویشوں کے ڈیرے کے چھپنے کے بعد بہت سے ادیبوں کے ساتھ خطوط کا تبادلہ ہوا۔ کسی کے ساتھ دو خط کسی کے ساتھ چار اور کسی کے ساتھ چالیس۔ وہ سب خطوط ایک تیسری کتاب میں چھپے جس کا نام میں نے "ادبی محبت نامے" رکھا۔

نعیم اشرف کے ساتھ دوستی بڑھی اور مختلف موضوعات پر تبادلہ خیال ہوا تو ہمارا عالمی ادب کے مشہور ناولوں کے حوالے سے انگریزی میں خطوط کا تبادلہ ہوا۔۔۔اور

Literary Love Letters کے نام سے چھپا یہ ہماری چوتھی کتاب تھی۔

اسی دوران میری ملاقات ایک ماہرِ نفسیات سے ہوئی جن کا نام کامران احمد ہے۔ کامران احمد نے اقوام متحدہ کے ساتھ کئی سال اور دنیا کے کئی ممالک میں کام کیا ہے۔ انہیں اپنے ایک پاکستانی سیمینار میں ایک ایسا نوجوان ملا جو ایک زمانے میں شدت پسند اور بنیاد پرست مسلمان تھا اور پھر وہ ایک امن پسند انسان دوست بن گیا۔ جب اس نے کامران کو بتایا کہ تشدد سے امن کے سفر میں کینیڈا کے ڈاکٹر خالد سہیل نے اس کی رہنمائی اور مدد کی ہے تو کامران احمد نے اسے بتایا کہ میں بھی ہجرت کر کے کینیڈا جا رہا ہوں۔ اس نوجوان نے کامران احمد کو مشورہ دیا کہ وہ مجھ سے ملیں۔ ہماری ملاقات ہوئی تو میں نے مشورہ دیا کہ ہم امن اور روحانیات کے حوالے سے خطوط کا تبادلہ کریں۔ کامران احمد نے کہا کہ انہوں نے علمی و تحقیقی مقالے تو بہت سے لکھے ہیں لیکن خطوط نویسی نہیں کی۔ میں نے کہا کوشش کر کے دیکھیں۔ کامران نے خطوط لکھنے شروع کیے تو خیالات وجذبات کا دریا بہنے لگا اور ہم نے تین ماہ میں Two Candles of Peace کے نام سے کتاب مکمل کر لی۔ یہ میری خطوط نویسی کی پانچویں کتاب تھی۔

جب کامران احمد اور میں اپنے کزن نوروز عارف اور ان کی بیگم چندا سے ملنے مونٹریال گئے تو نوروز عارف مجھ سے ملوانے ایک نوجوان آرٹسٹ کو لے کر آئے جن کا نام نوال واجد تھا۔ واپس امریکہ جانے کے بعد نوال سے بھی ان کے تخلیقی، نفسیاتی اور خاندانی مسائل کے بارے میں تبادلہ خیال ہوا اور ایک کتاب مرتب ہوئی جس کا نام نوال نے Uncaged رکھا۔ اس کتاب کا کور ان کی اس پینٹنگ سے بنایا گیا جو انہوں نے مجھے پہلی ملاقات کے وقت تحفے کے طور پر دی تھی۔

یہ میری اس سلسلے کی چھٹی کتاب تھی۔

نوال کے بعد ایک اور نوجوان خاتون سے خط و کتابت ہوئی جن کا نام مقدس مجید ہے۔ مقدس مجید لاہور کی یونیورسٹی میں نفسیات اور سماجیات کی طالبہ تھیں اور میرے

کالم اور کتابیں شوق سے پڑھتی تھیں۔ وہ میرے ساتھ پاکستانی نوجوانوں کے مسائل کے حوالے سے تبادلہ خیال کرنا چاہتی تھیں۔ ہمارے مشترکہ خطوط کے مجموعے کا نام ''نئے خواب نیا نصاب'' رکھا گیا۔ وہ کتاب پاکستان سے چھپی اور مقبول ہوئی۔ یہ میری ساتویں کتاب تھی۔

اسی دوران میری اپنی ایک مریضہ کے ساتھ خط وکتابت ہوئی جن کے ساتھ بچپن میں بہت سی جسمانی، ذہنی اور جنسی زیادتیاں ہوئی تھیں اور کئی برسوں کی تھیراپی کے بعد وہ صحتمند ہوئی تھیں۔ اس کتاب کا نام Sharing the Secret رکھا جو میری آٹھویں کتاب تھی۔ اس کتاب کا اُردو مین ترجمہ مقدس مجید نے کیا اور اسے ''راز پر لب کشائی'' کے نام سے پاکستان سے چھپوایا۔ یہ میری نویں کتاب تھی۔

اب تک جو خطوط کی کتابیں تھیں ان میں مختلف موضوعات پر سنجیدہ مکالمہ ہوا تھا۔ مرزا یاسین بیگ نے مشورہ دیا کہ ہم مل کر ایک ایسا ناول لکھیں جو خطوط پر مشتمل ہے اور وہ عورت بن کر خط لکھیں۔ میں نے ان کا مشورہ قبول کیا اور مرزا یاسین بیگ کے ساتھ مل کر ایک ناول ''پاپی'' لکھا۔ وہ ناول بھی بہت مقبول ہوا۔ یہ میری دسویں کتاب تھی۔

اسی دوران میری ملاقات کئی دہائیوں بعد اپنے دوست سہیل زبیری سے ہوئی۔ ہم اپنے بچپن میں پشاور کی گلیوں اور بازاروں میں سیر کرتے تھے اور سائنس، ادب، فلسفہ، مذہب اور نفسیات پر تبادلہ خیال کرتے تھے۔ پھر زندگی کی مختلف مصروفیات کی وجہ سے ہم جدا ہو گئے۔ وہ سائنسدان بن گئے اور میں ماہر نفسیات۔ ہم دوبارہ ملے تو مکالمہ وہیں سے شروع ہوا جہاں ہم نے نصف صدی پہلے چھوڑا تھا۔ اس مکالمے سے ہم نے مل کر دو کتابیں لکھیں

Religion, Science and Psychology, Vol 1 & 2

یہ میری اس سلسلے کی گیارہویں اور بارہویں کتابیں تھیں۔

حال ہی میں نعیم اشرف نے پہلی جلد کا اُردو میں ترجمہ بھی کیا اور اس کتاب کا نام ''مذہب، سائنس اور نفسیات'' رکھا ہے۔ جو خطوط کے سلسلے کی تیرہویں کتاب ہے۔

چند سال پیشتر میری ملاقات بنگلہ دیش کی ایک انسان دوست ٹیچر ٹانیا ایکون سے ہوئی۔ وہ بھی ایک روایتی مسلمان گھرانے میں پیدا ہوئیں اور بعد میں دہریہ بن گئیں۔ انہوں نے مجھے اپنے ٹورانٹو کے انسان دوست گروپ Oasis میں اپنے خیالات کے اظہار کے لیے بلایا اور ہم دونوں کا سنجیدہ مکالمہ شروع ہوا جو خطوط کے تبادلے پر منتج ہوا اور ہم نے مل کر ایک کتاب ان نوجوانوں کے لیے لکھی جو روایتی مذہب کی شاہراہ چھوڑ کر اپنے من کی پگڈنڈی پر چل نکلتے ہیں۔ اس کتاب میں ہم دونوں نے انہیں بتایا ہے کہ اس راستے میں کیا دُشواریاں اور کیسی آزمائشیں پیش آسکتی ہیں۔ ہم نے کتاب کا نام Becoming A Humanist رکھا ہے جو عنقریب چھپ کر ایمیزون پر آنے والی ہے۔ یہ میری خطوط نویسی کی چودھویں کتاب ہوگی۔

اور پچھلے چند ہفتوں میں مَیں نے آپ کے ساتھ عارف عبدالمتین کے حوالے سے خطوط کا تبادلہ کیا ہے جو 'ہم سب' پر چھپا بھی ہے اور مقبول بھی ہوا ہے۔

اگر آپ چاہیں تو ہم ان ادیبوں، شاعروں اور دانشوروں کے حوالے سے تبادلہ خیال کر سکتے ہیں جن سے یا ہم دونوں کی ملاقاتیں ہوئی ہیں اور یا جنہوں نے ہمیں انسپائر کیا ہے۔ آپ کا کیا خیال ہے؟

آپ کا ادبی دوست

خالد سہیل

۶ مارچ ۲۰۲۳ء

ooo

عارف عبدالمتین: حرفِ احتجاج سے حرفِ دُعا تک

خالد سہیل، حامد یزدانی

ڈاکٹر خالد سہیل کا تیسرا خط

حامد یزدانی صاحب!

آپ نے عارف عبدالمتین کے نظریاتی ارتقا کا ذکر کیا ہے۔ میں نے اس تبدیلی کی تفہیم کے لیے ایک انٹرویو میں ان کو چیلنج بھی کیا اور ان کے عزیزوں کے چند انٹرویو بھی کیے۔ میں اس خط میں ان کے خیالات میں ارتقا کا ادبی اور نظریاتی تجزیہ آپ کی خدمت میں پیش کرتا ہوں۔ امید ہے آپ کو پسند آئے گا۔

عارفؔ عبدالمتین کی ایک یک مصرعی نظم ہے:

نئی نسل سے: تُو مرے افکار کی راحت بھی بن ناقد بھی بن

زندگی کا ایک وہ دور تھا جب عارف عبدالمتین بائیں بازو کے ادیبوں، مفکروں اور دانشوروں کی صفوں میں کھڑے نظر آتے تھے۔

ترقی پسند تحریک کے سرگرم رکن تھے۔

مارکس، اینجلز، لینن اور ماؤزے تنگ کو اپنا ہیرو مانتے تھے۔

فرسودہ روایات کوتنقیدی نگاہ سے دیکھتے تھے۔

غریبوں، مزدوروں اور کسانوں کے بارے میں پریشان رہتے تھے۔

اور

جابروں، آمروں اور ظالموں کو للکارتے تھے۔

نوجوانی کے اُس دَور میں اُن کے لہجے میں جوش تھا، جلال تھا، احتجاج تھا، بغاوت تھی، للکار تھی۔ ان کے شعروں میں قربانی دینے کا جذبہ نمایاں تھا۔ فرماتے ہیں:

ے
چلی جو بادِ حوادث تو دل نے تن کے کہا
یہ شاخ ٹوٹ تو سکتی ہے جھک نہیں سکتی

ے
تم دربار کے پروردہ ہو ہم پیکار کے رسیا ہیں
تم کیا جانو سر کٹوانا ہم کیا جانیں سر کا خم

ے
زہر کو امرت لکھ نہ سکیں گے ہاتھ قلم ہر چند کرو
اپنا فن ہے حسن صداقت فن کی امانت اپنا قلم

لیکن پھر وہ ایک نفسیاتی بحران کا شکار ہو گئے۔ کچھ عرصے کے لیے اپنی تلاش میں گوشہ نشین ہو گئے۔ اپنے قلب کی گہرائیوں میں کھو گئے۔ اپنی روح کی گہرائیوں میں اتر گئے۔ اس عرصے میں

نجانے کتنے سورج غروب ہو گئے
نجانے کتنے چاند گہنا گئے
نجانے کتنے موسم گرما موسم سرما میں بدل گئے
نجانے کتنے موسم بہار موسم خزاں میں ڈھل گئے

انہوں نے نجانے کتنی راتیں جاگتے گزار دیں

لکھتے ہیں:

عارف دیوانہ ہے۔ چاند سے شب بھر باتیں کرتا رہتا ہے

اور جب وہ اپنی ذات کی دلدل سے نئی شناخت کا کنول بن کر اُبھرے تو انہوں نے مذہب کا سنجیدگی سے مطالعہ کیا

تصوف کو سینے سے لگایا اور

اسلامیات کی ڈگری حاصل کی۔

ان کی نعتوں کا مجموعہ 'بے مثال' شائع ہوا تو دائیں بازو کے دانشوروں نے انہیں گلے لگایا اور جدید نعت لکھنے والوں نے انہیں بہت سراہا۔

عارف عبدالمتین کی شاعری، شخصیت اور طرزِ زندگی میں یہ انقلاب ان کے بہت سے پرستاروں کے لیے حیران کن اور بہت سے عقیدت مندوں کے لیے پریشان کن تھا۔

ایک نفسیات کے طالب علم ہونے کے ناتے میں نے ان کے افکار کی تبدیلی کا راز جاننے کے لیے نہ صرف ان کا تفصیلی انٹرویو لیا بلکہ ان کی بیگم شہناز عارف، ان کے بیٹے نوروز عارف اور ان کے قریبی نعت گو دوست حفیظ تائب کا بھی انٹرویو لیا۔ میں ان انٹرویوز کی چند جھلکیاں آپ کی خدمت میں پیش کرنا چاہتا ہوں۔

عارف عبدالمتین کے نظریات میں تبدیلی میں ان کی طویل بیماری نے ایک اہم کردار ادا کیا۔ بیماری کی وجہ سے آہستہ آہستہ ان کی ادبی محفلوں میں شرکت، سیاسی کاموں میں شمولیت اور ان کے جوش، ولولے اور جذبات کی شدت میں کمی آئی گئی اور ان کی طبیعت میں کمزوری اور نقاہت بڑھتی گئی۔

ماہرینِ نفسیات کا خیال ہے کہ کوئی بھی جسمانی یا ذہنی بیماری کوئی بھی کرونک

النس (دائمی بیماری) انسان کی قوتِ مدافعت کو کم کر سکتی ہے اور نفسیاتی کمزوری کو بڑھا سکتی ہے۔طویل بیماری کے کئی مریض ڈپریشن کا شکار ہو جاتے ہیں۔

جسمانی بیماری کے ساتھ ساتھ عارف عبدالمتین کو نفسیاتی بحران کا بھی سامنا کرنا پڑا۔ان کی بیگم شہناز عارف نے اپنے انٹرویو میں کہا:

'اپنے بیٹے عرفی کی موت کے حادثے نے انہیں نڈھال کر دیا۔اب ان کی یہ حالت ہے کہ گھر میں گوشہ نشین ہو گئے ہیں۔اب وہ کسی سے ملتے ملاتے نہیں'۔

حفیظ تائب نے اپنے انٹرویو میں کہا:

'ایک طرف وہ ایم اے اسلامیات کر رہے تھے اور دوسری طرف ان کی بیماری ان کو متاثر کر رہی تھی۔دین کی قربت نے انہیں تقویت دی تھی'۔

عارف عبدالمتین نے خود اپنی بیماری کی اہمیت کا اعتراف کیا ہے۔فرماتے ہیں:

'میں جس بیماری کا شکار ہوا وہ کسی نہ کسی شکل میں اب تک میرے ساتھ چل رہی ہے۔اس کی شدت وقت کے ساتھ ساتھ بڑھتی رہی۔پہلے بلڈ پریشر کی تکلیف تھی پھر دوسرے عارضے لاحق ہوئے۔اس بیماری نے میرے دل میں خاص قسم کا گداز پیدا کیا اور جو موجود تھا اس کو بڑھایا۔بیماری بھی ایک دین بن جاتی ہے اگر وہ حقائق کائنات کے سمجھنے کے ٹریک پر آپ کو ڈال دے اور آپ ان دُکھوں کی بھی شناخت کرنے لگیں جو صحت کے عالم میں انسان نہیں کر پاتا۔اس بیماری نے مجھے اندر ہی اندر دُکھی انسانیت سے پیار کرنا سکھایا'

عارف عبدالمتین کے چند دوست ایسے تھے جو انہیں مذہب اور تصوف کے مطالعے کا مشورہ دیتے تھے۔ان میں سے ایک پروفیسر ارشد خان بھٹی تھے۔میں نے جب شہناز عارف سے پوچھا کہ سائنس پڑھانے والے عارف عبدالمتین نے اسلامیات پڑھانی کیوں شروع کر دی تو فرمانے لگیں،اس کی وجہ ان کے دوست ارشد بھٹی تھے۔

انہوں نے انہیں ایم اے اسلامیات کا مشورہ دیا۔ وہ خود تو انگریزی ادب میں ایم اے کرنا چاہتے تھے، اسی لیے جب ہم عارف عبدالمتین کا مجموعہ کلام 'حرفِ دُعا' کھولتے ہیں تو پہلے صفحے پر ہی یہ نظر آتا ہے:

"پروفیسر ارشد بھٹی کے نام۔ جن کی ارفع شخصیت نے انتہائی غیر مرئی انداز میں میرے لبوں کے حرف احتجاج کو حرف دعا میں بدل دیا۔"

حفیظ تائب فرماتے ہیں: 'جب وہ بیمار ہوئے تو ان کا زیادہ تر وقت دین کے مطالعے میں گزرا'۔

جس دور میں عارف عبدالمتین نے اسلام اور تصوف اپنایا ان دنوں پاکستان کی ادبی اور سیاسی فضا میں بہت سی غیر معمولی تبدیلیاں آئیں۔ اس کی ایک مثال یہ ہے وہ لاہور کے جس علاقے میں رہتے تھے وہ بھی کرشن نگر سے اسلام پورہ بن گیا۔

جب پاکستان کے ترقی پسند ادیبوں نے شکایت کی کہ عارف عبدالمتین نے ترقی پسندی کو خیر باد کہہ دیا ہے تو عارف عبدالمتین نے اس اعتراض کا یہ جواب دیا کہ انہوں نے اسلام قبول کر کے اپنے ترقی پسند خیالات اور سوشلسٹ نظریات کے دامن کو وسیع کیا ہے۔

میں حرف دعا کا سلسلہ ہوں۔ عالم کی نجات چاہتا ہوں
مقتول کی مغفرت کا طالب۔ قاتل کی طرف سے خوں بہا ہوں

میری نگاہ میں یہ بات اہم ہے کہ جب عارف عبدالمتین اسلام کے قریب آئے تو انہوں نے کسی ظلم، جبر یا استحصال کے حق میں کوئی مذہبی تاویل پیش نہیں کی۔ عارف عبدالمتین کا اسلام امن، آشتی اور انسان دوستی کا اسلام تھا۔ تنگ نظری، شدت پسندی اور دہشت پسندی والا اسلام نہیں تھا۔ ان کا اسلام مولویوں والا نہیں صوفیوں والا تھا۔ اسی لیے انہیں اسلام اور سوشلزم میں کوئی تضاد نظر نہیں آیا۔ عارف عبدالمتین جب کامریڈ تھے تب

بھی مزدوروں اور کسانوں، غریبوں اور مظلوموں کے حق میں تھے اور جب صوفی بنے تب بھی وہ جابروں، آمروں اور ظالموں کے خلاف تھے۔

جب عارف عبدالمتین نے سائنس کے ساتھ ساتھ ادب اور مذہب کا مطالعہ کیا تو انہوں نے ان تینوں روایتوں کو ایک دوسرے کے قریب لانے کی اور ان پر پل تعمیر کرنے کی کوشش کی۔ ان کا خیال تھا کہ ان روایتوں کے راستے جُدا سہی لیکن ان کی منزل ایک ہی ہے۔ وہ اپنے موقف کا اظہار اپنے انٹرویو میں ان الفاظ میں کرتے ہیں۔

”میں اس نتیجے پر پہنچا ہوں کہ مذہب سچائی کو وجدانی سطح پر جاننے کا سائنس سچائی کو ادراک کی سطح پر Conceive کرنے کا اور آرٹ اس سچائی کو جمالیاتی سطح پر پیش کرنے کا نام ہے۔ اور وہ سچائی ایسی ہے جس کو ہر طرح کے تعصّبات سے بالاتر ہو کر Comprehend کرنے کی ضرورت ہے۔ سائنس مذہب اور آرٹ میں حد فاصل قائم کرنا یا ان کو ایک دوسرے کی ضد سمجھنا درست نہیں۔“

میری نگاہ میں عارف عبدالمتین نے اپنی زندگی میں جو ارتقائی سفر طے کیا تھا وہ نہایت پہلو دار، پیچیدہ اور گمبھیر تھا، شاید اسی لیے ان کے مداحوں، شاگردوں اور پرستاروں میں بائیں اور دائیں دانوں بازوؤں کے ادیب شاعر اور دانشور شامل ہیں۔

اسی لیے ان کی شاعری کا مجموعہ ’اکلاپے دا مسافر‘ اور تنقید کی کتاب ’پرکھ پڑچول‘ اب نصاب کا حصہ بن گئے ہیں۔

یہ میری خوش بختی کہ عارف عبدالمتین میرے تایا تھے اور میرے والد عبدالباسط کے مداح تھے۔ عارف عبدالمتین مجھ سے کہا کرتے تھے ’بیٹا! آپ کے والد عمر میں مجھ سے چھوٹے لیکن دانائی میں مجھ سے بڑے ہیں‘ یہ میری خوش نصیبی کہ مجھے ان دونوں بے

پناہ محبت اور شفقت کرنے والی شخصیتوں سے فیض حاصل کرنے اور ان کی خدمت کرنے کا موقع ملا۔

حامد یزدانی صاحب!

جہاں تک عارف عبدالمتین کے بارے میں کتاب لکھنے کا تعلق ہے میں نے ان کے بیٹے اور اپنے کزن نوروز عارف سے اس خواہش کا اظہار کیا تھا۔ اس خط کو مکمل کرنے کے بعد میں دوبارہ ان سے مشورہ کروں گا۔ اگر وہ یہ کام نہ کر سکے تو کیا آپ اور میں مل کر یہ کام کر سکتے ہیں؟ آپ کی اس کے بارے میں کیا رائے ہے؟

آپ کا مداح

خالد سہیل

18 دسمبر 2022

حامد یزدانی کا جواب

محترم ڈاکٹر خالد سہیل صاحب!

تسلیمات و آداب

امید ہے کہ آپ بخیر ہوں گے۔

پروفیسر عارف عبدالمتین صاحب کے حوالے سے میرے جوابی خط نے آپ کو ایک اور ادبی مکتوب لکھنے پر آمادہ کر لیا۔ یہ بات بھی میرے لیے باعثِ اعزاز ہے جس کے لیے میں آپ کا تہ دل سے ممنون ہوں۔

آپ اپنی بے پناہ مصروفیات میں سے ایسے مکالموں کے لیے وقت نکالتے ہیں۔ مجھے حیرت بھی ہوتی ہے اور خوشی بھی۔ آپ کی مصروفیات پر نظر کروں تو حیرت یہ بھی ہوتی ہے کہ کیسے آپ تواتر سے اور معیار قائم رکھتے ہوئے ان تھک لکھ لیتے ہیں۔ صرف

گزشتہ برس کی بات کی جائے تو اس ایک برس میں آپ کی جتنی تصنیفات و تالیفات زیورِ طبع سے آراستہ ہوئی ہیں شاید ہی کسی ایک تخلیق کار کی اتنی کتابیں سامنے آئی ہوں۔ اگر میں آپ کو جانتا نہ ہوتا تو کہتا کہ ضرور آپ نے ایک دو درجن جنات قابو کر رکھے ہیں جو آپ کے لیے یہ خدمات انجام دیتے ہیں (مسکان)۔

ڈاکٹر صاحب!

آپ کا زیرِ نظر خط تو، میرے نزدیک، ایک ادبی دستاویز کی حیثیت رکھتا ہے جس میں آپ نے نہ صرف یہ کہ عارف صاحب کے فکر و فن کے ارتقائی سفر کو سہل انداز میں بیان کیا ہے بلکہ ان کی ذاتی زندگی اور شخصی خصائص و مشکلات کو بھی عیاں کیا ہے۔ شخصیت و فن کا ایسا مؤثر تجزیہ آپ جیسے مستند معالج اور نفسیات دان کے علاوہ اور کون کر سکتا تھا۔

اپنے موقف کو واضح کرنے کے لیے آپ نے حسبِ حال شعری حوالے بھی دیے ہیں جو آپ کے خط کی ادبی وقعت کو دوچند کر رہے ہیں۔

آپ کے خط سے اس حقیقت کی بھی توثیق ہوئی کہ بحران بھی اپنے بطن میں انسان کے لیے ترقی کے مواقع چھپائے ہوئے ہوتے ہیں۔ اس خط سے ہمیں یہ معلوم ہوتا ہے عارف صاحب کی نفسیاتی اُلجھنوں اور جسمانی کمزوری نے ان کی زندگی کے روحانی پہلو کو تقویت بخشی جس کے نتیجے میں دُنیائے سخن کو بے مثال نعتیں نصیب ہوئیں۔

جیسا کہ آپ نے ذکر کیا عارف صاحب ہمہ جہت شخصیت کے مالک تھے وہ ادب کی متنوع اصناف میں اظہار پر قدرت رکھتے تھے۔ ان کے روشن قلم سے نقد و نظر کے مضامین بھی دمکے اور نظم و غزل کے چاندتارے بھی۔ اور ہر بڑے تخلیق کار کی طرح ان کے فکر و اظہار بھی ارتقائی مراحل سے گزرے۔ گورنمنٹ کالج لاہور میں میرے اردو کے استاد ماہر اقبالیات پروفیسر مرزا محمد منور اسی فکری ارتقا کی بنیاد پر اقبال کو غالب پر

مشترکہ محبوبہ

فوقیت دیتے تھے۔ اس اعتراف کے ساتھ کہ غالب غزل کا بہت بڑا شاعر ہے وہ کہتے تھے کہ اس کے ہاں فکری اور نظریاتی ارتقا کا فقدان ہے جو اقبال کے ہاں واضح طور پر دکھائی دیتا ہے کہ کس طرح تنگنائے غزل کو عبور کرتا ہوا اس کا فن نظم کی وسعتوں سے آشنا ہوا اور موضوعی ترفع حاصل کر کے وہ ایک قومی شاعر کی مسند پر متمکن ہوا۔

عارف صاحب کی شخصیت اور فن بھی، ہم دیکھتے ہیں، کہ وقت کے ساتھ ساتھ نت نئی راہیں اختیار کرتے رہے ہیں۔ ان کی سوچ میں تبدیلی نے ان کے طرزِ اظہار میں ضرور تبدیلی متعارف کروائی اور موضوعات کا دامن بھی وسیع تر کر دیا مگر ان کے شخصی مزاج کی اساس یا بنیاد کو اس کی جگہ سے نہیں ہلا سکا۔ وہ ابتدا ہی سے محبت، انصاف، امن اور آزادی کے تصورات کو اپنے آدرش بنائے ہوئے تھے اور ان پر وہ آخری دم تک قائم رہے۔ جیسا کہ آپ نے اشارہ کیا ہے کہ انہوں نے ظلم اور استحصال کے حق میں کبھی بات نہیں کی اور یہ کہ ان کا اسلام بنیادی انسانی حقوق کی پاسداری کرنے والا اور محبت کا پیغام دینے والا صوفیا کا اسلام تھا۔

آپ کی یہ بات درست ہے کہ اتفاق سے جس دور میں ان کے طبعی میلان اور شخصی رجحان میں تبدیلی واقع ہوئی وہ پاکستان میں مجموعی طور پر ایک ایسی تبدیلی کا دور تھا جس میں زندگی کا رُخ ایک خاص سمت کرنے کی کوششیں ہو رہی تھیں۔ عارف صاحب کا علاقہ کرشن نگر ہی اسلام پورہ نہیں ہوا تھا کئی دیگر مقامات کے ناموں کو بھی 'مشرف بہ اسلام' کر دیا گیا تھا۔ سنت نگر کو سنت نگر اور جانے کیا کیا۔ پھر خبریں آئیں کی کہ بھارت میں بھی ایسے اقدامات میں تیزی آ گئی ہے اور مقامات کے مسلم ناموں کو ہندو ناموں میں تبدیل کیا جا رہا ہے۔ شاید اسی تاثر کے تحت پھر یہ سلسلہ بند کر دیا گیا۔

ڈاکٹر خالد سہیل صاحب!

اس عہد کی بات چلی ہے تو برسبیلِ تذکرہ یہ بھی عرض کر دوں کہ بدقسمتی سے ہمارا

سارا تعلیمی دَور میٹرک کے بعد سے یونیورسٹی تک غیر جمہوری عہد میں گزرا۔ جس میں افراد کے ظاہر و باطن کے درمیان مسلسل ایک چپقلش چلتی محسوس کی جا سکتی تھی۔ آپ ایک ماہر نفسیات ہیں اور فرد اور قوم یعنی انفرادی اور اجتماعی مسائل اور تضادات اور ان کے اثرات کا خوب ادراک رکھتے ہیں۔

مثال کے طور پر بچپن میں ہم دیکھتے تھے کہ رمضان کے مہینے میں ریستوران تو کھلے رہتے تھے تاہم ان کے دروازوں یا کھڑکیوں پر احتراماً پردے ڈال کر رکھے جاتے تھے۔ بعد میں اس ماہ کے دوران دن کے وقت ریستوران مکمل طور پر بند کر دینے کا حکم نامہ آ گیا۔ بے روزہ افراد کو کھانے کے لیے ریلوے سٹیشن یا ہسپتال کی کینٹین میں جانا پڑتا جہاں پولیس اہل کار وقتاً فوقتاً چھاپے مارتے تھے اور "روزہ خور" افراد کو گرفتار کر لیتے تھے۔ یوں رشوت ستانی کا ایک عجیب و غریب نیا باب آغاز ہو گیا۔ اور پھر حدود آرڈیننس اور شرعی عدالتیں، نام نہاد سود سے پاک بنکاری جیسے اقدامات بھی ہوئے۔

یونیورسٹی کی سطح پر تنگ نظری کا اور ماحول میں جبریت کا یہ عالم تھا کہ ہم نے سوشیالوجی پڑھنے کے لیے ایک سٹڈی گروپ بنایا جس میں طالبات شامل تھیں تو شعبہ کے اساتذہ اور سٹوڈنٹ یونین کے نمائندے نے اس کی مخالفت کی۔ حالانکہ ہم سیمینار لائبریری میں جمع ہوتے تھے اور محض پڑھنے کے لیے۔ یونیورسٹی کے ہاسٹلز میں مَیں نے اپنے کلاس فیلوز کے پاس چھوٹی چھوٹی نوٹ بکس دیکھیں جن میں وہ اپنی دن بھر کی نمازوں کا "حساب کتاب" درج کرتے تھے اور شام کو ہوسٹل کے 'ناظم' جو دائیں بازو کی طلبہ تنظیم سے تھے کمروں میں جا کر ان کی نوٹ بکس کو چیک کرتے تھے کہ کتنی نمازیں پڑھی ہیں۔

لطیفہ یہ کہ میں ایک ہم جماعت کے ساتھ اس کے ہوسٹل کے کمرے میں بیٹھا گپ شپ کر رہا تھا۔ اچانک دستک ہوئی اور میرا ہم جماعت ہڑبڑا کر اُٹھا جیسے کچھ بھول

گیا ہو اور نوٹ بک میں نمازیں درج کرنے لگا۔ پھر دروازہ کھولا اور ناظم صاحب کو اپنا حساب کتاب دکھانے لگا۔ واپس آیا تو میں نے کہا کہ ہم نے تو سنا تھا کہ نماز کی باز پرس روزِ محشر ہوگی۔ کیا قیامت آ چکی اور اس حساب کتاب کے کام پر کس کو مامور کر دیا؟ میرے ہم جماعت نے مجھے خاموش رہنے کا اور جان بچانے کا مشورہ دیا۔

ڈاکٹر صاحب!

مجھے یاد ہے اسّی کی دہائی کے اوائل میں جب پاکستان میں اسلامائزیشن کا عمل زوروں پر تھا پاکستان سوشیالوجیکل ایسوسی ایشن کی سالانہ قومی کانفرنس پشاور یونیورسٹی میں منعقد ہوئی تھی۔ اس سہ روزہ کانفرنس میں ملک بھر سے سوشیالوجی کے اساتذہ اور طلبا و طالبات شریک تھیں۔ کانفرنس میں ایک سیشن کا عنوان تھا سوشل چینج یعنی سماجی تبدیلی۔ میں نے اس میں انگریزی زبان میں اپنا اوّلین مقالہ پیش کیا تھا جس عنوان تھا "اسلامائزیشن اینڈ سوشل چینج ان پاکستان"۔

میں اس قومی کانفرنس میں مقالہ پیش کرنے والا واحد طالب علم تھا۔ باقی مقالے اساتذہ اور ماہرین نے پیش کیے تھے۔ بہرحال میں نے اپنے مختصر مقالے میں ملک میں مختلف سماجی اداروں کو سیاسی مقاصد کے لیے 'اسلامیانے' کی کوششوں کو تنقید کا نشانہ بنایا تھا۔ سیشن کے اختتام پر یونیورسٹی کے ایک سینئر پروفیسر صاحب میرے پاس آئے اور مجھے خبردار کیا کہ مجھے ایسے مضامین لکھنے سے اجتناب کرنا چاہیے کیونکہ اس سے ایک طالب علم کے لیے سرکاری ملازمت کا حصول بھی مشکل ہو سکتا ہے اور دیگر سخت نتائج بھی نکل سکتے ہیں۔ اس بات کا اعادہ بعدازاں کئی اور پڑھے لکھے لوگوں نے بھی کیا۔

تو کچھ ایسا ماحول تھا جس میں مجھ سمیت میری عمر کے سبھی افراد کا لڑکپن اور جوانی (اگر کبھی آئی تھی!) ڈرتے ڈرتے، سہمے سہمے گزری۔ میرے کالج کے دوست آغا

نوید کو، جو بہت عمدہ تخلیق کار تھا، پیپلز پارٹی سے تعلق کی بنا پر شاہی قلعے کے عقوبت خانے میں ڈال دیا گیا۔ صحافیوں کو آواز بلند کرنے پر کوڑے مارے گئے۔ بہت کچھ ہوا۔

خیر، عرض یہ کرنا مقصود تھا کہ اس دور میں سیاسی تبدیلیاں بھی آئیں اور سماجی بھی۔ فکری رُجحانات بھی تبدیل ہوئے اور سوچ کے زاویئے بھی بدلے۔ ایسے میں عارف صاحب جیسے کتنے لکھاری ہوں گے جو اسلام کی طرف تو آئے مگر شدت پسندی کے داؤ میں کبھی نہیں آئے؟ وہ اپنے قلم کو حق کی آواز بنائے رہے۔ یہ ان کے کردار کی مضبوطی کی گواہی ہے۔

جیسا کہ آپ کے خط میں مذکور ہے عارف صاحب سائنس، مذہب اور آرٹ کو متصادم تصورات نہیں سمجھتے تھے۔ ان کے نزدیک یہ تینوں 'سچ' ہی سے متعلق ہیں۔ بس ان کے دیکھنے اور پرکھنے کے انداز جدا ہیں۔

خط کے آخر میں آپ نے مجھ سے پوچھا ہے کہ کیا میں عارف عبدالمتین صاحب کی شخصیت وفن پر مجوزہ کتاب پر آپ کے ساتھ مل کر کام کرنا چاہوں گا تو عرض ہے کہ میں بخوشی آپ کا ساتھ دینا اور اپنے اس عظیم مہربان استادفن سے اپنے تعلق خاطر کا ثبوت فراہم کرنا چاہوں گا۔ ہم کسی وقت مل بیٹھتے ہیں اور اس کتاب کے ابواب اور مندرجات کے بارے میں طے کر لیتے ہیں۔ اس رابطے پر دلی خوشی ہے۔

سدا خوش رہیں اور یونہی توانا ادب تخلیق کرتے رہیں۔

نیک تمناؤں کے ساتھ

آپ کا دوست

حامد یزدانی

دسمبر 22 سن 2022

ooo

ادبی و پیشہ ورانہ زندگی کا رشتہ

خالد سہیل، حامد یزدانی

خالد سہیل کا خط

محترمی و مکرمی و معظمی حامد یزدانی صاحب!

میں جب اپنے ماضی کی طرف نگاہ دوڑاتا ہوں تو مجھے احساس ہوتا ہے کہ اپنی نوجوانی میں میں ایک شاعر اور فلاسفر بننا چاہتا تھا اور میری والدہ مجھے ایک ڈاکٹر بنانا چاہتی تھیں۔ چنانچہ میں ایک ماہر نفسیات بن گیا جس میں ایک شاعر، ڈاکٹر اور فلاسفر آپس میں بغل گیر ہو گئے۔

کینیڈا آنے سے پہلے مجھے وہ دن رات اب بھی یاد ہیں جب ایران کے شہر ہمدان میں ایک سال کے قیام کے دوران میں دن بھر بو علی سینا کے مزار کے سامنے ایک بچوں کے کلینک میں کام کرتا تھا اور شام کو مختلف ممالک کی یونیورسٹیوں کو خطوط لکھتا تھا۔ ان دنوں ایروگرام ملا کرتے تھے جن پر پہلے سے ٹکٹ لگا ہوتا تھا۔ خط لکھ کر اسے تہ کر کے لیٹر باکس میں ڈال آتا تھا۔

وہ ایک ہی خط تھا جو میں بار بار لکھتا تھا۔ اس خط کا مفہوم کچھ یوں تھا:

"میرا نام ڈاکٹر خالد سہیل ہے۔ میں خیبر میڈیکل کالج پشاور پاکستان کا گریجویٹ ہوں۔ اب میں آپ کی یونیورسٹی میں نفسیات کی اعلیٰ تعلیم حاصل کرنا چاہتا ہوں۔"

میں نے چھ ماہ میں سینکڑوں خطوط لکھے اور بھیجے۔ آخر مجھے تین ممالک کی تین یونیورسٹیوں سے قبولیت کے خط آئے، آئرلینڈ سے، نیوزی لینڈ سے اور کینیڈا کے صوبے نیوفن لینڈ سے۔ میں نے اپنی پروفیسر ڈاکٹر شمیم مجید سے رابطہ کیا تو انہوں نے مشورہ دیا کہ میں نفسیات کی اعلیٰ تعلیم کے لیے کینیڈا چلا جاؤں کیونکہ کینیڈا کی فیلوشپ باقی ممالک سے زیادہ معتبر و مستند ہے۔ چنانچہ میں نے اکتوبر ۱۹۷۷ میں میموریل یونیورسٹی نیوفن لینڈ میں داخلہ لے لیا۔

نیوفن لینڈ آنے کے بعد میری ملاقات اپنے یورپی پروفیسر ڈاکٹر جان ہونگ سے ہوئی۔ ایک شام ان کے گھر ڈنر کھاتے ہوئے میں نے ان کا شکریہ ادا کیا کہ انہوں نے مجھے اعلیٰ تعلیم حاصل کرنے کا موقع فراہم کیا۔ میں نے جب ان سے پوچھا کہ انہوں نے میرا انٹرویو لیے بغیر مجھے کس بنیاد پر داخلہ دیا تو فرمانے لگے:

"آپ کے تینوں پروفیسروں نے اپنے ریفرنس لیٹر میں لکھا تھا کہ آپ ایک اچھے شاعر ہیں۔ میں نے سوچا کہ اگر آپ ایک اچھے شاعر ہیں تو ایک اچھے ماہر نفسیات بھی بن جائیں گے۔ بعد میں مجھے پتہ چلا کہ ڈاکٹر ہونگ کی بیگم بھی ایک آرٹسٹ تھیں اور ڈاکٹر ہونگ کے دوستوں میں بہت سے شاعر اور دانشور شامل تھے۔"

میموریل یونیورسٹی میں چار سال کی تعلیم کے بعد میں نے امتحان پاس کیا اور FRCP کی ڈگری حاصل کر کے ماہر نفسیات بن گیا۔ پہلے میں نے چند سال نیو برنزوک اور اونٹاریو کے نفسیاتی ہسپتالوں میں کام کیا اور پھر میں نے وھٹبی میں اپنا کلینک کھول لیا۔ میں نے اس کلینک کا نام Creative Psychotherapy Clinic رکھا۔

میں نے وھٹبی اس لیے چنا تا کہ میں ٹورانٹو کے قریب رہ سکوں اور یہاں کے ادبی ماحول کا حصہ بن سکوں۔ میرے لیے ادیب ہونا اتنا ہی اہم تھا جتنا کہ ماہر نفسیات ہونا۔

ہمارے کلینک میں ایک سیکرٹری مارسیلینا ہے، ایک نرس بے ٹی ڈیوس ہے اور

ایک ماہرِ نفسیات ڈاکٹر سہیل ہے۔ میں ہر روز کلینک جاتا ہوں تو مجھے مارسیلینا اس دن کے دس مریضوں کی ایک لسٹ دیتی ہے۔ میں کسی مریض کو آدھ گھنٹہ اور کسی مریض کو ایک گھنٹہ دیکھتا ہوں۔کل میری ایک نئی مریضہ نے جب مجھ سے پوچھا، 'ڈاکٹر سہیل آپ کا طریقہ علاج روایتی ماہرین نفسیات سے کیسے مختلف ہے؟'

تو میں نے کہا، روایتی سائیکاٹرسٹ مریضوں کا ادویہ اور شاک تھیرپی سے علاج کرتے ہیں جبکہ میں ان کا علاج سائیکوتھراپی سے کرتا ہوں۔ ہمارے کلینک میں

انفرادی تھراپی

ازدواجی تھراپی

فیملی تھراپی اور

گروپ تھراپی

سے علاج ہوتا ہے۔

میں اپنے مریضوں کو اپنے مسائل کے بارے میں خطوط لکھنے کا بھی مشورہ دیتا ہوں اور ان کے خطوط کا جواب بھی دیتا ہوں۔

میں سمجھتا ہوں کہ زبانی مکالمہ اور خطوط کا مکالمہ ایک دوسرے کی مدد کرتے ہیں اور مریض جلد صحتمند ہو جاتے ہیں۔

ہم اپنے کلینک میں گرین زون تھراپی بھی استعمال کرتے ہیں۔ یہ ایک 'اپنی مدد آپ' کا پروگرام ہے جو ہمارے مریضوں میں بہت مقبول ہے۔

حامد یزدانی صاحب!

ویسے تو میں ایک سائیکاٹرسٹ ہوں لیکن میری پریکٹس ایک سائیکاٹرسٹ سے زیادہ ایک سوشل ورکر کی ہے۔ اس طرح ہماری دوستی کے دو حوالے ہیں، ادبی حوالہ اور کونسلنگ کا حوالہ۔اب آپ مجھے بتائیں کہ آپ نے کب اور کیسے فیصلہ کیا کہ آپ سوشل

ورکر بنیں گے؟ آپ کا ایک لکھاری ہونا اور ایک سوشل ورکر ہونا۔ کیا وہ ایک دوسرے کی مدد کرتا ہے یا ایک دوسرے کے کام میں رکاوٹ پیدا کرتا ہے؟

حامد یزدانی صاحب!

میری خواہش ہے کہ ہم اگلے سال ایک دوسرے سے اپنی ادبی اور پیشہ ورانہ زندگیوں کے بارے میں خطوط لکھ کر تبادلہ خیال کریں۔

آپ کی کیا رائے ہے؟

آپ کا مداح

خالد سہیل

سال کا سب سے بڑا دن

اکیس جون دو ہزار چوبیس

حامد یزدانی کا جواب

جناب ڈاکٹر خالد سہیل صاحب!

آپ کا نوازش نامہ موصول ہوا۔ پڑھا اور قلبی طمانیت حاصل کی۔ مکتوبِ گرامی کے مندرجات کی تحسین و تائید سے پہلے سال کے طویل ترین دن، جس کی جانب آپ نے اشارہ بھی کیا ہے، کا واقعہ سُن لیجیے۔

کینیڈا میں تاریخ ساز موسمِ گرما کے باوجود اس روز یہاں ہیملٹن میں شام ہوتے ہوتے موسمی حدت میں کچھ کمی واقع ہونے لگی تھی۔ بلکہ ہلکی ہلکی بوندا باندی بھی شروع ہوگئی تھی اور ایسے میں دن بھر کی دفتری مصروفیات نمٹا کر جب میں شہر کے ڈاؤن ٹاؤن میں واقع ایک میڈی ٹرینین ریستوران پہنچا جہاں مجھے میری سابقہ ہم کار اور ایک فعال سماجی ادارہ سینٹ میتھوز ہاؤس کی سربراہ خاتون رینے ویسلر نے ڈنر پر مدعو کر رکھا

تھا۔ موقع تھا آپ کے اشاعتی ادارے گرین زون کے تحت شائع ہونے والی میری نظموں کے انگریزی تراجم کی کتاب From One Loneliness to Another کی اشاعت پر مبارک دینے کا اور مدت بعد تجدیدِ ملاقات کا۔

موجودہ مصروفیت سے قبل ہم دونوں سماجی تحقیق کے ادارے سوشل پلاننگ اینڈ ریسرچ کونسل میں کئی برس اکٹھے کام کر چکے ہیں۔ سماجی کارکن ہونے کے ساتھ ساتھ وہ فنونِ لطیفہ میں بھی تربیت یافتہ ہیں اور نہایت عمدہ پینٹر ہیں۔ خیر، کھانے پر ملاقات ہوئی تو جہاں تجدیدِ ملاقات میں تاخیر کے گِلے شکوے ہوئے وہاں انھوں نے میری دل جوئی کا بھی خوب ساماں کیا۔ کہنے لگیں:

"لگتا ہے آپ اپنی ذاتی اور پیشہ ورانہ زندگی سے بہت مطمئن ہیں۔"

میں نے قدرے حیرت سے اس خوش گوار قیاس کا خیر مقدم کیا اور کہا:

"جی، بالکل درست۔ لیکن یہ آپ کو کیسے معلوم ہوا؟"

مسکرا کر کہنے لگیں:

"آپ کے چہرے پر دمکتی بشاشت اور تروتازگی سے۔"

میں بے اختیار ہنس دیا۔

اس واقعہ کے بیان سے اپنی تعریف مقصود نہیں۔ بس یہ کہنا چاہتا ہوں کہ آپ کی طرح میں بھی اپنی پیشہ ورانہ زندگی سے بہت مطمئن ہوں اور اس احساس کو رینے کی رائے نے تقویت دی۔ جیسا کہ آپ کے خط سے مترشح ہوتا ہے آپ ایک تخلیق کار اور فلاسفر بننا چاہتے تھے جب کہ آپ کی والدہ آپ کو ڈاکٹر بنانا چاہتی تھیں اور آپ نے اپنے خواب اور اپنی والدہ صاحبہ کی خواہش کو کام یابی سے یک جا کر دیا اور ایک شاعر، ڈاکٹر، ماہرِ نفسیات اور فلاسفر بن گئے۔

ڈاکٹر صاحب!

آپ کی زندگی پر نظر کرتا ہوں تو مجھے اپنے بیتے لمحوں کی یاد آ جاتی ہے۔

میں لاہور کی ایک قدیم بستی "مزنگ" کے ایک سرکاری پرائمری سکول کوٹ عبداللہ شاہ سے پرائمری اور پھر کمیونٹی ہائی سکول سے میٹرک درجہ اول میں پاس کر کے جب عظیم درس گاہ گورنمنٹ کالج لاہور پہنچا تو مجھے صحیح معنوں میں زندگی کے معنی سمجھ آنا شروع ہوئے۔ ایک تو کتنے ہی ادبی مشاہیر کی یادوں کی خوشبو اس کالج کی فضا میں رچی بسی محسوس ہوتی تھی اور دوسرے مجھے وہاں جن اساتذہ سے کسبِ فیض کا موقع ملا وہ اپنے اپنے شعبے کے منتخب تھے اور انتہائی دیانت داری اور اخلاص سے اپنے تدریسی فرائض انجام دیتے تھے۔

میرے ایک چچا سید عبدالرحمٰن رضوانی صاحب اور چچی جان ثروت رضوانی کا شمار ان خوش نصیب طالب علموں میں ہوتا ہے جنھوں نے پہلے پہل سوشیالوجی میں ماسٹرز ڈگری حاصل کی۔ اور مزید تعلیم کے لیے امریکا اور کینیڈا کی یونی ورسٹیوں تک بھی پہنچے۔ اور پھر یونیورسٹی کی سطح پر سوشیالوجی پڑھانے پر بھی مامور رہے۔ بہر صورت جانے کب وہ میرے آئیڈیل بن گئے اور میں نے بھی کالج میں سال اوّل سے سوشیالوجی کے مضمون کو دل سے لگا لیا۔ بی اے میں بھی پڑھا اور پھر پہلا ایم اے بھی اسی مضمون میں کیا۔ اور پہلی ملازمت سوشیالوجی کی لیکچرر شپ ہی کی حاصل ہوئی۔

ساتھ ساتھ ادب لکھنے پڑھنے کا شوق تو پنپتا ہی رہا۔ ہاں براڈ کاسٹنگ، جسے ابتدائی طور پر، عارضی معاشی سہولت کے لیے اپنایا تھا وہ بھی دامن سے لپٹی رہی اور مجھے ریڈیو پاکستان لاہور سے جزوی وابستگی سے جرمن نشریاتی ادارے ریڈیو ڈوئچے ویلے، دی وائس آف جرمنی کی اُردو سروس میں باقاعدہ ملازمت تک لے گئی۔ اس ادارے سے میں یہاں کینیڈا آنے تک وابستہ رہا۔ پہلے جرمنی کے تاریخی شہر کولون میں اور پھر پاکستان

کے دل لاہور میں بھی۔

آپ نے اپنی والدہ کی خواہش کا ذکر کیا کہ وہ آپ کو ڈاکٹر بنانا چاہتی تھیں تو عرض ہے کہ میری امی جان کی بھی یہی خواہش تھی۔مگر مجھے ایک ٹیچر بننے کا شوق تھا جو میں ایم اے سوشیالوجی کرنے کے بعد کالج میں لیکچرار کی صورت میں پورا کیا۔ دوسرا شوق براڈ کاسٹنگ کا تھا وہ بھی ریڈیو پاکستان لاہور اور وائس آف جرمنی کے ذریعے پورا ہو گیا اور تیسری دُھن مجھے دوسروں کی مدد کرنے کی تھی۔لڑکپن میں مزنگ میں پاکستان یوتھ فورم سے منسلک رہا اور غیر رسمی طور پر دوست احباب اور بعد ازاں طلبا کو بھی اپنے تجربات اور ان کی دلچسپیوں کو مدنظر رکھ کر تعلیم اور مستقبل کے پیشے کے حوالہ سے مشورے دیا کرتا تھا۔

اس ضمن میں باقاعدہ رسمی تعلیم اور عملی تربیت البتہ یہاں کینیڈا آ کر حاصل ہوئی جب میں نے اپنی تعلیمی گاڑی کو سوشیالوجی کے ٹریک سے سوشل ورک کی پٹری پر ڈال دیا۔

سوشل ورک کی جانب خفی سا اشارہ میرے پرانے دوست اور مہربان ارشاد حسین صاحب نے بھی کیا تھا مگر اس شعبہ میں تعلیم اور پیشہ ورانہ زندگی کی جانب جس شخصیت نے مائل کیا وہ ڈاکٹر نینسی فریمنڈ ہیں جو ولفرڈ لاریئے یونی ورسٹی واٹر لو میں پروفیسر ہیں۔ وہ جُز وقتی طور پر ایک مضمون پڑھانے موہاک کالج بھی آیا کرتی تھیں۔ وہاں میری ان سے ملاقات ہوئی اور انھوں نے میری پہلی تحریری اسائنمنٹ دیکھ کر مجھے پاس بلایا اور حوصلہ افزائی کرنے کے ساتھ ساتھ یونی ورسٹی میں داخل کا مشورہ دیا جس کے لیے میں اُس وقت تیار نہ تھا مگر انھوں نے ہمت نہ ہاری اور کلاس سے ہٹ کر بھی ملیں، میرے ادبی ذوق پر بات کی اور یہ کہنے کے بجائے کہ اس سے مجھے فائدہ ہوگا کہنے لگیں: "اگر آپ اس شعبہ میں نہیں آئیں گے تو ہم ایک باصلاحیت پروفیشنل ورکر کے علم اور تجربہ سے استفادہ سے محروم رہیں گے۔"

یہ اُن کی دوستانہ شفقت کا ایک انداز تھا اور پھر ایک زوردار توصیفی خط لکھ کر یونی

ورسٹی کے فیکلٹی آف سوشل ورک کے ڈِین اور رجسٹرار کو روانہ کر دیا۔ مختصر یہ کہ وہ مجھے یونی ورسٹی لے ہی گئیں۔ کانووکیشن پر بھی آئیں۔ اس کانووکیشن میں جہاں مجھے ماسٹر آف سوشل ورک کی ڈگری ملی وہاں پروفیسر نینسی کو پی ایچ ڈی کی ڈگری سے نوازا گیا۔ بہت سے لوگ ان کو مبارک باد دینے آئے ہوئے تھے مگر وہ زیادہ وقت میرے، میری بیگم اور بچوں کے ساتھ باتیں کرتی رہیں اور تصاویر بنواتی رہیں۔ انھوں نے ہر ہر قدم پر میری رہنمائی کی اور خوشی کی بات یہ کہ ہم اب بھی رابطے میں ہیں۔

خوش قسمتی سے مجھے سماجی شعبے میں جُز وقتی ملازمت تو طالب علمی کے دوران ہی مل گئی تھی جو ماسٹرز ڈگری مکمل ہونے پر مستقل ہو گئی۔ یہ فیملی اینڈ چلڈرنز سروسز کی ملازمت تھی۔ جس میں بچوں کے حقوق اور مناسب نشوونما کے اقدامات کو یقینی بنانا ہماری بنیادی ذمہ داری تھی۔ چند برس بعد میں نے کمیونٹی سروسز کے شعبے میں خدمات انجام دیں۔ پھر سوشل ریسرچ اور ڈویلپمنٹ سے منسلک ہو گیا اور اب کینیڈا میں نو آباد کاروں کے ایک منصوبے سے منسلک ہوں جو وفاقی حکومت کی مالی اعانت سے سالہا سال سے سرگرمِ عمل ہے۔ اپنے موجودہ کام میں مَیں اور میرے ساتھی انفرادی طور پر بھی اور گروپ کی صورت میں بھی نئے آنے والوں کو خوش آمدید کہتے ہیں۔ انھیں یہاں کی زندگی، ضروریات، سہولیات اور مشکلات سب سے آگاہ کرتے ہیں۔

ڈاکٹر صاحب!

جیسا کہ آپ جانتے ہیں یہاں سماجی خدمات کے شعبے میں کام کرنے والوں کی اکثریت خواتین پر مشتمل ہے۔ مرد، جانے کیوں، کم کم ہی اس طرف آتے ہیں۔ دفتری معمول آج کل یہ ہے کہ تین روز دفتر سے اور دو روز گھر سے کام کرتا ہوں۔ جو لوگ ملنے آتے ہیں مجھے ان کی خدمت کر کے خوشی بھی ہوتی ہے اور ایک طرح سے اپنی تکمیل کا احساس بھی ہوتا ہے کہ ایک وقت تھا کہ میں بھی اس ملک میں نیا تھا اور اب اپنے جیسے نئے

آنے والوں کی کچھ مدد کرسکتا ہوں۔ انھیں ضروری معلومات فراہم کر کے اور مرحلہ مرحلہ پیش آنے والی مشکلات سے نمٹنے کی تیاری کروا کے۔ اس سب میں میری اپنی زندگی کی مثالیں اور تعلیمی پس منظر میرے مددگار ہوتے ہیں۔

کام پر مختلف لوگوں سے اور ان کے خوابوں اور مشکلات سے آگاہی ہوتی ہے تو ایک تخلیق کار کے جذبے کو مہمیز ملتی ہے۔ کالم نگاری کے ذریعے حالاتِ حاضرہ سے لے کر ادبی شخصیات اور موضوعات اور سماجی مسئلوں پر بھی قلم اٹھالیتا ہوں۔ کاؤنسلنگ کی تربیت دوست احباب اور حتیٰ کہ اہلِ خانہ خاص کر بچوں کو زندگی کے مختلف مراحل میں موٴثر مشورے دینے میں مددگار ثابت ہوتی ہے۔

ان ذمہ داریوں کے ساتھ ساتھ گھریلو زندگی بھی ہے اور میری لکھنے پڑھنے کی مصروفیات بھی۔ یہ بھی آپ جانتے ہی ہیں کہ میں "ہم سب" کے لیے کالم لکھتا ہوں۔ ادبی جرائد کے لیے ادبی مضامین قلم بند کرتا ہوں۔ شاعری اور تراجم کا شوق بھی ساتھ ساتھ چل رہا ہے۔ کچھ وقت سوشل میڈیا بھی لے جاتا ہے۔

یہ مصروفیات بظاہر مختلف نوعیت کی دکھائی دیتی ہیں مگر حقیقت یہ ہے کہ یہ سب مل جُل کر میری شخصیت کا امیج مکمل کرتی ہیں اور ان متنوع "دُھنوں" کے تال میل سے میری زندگی کا نغمہ ترتیب پاتا ہے۔

لیجیے، باتوں باتوں میں میں نے آپ کو بھی شریکِ نغمہ کرلیا ہے۔ نہیں کیا؟

امید ہے یہ مکالمہ آگے چلے گا۔

خلوص آگیں

حامد یزدانی

واٹرڈاؤن، اونٹاریو۔ کینیڈا

OOO

کینیڈا میں بچوں کا خیال کیسے رکھا جاتا ہے؟

حامد یزدانی

حامد یزدانی بنام ڈاکٹر خالد سہیل

محترم ڈاکٹر خالد سہیل صاحب!

آداب وتسلیمات

آپ کا از حد ممنون ہوں کہ آپ نے میرے گزشتہ خط کا تفصیلی، پرمغز اور مفید جواب رقم کیا جس میں نہ صرف "ڈھلتی عمر کی اُداسی" کے احساس کی وضاحت کی بلکہ اس کی علمی یا سائنسی حقیقت اور مختلف صورتوں سے بھی آگاہی عطا کی اور ساتھ ہی ساتھ اس احساس سے نمٹنے کے لیے کچھ موثر طریقے بھی درج دیے۔آپ نے جیتی جاگتی مثالوں کا سہارا لے کر موضوع کا جس انداز میں جائزہ لیا ہے اس سے "یاسیت" کی دیدہ اور نادیدہ شکلیں پڑھنے والے پر واضح ہوجاتی ہیں اور اس پر آپ کا تخلیقی رچاؤ کا حامل انداز بیاں اور شعری اور ذاتی حوالے۔کیا کہنے۔مجھے یقین ہے کہ آپ کے خط سے میری طرح بہت سوں نے استفادہ کیا ہوگا۔

آپ کی من چاہی "پاپی" اور "پارسا" کی تقابلی 'شرارت' سے نظر چُراتے ہوئے اب میں آپ کے خط کے آخر میں درج چلڈرنز ایڈ سوسائٹی اور کینیڈا میں بچوں کے حقوق کے بارے میں لائق توجہ سوالات کی جانب آنا چاہتا ہوں۔

محترم ڈاکٹر صاحب!

غالباً آپ کے علم ہو گا کہ کہ 2007 میں سوشل ورک میں ماسٹرز ڈگری حاصل کرنے کے بعد میری پیشہ ورانہ زندگی کا آغاز چلڈرنز ایڈ سوسائٹی ہی کی ملازمت سے ہوا تھا۔ اس کی ایک وجہ تو یہ تھی کہ میں دوران تعلیم وہیں پریکٹیکل کر رہا تھا یعنی عملی تعلیم و تعلیم و تربیت کی تکمیل کے لیے اس سے منسلک تھا۔ اور دوسرے یہ کہ ایک سے زیادہ زبانیں جاننے کے سبب میں اس ادارے کے ذریعے بہتر اور زیادہ بچوں اور خاندانوں کی مدد کر سکتا تھا جو میں نے کی بھی۔ زبان اور ثقافت سے عدم آشنائی یا کم واقفیت کے باعث کئی کیس تعطل کا شکار تھے جن کو کسی حتمی نتیجے تک پہنچانے میں میری خدمات مددگار ثابت ہوئیں۔

جیسا کہ آپ جانتے ہیں کہ بچوں کی بہبود اور حفاظت کے ضمن میں کینیڈا نے بھی دوسرے ممالک کی طرح اقوام متحدہ کے کے متعلقہ چارٹر پر دستخط کر رکھے ہیں۔ بچوں کے حقوق پر اقوام متحدہ کا کنونشن (UNCRC) ایک قانونی بین الاقوامی معاہدہ ہے جس کا مقصد ہر بچے کے بنیادی، اقتصادی، سماجی، ثقافتی اور دیگر حقوق کو یقینی بنانا ہے، قطع نظر اس کی نسل، مذہب یا صلاحیت کے۔ بہبود کے اسی کنونشن کی روشنی میں بچوں کی بہبود کے یہ ادارے قائم کیے گئے ہیں۔ بہت سے اداروں نے اب اپنا نام سی اے ایس سے بدل کر فیملی اینڈ چلڈرن سروسز کر دیا ہے تا کہ اس عام تاثر کی نفی کی جا سکے کو یہ ادارے والدین سے بچوں کو چھیننے کی غرض سے معرض وجود میں آئے ہیں۔

میں ان اداروں کی کارکردگی کی تاریخ اور تنازعات کی تفصیلات میں جائے بغیر بس یہ کہنا چاہتا ہوں کہ ان اداروں سے منسلک بعض ورکرز کے فیصلوں پر عدم اعتماد اور اس معاملہ کی حساسیت سے جنم لینے والے اثرات کے باوجود مجموعی طور پر ان اداروں نے بچوں کی بہبود و حفاظت کو یقینی بنانے میں، کم از کم، کینیڈا کی حد تک تو کافی لائق توجہ کام کیا ہے۔

یہ تاثر صد فی صد سچائی پر مبنی نہیں کہ چلڈرنز ایڈ سوسائٹی کے کارکن بلاوجہ بچوں کو ان کے والدین سے جدا کرنے کے درپے ہیں۔ حقیقت یہ ہے کہ وہ از خود یا بلاوجہ ہی اپنی کارروائی کا آغاز نہیں کر دیتے۔ انھیں کمیونٹی میں سے کوئی نہ کوئی رپورٹ کرتا ہے۔ جس پر وہ حرکت میں آتے ہیں اور اس کارروائی میں بھی طے شدہ طریق کار پر عمل درآمد کیا جاتا ہے۔

شکایت موصول ہونے پر اس کی تفتیش کرنا بھی ان کا فریضہ ہے اور اس بات کا تعین کرنا بھی کہ شکایت درست ہے یا نہیں اور اگر درست ہے تو بچے یا بچوں کی حفاظت کو کس طور یقینی بنایا جائے۔

بچوں کو فوری طور پر فاسٹر ہوم میں منتقل نہیں کر دیا جاتا۔

اصل مسئلہ یہ بھی ہے کہ ضرورت کے مطابق فاسٹر ہوم موجود ہی نہیں ہیں اور پھر ورکرز کی کمی کا مسئلہ بھی ان اداروں کو درپیش رہتا ہے۔

بہر حال ایک طویل پراسیس کے بعد اگر عدالت یہ فیصلہ دیتی ہے کہ حقیقی والدین جسمانی یا ذہنی طور پر بچے کی ضروریات پوری کرنے کے اہل نہیں تو وہ ادارے کو حکم دیتی ہے کہ متاثرہ بچے کے لیے متبادل ہوم کا بندوبست کرے۔

اس مرحلہ پر سب سے پہلے قریبی رشتہ داروں سے رجوع کیا جاتا ہے۔ اگر وہاں بات نہ بنے تو پھر دوسری آپشنز زیر غور لائی جاتی ہیں۔

اور ہاں، فاسٹر ہوم جانے کے بعد بھی اکثر صورتوں میں حقیقی والدین ادارے کی نگرانی میں اپنے بچوں سے مل سکتے ہیں۔

ڈاکٹر خالد سہیل صاحب!

میں نے دو برس فیملی اینڈ چلڈرنز سروسز یعنی چلڈرنز ایڈ سوسائٹی کے ساتھ کام کیا اور متعدد مواقع پر محض بعض رویوں میں تبدیلی کا مشورہ ہی کافی رہا اور کئی ایک تو، جیسا

کہ میں نے عرض کیا، محض اس وجہ سے زیر تفتیش آئے کہ سکول کی استانی یا کوئی پڑوسی زبان اور محاورے سے عدم واقفیت کے باعث کچھ کا کچھ سمجھ بیٹھے۔ میں تو اب اس ادارے سے منسلک نہیں تاہم مقامی چلڈرنز ایڈ سوسائٹی مقامی وسائل کے بارے میں جاننے کے لیے یا زبان وثقافت کے باعث فیملی کی سہولت کے لیے مجھ سے رابطہ کرتے رہتے ہیں۔

میرا ایک مشاہدہ یہ بھی ہے کہ خاص کر ایسے معاشروں سے نئے آنے والے خاندان جہاں بچوں اور خواتین کے حقوق کو اہمیت نہیں دی جاتی اکثر گھریلو جھگڑوں کے اور بچوں کی نگہداشت میں عدم احتیاط کے سبب قانون کے گھیرے میں آ جاتے ہیں۔ میں نے سماجی خدمات کے شعبے میں اپنے سولہ برس کے دوران میں بھارت، پاکستان اور افغانستان کے علاوہ ویت نام اور کئی افریقی ممالک کے کتنے ہی باشندوں اور خاندانوں کو ایسی قانونی مشکلات کا شکار دیکھا ہے۔

معاشروں میں فرق کے باعث ان کے لیے یہ حقائق قبول کرنا بہت مشکل ہوتا ہے کہ عورتیں اور بچے بھی مکمل افراد ہوتے ہیں اور مساوی حقوق کے حق دار ہوتے ہیں۔ بعض معاشروں میں بچوں پر والدین کے حقوق کو "ملکیتی" رنگ بھی دیا جاتا ہے جیسا کہ مردوں کو عورتوں پر مقدم خیال کیا جاتا ہے اور اس بحث کا مذہبی، سماجی اور ثقافتی پس منظر بہت پیچیدہ اور اُلجھا ہوا ہے۔ بہرحال دیگر بہتر انسانی معاشروں کی طرح کینیڈا میں بھی والدین کو بچوں کا نگران تصور کیا جاتا ہے اور ریاست کی جانب سے بچوں کی ضروریات پورا کرنے کے لیے ریاست کی جانب سے باقاعدہ مالی امداد مہیا کی جاتی ہے۔

یہاں بچوں کے افعال کے ضمن میں "سزا" دینے کے بجائے "ڈسپلن" کرنے یا بہتر تربیت دینے کی ضرورت پر زور دیا جاتا ہے۔

میں ایک بار پھر وضاحت کر دوں کہ میں یہ ہرگز نہیں کہہ رہا کہ بچوں کی بہبود

کے شعبے میں یہاں بے قاعدگیاں نہیں ہوئی ہوں گی اور لوگوں کو منفی تجربات نہیں ہوئے ہوں گے تاہم یہ بات ضرور ہے کہ وقت گزرنے کے ساتھ ساتھ ورکرز کی ثقافتی تربیت اور کثیر اللسانی سٹاف کی موجودگی کے باعث اب یہ ادارے بھی معاشرے میں اپنا امیج بہتر بنانے میں کام یاب ہو رہے ہیں۔

اس بات میں دو رائے نہیں ہو سکتیں کہ والدین ہی بچے کی بہترین پرورش کر سکتے ہیں۔ بہبود کے یہ ادارے اس امر کو یقینی بنانے کا فریضہ انجام دینے پر مامور ہیں کہ بچوں کی بنیادی ضروریات احسن طریقے سے پوری ہو رہی ہیں۔ یہ ضروریات جسمانی بھی ہو سکتی ہیں اور نفسیاتی بھی۔ اور یہ بھی کہ بچے جسمانی اور ذہنی طور پر ظلم و زیادتی کا شکار نہ ہوں۔ تحقیق بتاتی ہے کہ اکثر والدین، رشتہ دار اور اساتذہ ہی بچوں کے حقوق کی پامالی کے ذمہ دار نکلتے ہیں۔ کیونکہ بچے زیادہ تر انھی کے زیر اثر ہوتے ہیں اور پھر یہ کہ وہ بڑوں کی طرف سے زیادتی کا نہ جواب دینے کی ہمت رکھتے ہیں اور نہ ہی دوسروں کو بتانے کی اہلیت رکھتے ہیں۔ ایسی زیادتیوں کا شکار ہونے والے بچے بعض اوقات عمر بھر نفسیاتی دباؤ کا شکار رہتے ہیں۔ مستقبل میں رشتوں پر اعتماد نہیں کر پاتے اور مختلف عوارض کا شکار ہو جاتے ہیں اور بدترین صورت کے بارے میں سوچیں تو بچپن کے یہ مظلوم بچے بڑے ہو کر خود ظالم کا روپ دھار لیتے ہیں۔ آپ خود ایک کام یاب ماہر نفسیات ہیں اور اس صورت حال اور اس کے اثرات کا بہتر ادراک رکھتے ہیں۔

لٰہذا ضرورت اس امر کی ہے کہ جہاں والدین بچوں کو ادب و احترام اور اپنی اقدار کی قدر کرنے کی تلقین کرتے ہیں وہاں وہ خود بھی بچوں کے حقوق کے بارے میں جانیں۔ ان کی تربیتی مراحل کی ضروریات کا لحاظ رکھیں اور انھیں تحفظ فراہم کریں۔ دوسری جانب بچوں کو بھی اپنے حقوق کا علم ہونا چاہیے اور اس ضمن میں تعلیمی ادارے اور بچوں کے بہبود کے ادارے باقاعدہ کوشاں ہیں۔

ڈاکٹر صاحب!

یہ موضوع حساس بھی ہے اور تفصیل طلب بھی۔ ایک خط میں اس کا احاطہ ممکن نہیں۔ چند معروضات و مشاہدات رقم کرنے پر ہی اکتفا کر رہا ہوں۔

دعا کے ساتھ

حامد یزدانی

30 نومبر 2023

خالد سہیل کا خط

محترمی و مکرمی حامد یزدانی صاحب!

آپ نے اپنے تجربے، مشاہدے اور مطالعے کی روشنی میں کینیڈا میں بچوں کے حقوق کے بارے میں جو تفصیلی خط لکھا ہے اس نے میری معلومات میں بہت اضافہ کیا ہے اور مجھے قوی امید ہے کہ اس سے 'ہم سب' کے قارئین بھی استفادہ کریں گے۔

مجھے تو یہ پتہ ہی نہ تھا کہ کینیڈا نے اقوام متحدہ کے ساتھ بین الاقوامی معاہدہ کر رکھا ہے اور نہ ہی یہ معلوم تھا کہ چلڈرن ایڈز سوسائٹی اب فیملی اینڈ چلڈرن سروسز کہلاتی ہے۔

اب میرا خیال ہے کہ آپ کے علم، تجربے اور دانائی سے فیضیاب ہونے کے لیے ہمیں خطوط کا یہ سلسلہ جاری رکھنا چاہیے۔

حامد یزدانی صاحب!

آپ کا خط پڑھتے ہوئے مجھے وہ خبر یاد آ گئی جو کئی برس پیشتر میں نے مقامی اخبار میں پڑھی تھی۔ ان دنوں اونٹاریو کی مینانائٹ کمیونٹی ایک بحران کا شکار تھی۔ آپ اس

حقیقت سے بخوبی واقف ہوں گے کہ مینا نائٹ کمیونٹی بہت روایتی اور مذہبی ہے۔ آپ اگر اس کمیونٹی میں سیر کریں تو یوں لگتا ہے جیسے وہ لوگ اکیسویں صدی کی بجائے آج بھی سترہویں صدی میں زندگی گزار رہے ہیں۔

اس شہر کے سب مرد و زن و بچے کالے کپڑے پہنتے ہیں اور گھوڑا گاڑی پر سفر کرتے ہیں۔ اتوار کے دن گرجے کے باہر بیسیوں گھوڑا گاڑیاں کھڑی ہوتی ہیں۔ میں جس دن ان گلیوں بازاروں میں گھوم رہا تھا اس دن مجھے بچپن کا لاہور یاد آ رہا تھا جب ہم اپنی خالہ کے گھر ٹانگے پر بیٹھ کر جایا کرتے تھے۔

مینا نائٹ جدید کاروں اور ٹکنالوجی کے خلاف ہیں۔ وہ سمجھتے ہیں جدید سائنس اور ٹکنالوجی نے انسانیت کو گمراہ کر دیا ہے۔

وہ لوگ مذہبی روایات کی پاسداری کرتے ہیں اور ان کی مذہبی روایات میں سے ایک روایت یہ ہے کہ وہ بچوں کی اصلاح کے لیے انہیں چھڑی یا ڈنڈے سے مار سکتے ہیں۔

جب چلڈرن ایڈز سوسائٹی کو کسی نے خبر دی کہ انہوں نے ماؤں کو بچوں کو مارتے پیٹتے دیکھا ہے تو چلڈرنز ایڈز سوسائٹی کی سوشل ورکرز وہاں پہنچ گئیں۔ انہوں نے ماؤں سے کہا کہ وہ بچوں کو مارنا پیٹنا چھوڑ دیں کیونکہ کینیڈین قانون اس کی اجازت نہیں دیتا۔ کینیڈین قانون کے مطابق والدین بچوں کو Physical Punishment نہیں دے سکتے کیونکہ ایسی مار پیٹ محبت کی بجائے تشدد میں شمار ہوتی ہے۔ کینیڈین قانون چاہتا ہے کہ ماں باپ بچوں کو پیار محبت سے سمجھائیں اور بات چیت اور مکالمہ کرنے سے مسائل حل کریں۔

سوشل ورکرز کا خیال تھا کہ ان کی گفتگو کے بعد مینا نائٹ مائیں معافی مانگیں گی اور آئندہ مار پیٹ سے احتراز کرنے کا وعدہ کریں گی۔ لیکن ان ماؤں نے سوشل ورکرز

مشترکہ محبوبہ

سے کہا:

'جو حق ہمیں خدا نے دیا ہے وہ آپ ہم سے کیسے چھین سکتی ہیں؟'

سوشل ورکرز کو ایسے جواب کی بالکل توقع نہ تھی۔

میں نے پھر اخبار میں نہیں پڑھا کہ ان سوشل ورکرز نے والدین کی مذہبی روایت اور ریاستی قانون کے اس تضاد کا کیا حل نکالا؟

حامد یزدانی صاحب!

انسانی نفسیات کے طالب علم ہونے کے ناتے میرے لیے یہ موضوع ہمیشہ دلچسپی کا باعث رہا ہے کہ جب کسی انسان کے سامنے دو راستے ہوں ایک مذہب کا راستہ اور ایک قانون کا راستہ تو وہ انسان کس راستے کا چناؤ کرتا ہے؟

چلے دیکھتے ہیں آپ اور 'ہم سب' کے قارئین اس حوالے سے کیا جواب دیتے ہیں؟

آپ کا مداح

خالد سہیل

ooo

نویدِ صبح ہیں، سارے جہاں کے بچے ہیں

خالد سہیل، حامد یزدانی

خالد سہیل کا خط

میرے یار طرحدار حامد یزدانی!

آپ سے پچھلے چند خطوط میں کینیڈا کے قوانین اور خاندان کی ذمہ داریوں کے بارے میں تبادلہ خیال کرتے ہوئے میں اپنی غیر روایتی زندگی اور باپ بننے کے تجربے کے بارے میں سوچنے لگا۔ چونکہ اب آپ کی اور 'ہم سب' کے قارئین کی دوستی میں بے تکلفی کا عنصر بڑھ رہا ہوں اس لیے اب آپ سے چند ذاتی تجربات شیئر کرنا چاہتا ہوں۔

میرا ایک شعر ہے:

وہ جس کسی کی بھی آغوشِ جاں کے بچے ہیں
نویدِ صبح ہیں، سارے جہاں کے بچے ہیں

میری اکلوتی محبت کرنے والی بہن عنبرین کوثر نے ایک شام بڑے پیار سے مجھ سے ایک معصوم سا سوال پوچھا:

سہیل بھائی آپ نے بچے کیوں نہیں پیدا کیے؟

میں نے کہا: میں ماں یا باپ بننے کی ذمہ داری کو امریکہ کا صدر بننے کی ذمہ داری سے بھی زیادہ اہم سمجھتا ہوں۔ امریکی صدر تو چار یا آٹھ سال بعد وائٹ ہاؤس چھوڑ کر اپنے گھر چلا جاتا ہے اور اس کی صدارت کی ذمہ داری ختم ہو جاتی ہے لیکن ماں یا باپ بننے کی ذمہ داری ساری عمر رہتی ہے۔ آپ جانتی ہیں کہ میں ایک شاعر منش درویش ہوں اور بچے پیدا کرنے کی بھاری ذمہ داری اپنے کندھوں پر نہیں اٹھا سکتا۔ آپ کے چار بچے ہیں آپ آج کے بعد یہ سمجھیں کہ آپ کے بڑے دو بچے عفیفہ اور عروج آپ کے ہیں اور چھوٹے دو ذیشان اور وردہ میرے ہیں۔

میں نے تو یہ بات مزاح میں کہی تھی لیکن حسن اتفاق دیکھیے کہ ان کے بڑے دونوں بچے ان کے پاس پاکستان رہ گئے اور چھوٹے دو میرے پاس کینیڈا آ گئے۔

دونوں چند برس میرے پاس رہے اور پھر اپنے اپنے گھر چلے گئے۔

ذیشان اب سعودی عرب میں رہتے ہیں جبکہ وردہ بریمٹن میں رہتی ہیں۔

ویسے تو میں ان کا ماموں ہوں لیکن وہ مجھے بچوں کی طرح عزیز ہیں۔

ہمارا رشتہ محبت بھری دوستی کا رشتہ ہے۔

اب میری دو بیٹیاں ہیں۔

وردہ میری پاکستانی بیٹی ہیں اور ایڈ رینا میری کینیڈین بیٹی ہیں۔

کینیڈین بیٹی کی کہانی بھی دلچسپ ہے آپ بھی سن لیں۔

میری پرانی محبوبہ بے ٹی ڈیوس، جو اپنی اولاد سے محروم تھیں 1990ء میں رومانیہ گئی تھیں اور ایڈ رینا کو اس وقت ایڈاپٹ کر کے لے آئی تھیں جب ان کی عمر صرف بارہ دن تھی۔

میری جب ایڈ رینا سے ملاقات ہوئی تو وہ بارہ برس کی تھیں۔

میں نے جب بے ٹی ڈیوس کو دعوت دی کہ وہ نیوفن لینڈ سے اونٹاریو ہجرت

کریں تو میں نے ان کے ساتھ ایڈ رئینا کو بھی دعوت دی تھی اور وہ دونوں ٹورانٹو چلی آئی تھیں۔

ایڈ رئینا ہم دونوں اور وردہ کے ساتھ کئی برس تک ایک گھر میں رہیں۔

پندرہ برس کی رفاقت کے بعد جب بے ٹی ڈیوس اور میں جدا ہوئے تو میں نے ایک شام ایڈ رئینا سے ڈنر کی میز پر کہا:

ایڈ رئینا آپ کی امی اور میں جدا ہو رہے ہیں اور اپنا گھر بیچ رہے ہیں۔اب ہم علیحدہ علیحدہ گھروں میں رہیں گے۔آپ کس کے ساتھ رہنا چاہیں گی؟

ایڈ رئینا نے میری طرف دیکھا اور کہا:

'آپ کے ساتھ'

میں نے بے ٹی کی طرف دیکھا تو انہوں نے کہا:

'مجھے کوئی اعتراض نہیں آپ اس کے باپ کی طرح ہیں'

چنانچہ میں نے ایک تین کمروں کا کونڈومینیم لیا جس میں ایک کمرہ میرا تھا،

ایک کمرہ ایڈ رئینا کا تھا،

اور ایک کمرہ مہمانوں کے لیے تھا۔

ایڈ رئینا میرے ساتھ تین سال رہیں۔ پھر جب کووڈ کی وبا شروع ہوئی تو وہ اپنے بلغاریہ کے بوائے فرینڈ گیورگی کے گھر میں منتقل ہوگئیں۔

بے ٹی سے جب رومانوی رشتہ ختم ہوا تو میرا خیال تھا کہ وردہ اور ایڈ رئینا کا رشتہ بھی ختم ہوجائے گا۔لیکن ایسا نہیں ہوا۔

اتنے برسوں کے بعد اب تک وہ ایک دوسرے کی بہنیں بھی ہیں اور سہیلیاں بھی ہیں۔

پچھلے سال جب وردہ کی کار کا ایکسیڈنٹ ہوا تو جن لوگوں نے وردہ کا خاص

خیال رکھا ان میں ایڈریئنا بھی شامل تھیں۔

ایک سال بعد اب وردہ صحتمند ہو کر اپنے گھر بھی چلی گئی ہیں اور انہوں نے ایک کار بھی خرید لی ہے۔

پچھلے ہفتے وردہ کا فون آیا کہ وہ ایک شام میرے ساتھ گزارنا چاہتی ہیں تو میں نے انہیں وھٹبی کے گریک ٹائکون ریستوران میں ڈنر کے لیے بلایا۔

یہ پہلی دفعہ تھی کہ وہ خود اپنی کار چلا کر آئیں اور ہم نے مل کر ڈنر کھایا۔

ڈنر کے بعد میں نے وردہ کو ایک وینس کا مجسمہ دکھایا جو اس ریستوران کے کونے میں پڑا تھا۔

میں نے جب وردہ کو بتایا کہ میڈیکل کالج کے طلبا و طالبات کے شعری مقابلے میں جب میں نے پہلی دفعہ اپنی نظم سرخ دائرہ پڑھی تھی تو مشاعرے کے ججز نے، جن میں احمد ندیم قاسمی، احمد فراز اور محسن احسان شامل تھے، مجھے پہلا انعام دیا تھا اور وہ ایک وینس کا مجسمہ تھا۔ وردہ کو جب میرے وینس کے مجسمے کے ساتھ اس خاص تعلق کا پتہ چلا تو انہوں نے اس مجسمے کی تصویر اتاری اور میرے لیے ایک وینس کا مجسمہ آرڈر کر دیا جو وہ مجھے کرسمس کے تحفے کے طور پر دینا چاہتی ہیں۔

میں نے آپ سے یہ واقعات اس لیے شیئر کیے ہیں تا کہ آپ کو میری دونوں بیٹیوں سے محبت پیار اور اپنائیت کے تعلق کا اندازہ ہو۔

اب میں آپ سے پوچھنا چاہتا ہوں کہ آپ کا باپ بننے کا تجربہ کیسا رہا؟

اور وہ تجربہ آپ کی توقعات سے کیسے مختلف تھا؟

آپ کا مداح

خالد سہیل

نومبر 2023

حامد یزدانی کا جوابی خط

ڈیئر ڈاکٹر خالد سہیل صاحب!

"باپ" بننے کے تجربے سے متعلق آپ کا خط نظر نواز ہوا۔ آپ نے جس محبت، اپنائیت اور حُسنِ دیانت سے اپنی زندگی کے اس خوب صورت باب کو رقم کیا ہے وہ اپنی مثال آپ ہے۔ اس خط سے مجھے آپ کی شخصیت کے بارے میں مزید جاننے کا موقع ملا۔ وہ بچے یقیناً خوش قسمت ہیں جنھیں آپ کی پدرانہ شفقت اور تربیت حاصل ہوئی۔

"باپ" بننے کا میرا تجربہ آپ کے تجربے کی طرح منفرد اور انوکھا تو نہیں مگر روایتی ہوتے ہوئے بھی اہم اور بامعنی ضرور ہے۔

جہاں تک اس حیات آفریں تجربے اور اس کے حوالے سے میرے احساسات کا تعلق ہے تو عرض ہے کہ میں باپ 1992ء کے موسمِ بہار میں بنا تھا جب ہمارا بڑا بیٹا زرناب پیدا ہوا۔ ان دنوں میں اور میری بیگم طاہرہ جرمنی کے شہر کولون میں مقیم تھے۔ دراصل اسی شہر میں ہم نے اپنی گھر گرہستی کا آغاز کیا تھا۔ ہماری شادی تو لاہور، پاکستان ہی میں ہوئی تھی مگر ملازمت کے سبب مجھے فوری جرمنی جانا پڑا تھا۔ بہرحال، میں سمجھتا ہوں کہ پہلے شوہر اور پھر والد بننے کا تجربہ میرے لیے زندگی بدل دینے والا تجربہ تھا کیونکہ میں تو لڑکپن سے ایک یار باش اور قدرے آوارہ گرد انسان رہا تھا۔ جس کا گھر لوٹنے کا کوئی متعین وقت نہ تھا۔ رات گئے تک لاہور کے چائے خانوں کی رونقیں دیکھنا، شہر شہر ادبی تقاریب میں شرکت کرنا، دن کو پڑھنا پڑھانا، ریڈیو، ٹی۔ وی، رات کو اخبارات کی ملازمت، چھٹی کے دن ادبی اجلاسوں میں شرکت اور دوست احباب سے لمبی لمبی ملاقاتیں اور باتیں، سٹیج ڈرامے اور فلمیں الگ سے۔

ایسے میں ایک دم سے جرمنی منتقل ہوجانا اور زندگی میں ایک مستقل ساتھی کا

آ جانا میرے لیے ایک مختلف تجربہ تھا۔ مگر حقیقت یہ ہے کہ خوش گوار اور زندگی پرور تجربہ تھا یہ۔ ورنہ ہم کار خواتین وحضرات کی موجودگی اور دل جوئی کے باوجود جرمنی کے شب و روز جلد ہی احساسِ تنہائی کے زیرِ اثر آ جاتے۔ طاہرہ کے ساتھ نے مجھے احساسِ تنہائی کے کرب سے بھی بچایا اور میری توجہ لکھنے پڑھنے کی جانب بھی مبذول رکھی۔ وہیں رہتے ہوئے میں نے اپنا اوّلین شعری مجموعہ "ابھی اک خواب رہتا ہے" ترتیب دیا۔ اور پھر ہماری زندگی میں آیا برخوردار زرناب جس نے زندگی، وقت اور رشتوں کے ضمن میں لاپروائیوں پرنظرِ ثانی کرنے پر مجبور کر دیا۔ زندگی کے جوش اور ولولہ کو یک گونا ٹھہراؤ اور سمت مل گئی تھی۔ یوں تو میں ہمیشہ سے اپنے خاندان کی بہتری کو افضلیت دیتا تھا مگر اب گو یا ایک ذمہ داری کی صورت سامنے ابھر آئی تھی۔ زرناب کی پرورش کرتے ہوئے اور پھر عمید، اریب اور رابعہ کو پھلتا پھولتا دیکھتے ہوئے میں نے کئی بار پیچھے مُڑ کر دیکھا اور ماضی کے آئینے میں خود کو پہچاننے کی کوشش کی مگر ناکام رہا۔ جانے کب میں بالکل بدل چکا تھا۔

ایسا بھی نہیں کہ اس سفر میں مشکلات نہیں آئیں۔ بچوں کی طرف سے ٹین ایج کے دنوں میں مزید آزادی کے لیے مسلسل کوششیں بھی ہوئیں۔ کھانوں کے ضمن میں اپنی پسند و ناپسند پر بحث و مباحثہ بھی کیا۔ ان کی تعلیم کے مراحل آسان نہ تھے۔ خاص کر پاکستان میں مگر یہاں کینیڈا آ کر بھی ان کے تعلیمی سفر پر نظر رکھی۔ جہاں انھیں مشورے کی ضرورت پڑی والدین کے طور پر ہم نے اپنی طرف سے اچھا مشورہ ہی دیا اور ان کی خواہشات کو کبھی نظر انداز نہیں کیا۔ نہ ان پر کبھی اپنی پسند کے مضامین ٹھونسے اور نہ ہی کوئی غیر حقیقی ہدف مقرر کر کے انھیں کسی اذیت میں مبتلا کیا۔ چناں چہ انھوں نے جو جی چاہا پڑھا۔ جو سپورٹس ٹیم چاہی جائن کی۔ وڈیو گیمز کھیلیں۔ شہروں کی بلکہ ملکوں کی سیر کی اور ہم سے بھی مسلسل رابطہ رکھا۔ یہ بڑی خوش قسمتی ہے ہماری۔ اب شادی کے بندھنوں میں

بندھنے کے باوجود ہمیں یاد رکھے ہوئے ہیں۔

ایک حقیقت یہ بھی ہے کہ ہمارے بچوں میں محبت واحترام، طمانیت اور قناعت پسندی جیسے اوصاف بھی موجود ہیں جو میرے خیال میں میرے والد صاحب قبلہ یزدانی جالندھری کی جانب سے انھیں ودیعت ہوئے ہیں۔ اور پھر ان میں کسی نہ کسی انداز میں تخلیقی عنصر بھی موجود ہے۔ کہیں وہ پینٹنگز کی صورت میں بھی اجاگر ہوتا ہے اور کہیں فوٹو گرافی اور عالمی ادب میں دل چسپی کی شکل میں۔ الحمدللہ۔

ڈاکٹر صاحب!

سچ پوچھیں تو نہ ہم نے بچوں کو بے جا تنگ کیا اور نہ انھوں نے ہمیں۔ حتیٰ کہ اپنا جیون ساتھی چننے کے لیے ہمارے مشرقی والدین جو روایتی دباؤ بچوں پر ڈالتے ہیں ہم نے اس سے بھی طبعاً اور ارادتاً اجتناب کیا۔ جس کا نتیجہ باہم اعتماد اور محبت کی صورت ہی میں برآمد ہوا۔ میرا مشاہدہ ہے کہ جو والدین بچوں پر تعلیم اور شادیوں کے لیے اپنی پسند و ناپسند مسلط کرتے ہیں وہ اکثر اپنی اور بچوں کی بے سکونی اور ناکامی کا سامان کرتے ہیں۔

رہی بات میری تخلیقی سرگرمیوں پر باپ بننے کے اثرات کی تو یقیناً معمولات تو متاثر ہوئے مگر دل چسپ بات یہ ہوئی کہ سوچ کی تبدیلی نے شاعری کا رُخ بھی قدرے بدل دیا۔ شاید بچوں کی پرورش اور نگہداشت کے توسط سے میں پھر سے اپنا بچپن جی رہا تھا مگر ان مشکلات اور چیلنجز کو راہ سے ہٹاتے ہوئے جن کا سامنا معاشی مجبوریوں کے باعث میرے بچپن کو کرنا پڑا تھا۔ تاہم توجہ اور محبت کی، مقدار کو کم نہیں ہونے دیا۔ تعلیم، کیریر اور حتیٰ کہ شادی کے ضمن میں بھی والد صاحب نے مجھے چناؤ کا آزادانہ موقع دیا۔ والدہ صاحبہ، البتہ بعض تحفظات کا اظہار کرتی تھیں۔ مثلاً یہ کہ مجھے ڈاکٹر بننا چاہیے اور شادی رشتہ داروں میں کرنا چاہیے۔ میں بس ان کی یہ دو باتیں نہ مان سکا۔ اگرچہ بعد ازاں، انھوں نے میرے ان فیصلوں پر خوشی ہی کا اظہار کیا۔ سو، ہم نے بطور والدین

بچوں کو اس دباؤ سے آزاد رکھا۔ شاید یہی سبب ہو کہ وہ تعلیم اور پیشہ ورانہ مصروفیات سے خوش ہیں۔ خوب محنت اور ترقی کر رہے ہیں۔

میں بات کر رہا تھا اپنے تخلیقی رُخ میں تبدیلی کی تو یورپ کے سفر و قیام نے ایک تو شاعری کے مضامین کو بدلنے پر مجبور کر دیا اور پھر رجحان بھی نظم کی جانب موڑ دیا اور پھر نظم میں بھی متنوع موضوعات۔ ان موضوعات میں اہلِ خانہ سے تعلق اور محبت بھی سمائی ہوئی تھی۔ مثلاً میرے پہلے شعری مجموعے کے آغاز ہی پر یہ خوشبو محسوس کی جاسکتی ہے جس کا انتساب والد صاحب کے نام ہے۔ دوسرا شعری مجموعہ میں نے امی جان کے نام کیا۔ پنجابی کتاب طاہرہ بیگم کے لیے تھی جبکہ حال ہی میں آپ کے تعاون سے میری اردو نظموں کے انگریزی تراجم کی جو کتاب شائع ہوئی ہے وہ بھی تو میرے بچوں اور پوتوں کے نام ہے۔ دوسرے مجموعہ میں ایک نظم بیٹے "زرناب کے نام" ہے۔ اس حوالہ سے شاید لاشعور میں پروفیسر عارف عبدالمتین صاحب کی شاعری رہی ہو جو خاندان کے افراد سے تعلق کی شان دار نمائندگی کرتی ہے۔

آپ نے دیکھا ہی ہوگا کہ خاندان کا موضوع اور خاندان کے افراد سے تعلقات کی نوعیت کی کہانیاں میرے افسانوں میں بھی بکھری ہوئی ہیں۔ گویا میری فیملی میری تخلیقی کائنات سے کٹی ہوئی نہیں ہے۔ وہ اسی آسمان کا حصہ ہے اور جا بجا میری زندگی اور سوچ کو جگمگاتی ہوئی دکھائی دیتی ہے۔

ڈاکٹر صاحب!

میرا مشاہدہ یہ بھی رہا کہ ہمارے چاروں بچے محنتی، دیانت دار اور راست گو ہیں۔ ویسے یہ اوصاف میں نے یہاں پرورش پانے والے اکثر بچوں میں دیکھے ہیں۔ خیر، ہمارے بچے جیسے جیسے بڑے ہوئے انھوں نے پڑھائی کے ساتھ ساتھ کہیں نہ کہیں جز وقتی کام بھی شروع کر دیے۔ کوئی علی الصبح کسی گرین ہاؤس یا گارڈننگ سینٹر کے لیے بھاگ رہا

ہے اور کوئی رات ڈھلے کال سنٹر کے لیے اور کوئی افغان ریستوران میں نان اور کابلی پلاؤ بنا رہا ہے۔ اس طرح انھوں نے سکول کے بعد کالج اور یونی ورسٹی کے تعلیمی اخراجات بھی پورے کیے اور ہم والدین کی بھی دعوتیں کیں۔ ویسے میں نے بھی اپنے تعلیمی اخراجات کے لیے اپنے والدین کو کبھی زحمت نہ دی تھی۔ ٹیوشن، ریڈیو، ٹی وی وغیرہ سے اور پھر تعلیمی سکالرشپ سے سارے خرچے بآسانی پورے ہو جاتے تھے۔ بچوں میں محنت اور لگن دیکھ کر ہمارا دل بہت خوش ہوتا ہے۔

باپ بننے کا تجربہ ہر فرد کے لیے چیلینجز اور خوشیاں دونوں لے کر آتا ہے مگر ایک تخلیق کار کے لیے یہ تجربہ کچھ گہرے اثرات کا حامل ہوتا ہے۔ یہ اثرات مثبت بھی ہو سکتے ہیں اور منفی بھی۔ میرے لیے تو یہ مثبت اور تعمیری اثرات ہی کے حامل ثابت ہوئے جن سے میری سوچ اور اظہار کے زاویوں میں تبدیلی بھی واقع ہوئی اور انھیں وسعت بھی ملی۔

ڈئیر ڈاکٹر خالد سہیل صاحب!

یہ چند بکھری بکھری باتیں ہیں جو آپ کے لیے "جوابِ آں غزل" کے طور پر درج کر دی ہیں۔ شاید آپ کو اچھی لگیں کہ یہ ایک دوست کی زندگی کے ایک خاص گوشے سے متعلق ہیں۔

سدا خوش رہیں۔

دعا گو

حامد یزدانی

یکم دسمبر 2023

ooo

ڈھلتی عمر کی اُداسی

حامد یزدانی، خالد سہیل

حامد یزدانی کا خط

ڈیئر ڈاکٹر خالد سہیل صاحب!

امید کہ آپ بخیر ہوں گے۔ یوں تو آپ کے علم و تجربہ سے بالواسطہ اور بلاواسطہ مسلسل ہی استفادہ کرتا رہتا ہوں اور آپ کی شخصیت کی ہمہ جہتی کے بدولت یہ استفادہ کئی ایک شعبوں میں ہوتا ہے۔ ان شعبوں کا دائرہ کار شعر و ادب سے فکر و فلسفہ تک اور روزمرہ زندگی کے معاملات سے تاریخی، سماجی اور نفسیاتی موضوعات تک پھیلا ہوا ہے۔ آپ سے تبادلہ خیال کر کے طمانیت اس لیے بھی حاصل ہوتی ہے کہ آپ کی رائے کے پس منظر میں موضوع کا گہرا مطالعہ اور غیر معروضی سائنسی نکتہ نظر موجود ہوتا ہے اور اس لیے بھی کہ آپ ایک معالج، دانش ور اور نفسیات دان ہونے کے ساتھ ساتھ ایک ایسے صاحب الرائے فرد ہیں جو اپنی رائے دوسروں پر ٹھونستے نہیں بلکہ فیصلہ کا اختیار سوال کرنے والے پر چھوڑ دیتے ہیں اور پھر مکالمہ کا دریچہ کبھی بند نہیں کرتے۔ میری خوش قسمتی ہے کہ میں آپ سے متعارف ہوں۔

مشترکہ محبوبہ

ڈاکٹر صاحب! جیسا کہ آپ جانتے ہیں ایم اے سوشیالوجی اور پھر ماسٹر آف سوشل ورک کی پیشہ ورانہ تعلیمی اسناد حاصل کرنے کے بعد پہلے تو کئی برس پاکستان اور جرمنی میں تدریس وصحافت کے شعبوں سے منسلک رہا۔ اب گزشتہ پندرہ برس سے ادھر کینیڈا میں سوشل سروسز کے شعبہ سے متعلق ہوں اور اس شعبہ کی اہمیت آپ خوب جانتے ہیں۔ اس کا دائرہ کار اور اہمیت پاکستان، بھارت اور دیگر ترقی پذیر معاشروں سے بے حد مختلف ہے کہ یہاں شعبہ کی پیشہ ورانہ قومی یا صوبائی تنظیم سے وابستگی اور صوبائی کالج میں رجسٹریشن کے بغیر سوشل ورکر کا ٹائٹل استعمال نہیں کر سکتے جیسے ڈاکٹر، انجینئر اور دیگر پیشے ہیں۔

یہ پس منظر بیان کر کے عرض یہ کرنا چاہتا ہوں کہ اس شعبہ میں خدمات کی ادائی کے دوران میں نے بچوں اور خاندانوں کے لیے مختص اداروں میں بھی کام کیا ہے اور کمیونٹی ڈویلپمنٹ کے ضمن میں بھی۔ انفرادی طور پر بھی خدمات انجام دی ہیں اور گروپ کی صورت میں بھی اور اب کینیڈا میں نئے آنے والوں کے لیے قائم ایک ایسے فعال ادارے سے وابستہ ہوں جو وفاقی اور صوبائی حکومت کی مالی اعانت سے چلتا ہے۔ ہر روز ہی نت نئے افراد اور خاندانوں کا استقبال کرتا ہوں اور انھیں ان کے نئے دیس کے بارے میں معلومات فراہم کرتا ہوں۔ یہ افراد اور خاندان متنوع وجوہ سے دنیا کے مختلف بر اعظموں سے سفر کر کے کینیڈا کو اپنا وطن بنانے کے لیے یہاں آتے ہیں۔

میرا مشاہدہ یہ ہے کہ مختلف معاشروں اور ثقافتوں میں مرد اور عورت کے مقام اور ان کی حیثیت و کردار کے حوالہ سے جو تفاوت اور تقسیم مروج ہے ان کے اثرات ان نو واردان پر بہت گہرے ہوتے ہیں اور اسی باعث انھیں بسا اوقات شدید مشکلات کا سامنا کرنا پڑتا ہے۔ مثلاً جب میں انھیں کینیڈا میں بچوں اور عورتوں کے حقوق کے لیے موجود کڑے قوانین کا بتاتا ہوں تو اکثر مرد حضرات کسمسانے لگتے ہیں اور کچھ تو برہمی کا بھی اظہار کرتے ہیں کیونکہ وہ اپنی بیویوں اور بچوں پر اپنے امتیازی اختیار کے قائل ہوتے ہیں۔

اور دوسری جانب خواتین بھی اظہار میں مخصوص جھجک محسوس کرتی دکھائی دیتی ہیں۔ ایسے میں بچوں کی بے یقینی کی کیفیت کو سمجھنا قطعی آسان ہے۔ حیرت کا امر یہ ہے کہ یہ صنفی تفریق برس ہا برس یہاں گزارنے کے بعد بھی خاص کر امیگرنٹ خاندانوں میں موجود رہتی ہے۔ اس میں عورتوں کی ملازمت، بچوں کی شادیوں میں ان کی مرضی، اہل خانہ اور ہم کاروں کے درمیان اختلاف رائے پر عدم برداشت، ذہنی اور نفسیاتی صحت پر گفتگو، پھر گزرتے وقت اور ڈھلتی عمر کے بدلتے ہوئے تقاضوں کے ساتھ خیالات اور معاملات زندگی کی عدم مطابقت جیسے مسائل شامل ہیں۔

اچھا، ایک بات اور میرے مشاہدے میں آئی کہ ترقی پذیر اور روایت پسند معاشروں کے افراد غیر رسمی مدد کے ذریعہ ہی مسائل کا حل چاہتے ہیں۔ غیر رسمی وسائل کا استعمال بھی مستحسن ہی ہے مگر معاملہ کی نوعیت کی سنگینی اور قانونی حدود کی موجودگی میں یہ غیر رسمی ذرائع ہر بار یا پورے طور پر موثر اور نتیجہ خیز نہیں ٹھہرتے اور مشکل یہ ہے کہ روایتی معاشروں میں پرورش پانے والے بہت سے افراد رسمی اور پروفیشنل مدد سے یا تو ناواقف ہوتے ہیں یا اس طرف قدم بڑھانے سے خائف ہوتے ہیں اور نتیجہ یہ نکلتا ہے کہ قابلِ حل خانگی مسائل گمبھیر اور ناقابلِ واپسی موڑ تک پہنچ جاتے ہیں۔

ایسا ہی معاملہ حال ہی میں میری پہچان کے ایک پاکستانی خاندان کے ساتھ پیش آیا۔ ان کے حالات اور کیفیات پر نظر کریں تو مڈ لائف کرائسز یا ادھیڑ عمری کے بحران کی جانب واضح اشارہ ملتا ہے مگر لاعلمی اور غیر رسمی امدادی کارروائیوں کے سبب یہ ایسا بگڑا کہ نوبت طلاق تک جا پہنچی۔ اس سفر میں دونوں طرف ذہنی اذیت اور رشتوں کی توڑ پھوڑ سے جنم لینے والی داخلی اور خارجی تکالیف کا ذکر ایک کہی اور ان کہی طویل داستان ہے جس کے اثرات سے ایک سے زیادہ نسلیں متاثر ہوئیں۔

ڈاکٹر خالد سہیل صاحب! یوں تو ایسے کئی مسائل ہیں جن پر آئندہ خطوط میں

بات ہوگی، سردست اگر اسی موضوع یعنی مڈ لائف کرائسز، جسے مڈل ایج کرائسز بھی کہا جاتا رہا ہے، پر ہی رہیں تو یہ فرمایئے کہ بطور ایک نفسیات دان آپ اس کی کیا تعریف کریں گے اور اس کے اسباب و علل کو کیسے واضح کریں گے؟

کیا واقعی ایسا کوئی بحران زندگی میں بپا ہوتا ہے یا یہ محض خیالی یا پھر مغربی معاشروں کی وضع کردہ بس ایک اصطلاح ہے؟ کیا یہ ہر معاشرے میں ہوتا ہے؟

یہ بھی بتا سکیں تو ممنون ہوں گا کہ اس مسئلہ سے کیسے نمٹا جا سکتا ہے اور یہ کہ اس ضمن میں مرد اور عورت کے کردار کی اہمیت میں کیا کوئی فرق بھی ہے؟

ایک عمومی سوال یہ بھی کہ روایتی معاشروں میں پرورش پانے والے افراد جو ترقی یافتہ مغربی سماج میں زندگی گزار رہے ہیں اپنی سوچ اور طرزِ عمل میں تبدیلی کے لیے آسانی سے تیار کیوں نہیں ہوتے؟

بس دوست خاندان کو درپیش اس حالیہ واقعہ پر غور کرتے ہوئے یہ چند سوالات ذہن میں آئے تو میں نے سوچا کہ کیوں نہ آپ کی ماہرانہ رائے سے ایک بار پھر استفادہ کیا جائے۔ ہوسکتا ہے آپ کے جوابات کی روشنی سے کئی اور ذہن بھی منور ہو جائیں۔

پیشگی شکریہ کے ساتھ

آپ کا دوست اور مداح

حامد یزدانی

خالد سہیل کا جواب

محترمی و معظمی حامد یزدانی صاحب!

آپ کا تفصیلی اور پرمغز ادبی محبت نامہ ملا تو مجھے خوش گوار حیرت ہوئی کیونکہ ماضی میں جب میں نے آپ سے تحریری مکالمے کا ذکر کیا تھا تو آپ خاموش رہے تھے۔

مجھے یوں محسوس ہوا تھا جیسے وہ خاموشی آپ کی ہچکچاہٹ کی آئینہ دار ہو۔ میں انتظار بسیار کے بعد نا امیدی کے کنارے کو چھونے والا ہی تھا کہ آپ کا خط آ گیا اور میرے چہرے پر مسکراہٹ پھیل گئی۔

آپ نے اپنے خط میں میرے لیے جن جذبات کا اظہار کیا ہے وہ میری شخصیت سے زیادہ آپ کی محبت اور اپنائیت کی ترجمانی کرتے ہیں۔ سچ تو یہ ہے کہ میں ایک پاپی ہوں اور آپ ایک پارسا اور کسی پارسا کا کسی پاپی کو دل سے لگانا پارسا کی وسیع القلبی اور فراخدلی کی ترجمانی کرتا ہے۔ آپ کا خط پڑھ کر اب امید بڑھ رہی ہے کہ ہمارے درمیان ایک بامعنی ادبی، نفسیاتی اور سماجی مکالمے کے امکانات روشن ہیں۔ آپ ایک عمدہ شاعر اور صاحبِ طرز افسانہ نگار ہی نہیں ایک مقبول کالم نگار بھی ہیں اور ان تمام ادبی کارناموں پر آپ کا سوشل ورکر ہونا مستزاد ہے۔ یہ میری خوش بختی ہے کہ آپ مجھ سے زندگی کے مختلف موضوعات پر تبادلہ خیال کرنا چاہتے ہیں۔

جب میں نے آپ کے خط میں مڈ لائف کرائسز کا ذکر سنا تو مجھے وہ ادھیڑ عمر دوست یاد آ گئے جنھوں نے تیس برس کی Loveless and Sexless Marriage کے بعد اپنی ازلی و ابدی ناراض بیوی کو خدا حافظ کہا اور جب پچپن برس کی عمر میں ایک پچیس برس کی دخترِ خوش گل کی زُلف کے اسیر ہو گئے تو سب دوستوں نے کہا کہ وہ حضرت مڈ لائف کرائسز کا شکار ہو گئے ہیں۔

میری نگاہ میں مڈ لائف کرائسز ایک مبہم سی مقبول عام اصطلاح ہے جس کے بارے میں سنجیدہ گفتگو کرنا مشکل ہے لیکن ایک اور نفسیاتی اصطلاح ایسی ہے جس کے بارے میں مَیں اپنے خیالات آپ سے شیر کر سکتا ہوں۔

آج سے بیس برس پیشتر نفسیاتی حلقوں میں بزرگ خواتین و حضرات کے لیے ایک تشخیص بہت مقبول تھی جو Involutional Helancholia کہلاتی تھی۔ یہ

مشترکہ محبوبہ

تشخیص ان مرد و زن کے لیے استعمال ہوتی تھی جنہیں ساری عمر کوئی نفسیاتی مسئلہ نہ ہونے کے باوجود ادھیڑ عمر میں ایک خاص طرح کی اُداسی اور یاسیت نے گھیر لیا تھا۔

مردوں میں یہ نفسیاتی مسئلہ اس وقت آتا تھا جب وہ اپنی ملازمت سے ریٹائرمنٹ لے لیتے تھے اور عورتوں کو یہ نفسیاتی مسئلہ اس وقت اپنی آغوش میں لے لیتا تھا جب وہ مینوپوز میں داخل ہوتی تھیں۔

وہ مرد جو ساری عمر اپنی ملازمت سے اپنی زندگی کی معنویت کشید کرتے تھے جب وہ ریٹائر ہو کر گھر بیٹھ جاتے تھے تو ڈپریشن کا شکار ہو جاتے تھے۔

اسی طرح وہ عورتیں جو ماں بننے کے کردار سے زندگی کی مقصدیت حاصل کرتی تھیں جب ان کے بچے جوان ہو کر گھر سے رُخصت ہو جاتے تھے اور ان کا گھونسلہ خالی ہو جاتا تھا تو وہ سن یاس میں یاسیت کا شکار ہو جاتی تھیں۔

اس خاص قسم کے مالیخولیا کی ایک نفسیاتی خاصیت یہ تھی کہ ایسے لوگ اپنے حال اور مستقبل کی بجائے اپنے ماضی کی طرف دیکھنے لگتے تھے اور اپنے آپ سے پوچھتے تھے

ہم نے کیا کھویا اور کیا پایا؟

اور جب انہیں احساس ہوتا تھا کہ انہوں نے اپنی قیمتی زندگی کے بہت سے دن رات اور ماہ و سال ضائع کر دیے تو وہ اُداس ہو جاتے تھے۔

میں نے اپنے ایک ہم عمر اور ہم عصر ادیب دوست سے جب پوچھا کہ جب آپ اپنے تیس برس کے ادبی سفر پر نگاہ ڈالتے ہیں تو کیا محسوس کرتے ہیں تو کہنے لگے:
اس سفر میں احساسِ رائیگانی کے سوا کچھ نہیں ملا۔
ایسا رائیگانی کا احساس کسی بھی شخص کو اداس کر سکتا ہے۔
حامد یزدانی صاحب!

مشترکہ محبوبہ

شمالی امریکہ میں ہم اگر اپنے ارد گرد نگاہ ڈالیں تو ہمیں اندازہ ہوگا کہ بہت سے مشرقی بزرگ مالی طور پر آسودہ حال ہونے کے باوجود ایک بے مقصد زندگی گزار رہے ہیں

نہ کوئی خواہش
نہ کوئی تمنا
نہ کوئی آدرش
نہ کوئی خواب
بس اضطراب ہی اضطراب
اور ایک تضاد

میں ایسے بہت سے مہاجر مردوں اور عورتوں سے مل چکا ہوں جو اس لیے نفسیاتی اور سماجی مسائل کا شکار ہیں کیونکہ وہ جن خوابوں کو لے کر شمالی امریکہ آئے تھے وہ ان خوابوں کو شرمندہ تعبیر نہ کر سکے بلکہ ان خوابوں کے شیش محل وقت کی سنگباری سے چکنا چور ہو گئے۔

مغربی دنیا میں بسنے والے مشرقی مہاجر جوڑے جس تضاد اور عذاب کا شکار ہیں اسے ڈاکٹر اور شاعر سلمان اختر نے بڑی خوبصورتی سے اپنی ایک غزل میں رقم کیا ہے آپ بھی اس غزل کے اشعار سے محظوظ و مسحور ہوں فرماتے ہیں

لہر کا سر سے گزرنا بھی نہ دیکھا جائے
اور پانی کا اُترنا بھی نہ دیکھا جائے

اس کو برداشت نہ تھی ایک خوشی بھی میری
جس سے اب میرا بکھرنا بھی نہ دیکھا جائے

جا بسوں اپنے وطن میں اسے منظور نہیں
میرا پردیس میں مرنا بھی نہ دیکھا جائے

دل پھٹا جاتا ہے جس کا میری بدحالی پر
اس سے ہی میرا سدھرنا بھی نہ دیکھا جائے

حوصلہ میرا بڑھانا نہیں آتا اس کو
میرا حالات سے ڈرنا بھی نہ دیکھا جائے

حامد یزدانی صاحب!

میں جب ایسے اُداس و غمگیں مرد و زن سے ملتا ہوں تو مشورہ دیتا ہوں کہ وہ جوانی کے کسی مشغلے کو دوبارہ زندہ کریں اور اپنی روزمرہ کی زندگی کا حصہ بنائیں

چاہے وہ شاعری ہو یا موسیقی

پینٹنگ ہو یا مجسمہ سازی

ڈرامہ ہو یا فلم

فنونِ لطیفہ میں سے کسی بھی فن سے رغبت پیدا کریں۔ پھر اپنی دلچسپی میں اوروں کو شامل کریں اور اپنے دوستوں کا ایک حلقہ بنائیں جسے میں فیملی آف دی ہارٹ کا نام دیتا ہوں اور اگر اپنا حلقہ نہیں بنا سکتے تو ہمارے حلقے میں شامل ہو جائیں۔

میں ان بزرگوں کو یہ بھی مشورہ دیتا ہوں کہ وہ وولنٹیئر ورک کریں اور اپنے علم تجربے اور دانائی سے اگلی نسلوں کو فیضیاب کریں۔ کیونکہ خدمتِ خلق انسان کی زندگی میں معنویت اور مقصدیت پیدا کرتا ہے۔

حامد یزدانی صاحب!

میں جو مشورے دوسروں کو دیتا ہوں اس پر خود بھی عمل کرنے کی کوشش کرتا

ہوں اسی لیے اکہتر برس کی عمر میں بھی اکتالیس برس کا محسوس کرتا ہوں۔

آپ بخوبی جانتے ہیں کہ میں ہر ہفتے ایک کالم لکھتا ہوں۔

پھر اس کالم کو 'ہم سب' پر چھپواتا ہوں۔

اور فیملی آف دی ہارٹ کے سیمینار منعقد کرتا ہوں۔

فیملی آف دی ہارٹ کے سیمیناروں میں میرے دوست رفیق سلطان، پرویز صلاح الدین، امیر جعفری، شاہد اختر، حسین حیدر، عظمیٰ عزیز، زہرہ نقوی اور آپ میری مدد کرتے ہیں اور ہم سب مل کر بزرگوں کی ادبی خدمت کرتے ہیں۔ یہ تخلیقی کام میری زندگی کو بامقصد بناتے ہیں۔

میرا ارادہ تو تھا کہ آپ کے خط کا مختصر جواب دوں گا لیکن میرا قلم اپنی رو میں بہتا چلا گیا۔ اس لیے طوالت کی معذرت۔

چونکہ آپ نے اپنے خط میں مجھ سے ایک سوال پوچھا تھا اس لیے میرا بھی حق بنتا ہے کہ میں آپ سے ایک سوال پوچھوں تا کہ خطوط کے تبادلے کا یہ سلسلہ جاری رہے۔

آپ مجھے یہ بتائیں کہ کینیڈا میں جو سوشل ورکر چلڈرن ایڈز سوسائٹی میں کام کرتے ہیں وہ بعض دفعہ کیوں ماں باپ سے ان کے بچے چھین کر کسی فوسٹر ہوم میں بھیج دیتے ہیں۔

کیا بچوں کی صحیح نگہداشت ماں باپ کی ذمہ داری ہے یا ریاست کی؟

جواب کا منتظر

خالد سہیل

ooo

کیا آپ کی داڑھی سفید ہو رہی ہے؟

حامد یزدانی، خالد سہیل

حامد یزدانی کا خط

ڈیئر ڈاکٹر خالد سہیل صاحب!

آداب وتسلیمات

امید ہے آپ بخیر ہوں گے۔

گزشتہ روز آپ سے فون پر بات ہوئی تو اپنی خیریت اور تازہ ترین صورت حال کا ذکر کرتے ہوئے میں نے جب یہ مصرع پڑھا:

کہ آئینے میں اپنی شکل پہچانی نہیں جاتی

تو آپ بے ساختہ ہنس دیے تھے اور پھر آپ نے اپنے مخصوص اور پرخلوص انداز میں فرمایا تھا:

قبلہ وکعبہ، یہ مصرع تو صورت احوال کو اجمالاً بیان کرتا ہے۔ کچھ تفصیل لکھیں مجھے اس اجمال کی۔

تو لیجیے، تفصیل حاضر ہے:

دو ہفتے گزرے۔ ایک صبح بیدار ہوا تو معمول کے مطابق "رُخِ روشن" کے

"دیدار اور" اصلاح" کے لیے آئینے سے رجوع کیا۔ آئینہ، جیسا کہ آپ جانتے ہیں، سچا ہوتا ہے۔ سو بدلحاظ ٹھہرتا ہے۔ اس صبح سامنے جو چہرہ تھا اس پر "ریش مبارک" کے آس پاس کے علاقے میں کچھ ناپسندیدہ عناصر کا قبضہ دکھائی دیا۔ بیگم کو فوراً آگاہ کرنے اور فوراً معمول کی ''ازدواجی ڈانٹ ڈپٹ'' کی کارروائی کے بعد طبیعت کی کچھ تشفی ہوئی تو اپنے ڈاکٹر کو فون کیا اور ملنے کلینک پہنچ گیا۔ ڈاکٹر کی ماہرانہ رائے یہ تھی کہ "ریش مبارک" کے آس پاس کے خطے میں واقع ہونے والی ان ریشہ دوانیوں میں جلد کی الرجی کا عمل دخل ہے۔ لہٰذا جب تک الرجی اسپیشلسٹ سے ملاقات نہیں ہوجاتی اور الرجی کی قسم وغیرہ کا تعین نہیں ہوجاتا مجھے اپنے بال رنگنے کی اجازت نہیں۔

اس ماہرانہ حکم سے روگردانی ممکن نہ تھی۔ نتیجہ یہ کہ چند ہی روز میں نظر کے سامنے ایک جانے پہچانے چہرہ پر کوئی اجنبی چہرہ نمودار ہونے لگا۔

اچھے بُرے کی بات نہیں۔ بس مختلف تھا۔

اس پر بیگم نے "تاریخ" کی کتاب کے "سبق آموز" اوراق پلٹنا ضروری سمجھا اور کہنے لگیں:

''تو اب ڈاکٹر ہی نے مجبور کیا آپ کو مصنوعی کیمیاوی مواد کے استعمال سے۔ برسوں پہلے جرمنی میں جب میں نے یہ مشورہ دیا تھا اس وقت آپ نے اس پر غور کرنے کے بجائے کولون کی اس چالاک اطالوی ہیئر ڈریسر کی ماہرانہ رائے کو پسند کیا تھا جس نے آپ کو بال رنگوانے پر قائل کر کے اچھی خاصی رقم بھی ہتھیانا شروع کردی تھی اور بالوں کو تباہ کرنے کا ایک مجرب اور تباہ کن نسخہ بھی آپ کو عطا کردیا تھا۔ اب دیکھیے، بال تیزی سے سفید بھی ہوگئے ہیں اور کم بھی۔''

''ارے نہیں۔ سب قصور اس ہیئر ڈریسر خاتون کا بھی نہیں۔ یہ معاملہ موروثی بھی تو ہوتا ہے۔'' میں نے وضاحت کرنا ضروری سمجھا تھا۔

ڈاکٹر صاحب!

بال نہ رنگے مجھے اب دو ہفتے ہو چکے ہیں۔ آج جب آئنہ دیکھتا ہوں تو وہ مجھ سے وہی سوال کرتا ہے جو اب سے تیس برس قبل زندگی میں پہلی بار مونچھیں "صاف" کرنے پر اس نے مجھ: سے پوچھا تھا یعنی

اجنبی، تم کون ہو؟

کس شہر سے؟

کس خواب سے؟

کس درد سے آئے ہو؟

بولو

میرے چہرے سے تمھاری شکل بے شک ملتی جلتی ہے

مگر، تم کون ہو؟ بولو۔

اور میں آئنے سے ہٹ کر امجد اور طاہرہ کو گھورنے لگتا ہوں کہ جن کے اصرار نے مجھے اس حیرت سے آشنا کرنے کی "شرارت" تیار کی تھی۔

ڈاکٹر صاحب!

عرض یہ کرنا چاہتا ہوں کہ چہرہ تو وہی ہے۔ بس بال اپنی رنگت میں مختلف ہیں۔ یا یوں کہہ لیجیے کہ اپنی اصل رنگت پر آ گئے ہیں۔ مگر کیا کیجیے کہ یہ اصل "طبیعت" کو گوارا نہیں کہ یہ تصنع ہی کو اصل سمجھنا چاہتی ہے۔

ویک اینڈ پر بچے گھر پر اکٹھا ہوئے تو میری دل جوئی کا ساماں کرنے لگے۔ اریب کا کہنا تھا کہ میں بنا رنگے بالوں کے ساتھ زیادہ باوقار (وغیرہ) لگتا ہوں۔ رابعہ بیٹی نے آئنے ہی کا کردار ادا کرتے ہوئے سیدھے انداز میں کہا:

سچ کو خندہ پیشانی سے قبول کیجیے اور حقیقی اور فطری انداز میں ایجنگ کے مراحل

مشترکہ محبوبہ

سے لطف اٹھائیے۔

ضروری ازدواجی ڈانٹ ڈپٹ کی "اوور ڈوز" سے بچنے کے لیے اس موقع پر میں نے بیگم کی طرف دیکھنے سے باقاعدہ اجتناب کیا اور بظاہر اپنی پوری توجہ گھر کے بنے تازہ اور بھربھرے بسکٹ کھانے پر مرکوز کردی۔ اور یہ سوچتا رہا کہ جب اپنا چہرہ مجھے اجنبی لگ رہا ہے تو دیکھنے والوں خاص کر دفتر کے ساتھیوں کو کیسا لگے گا؟

مگر شاید یہ فکرمندی میرے ہی احساس کی پیداوار تھی۔ کسی نے بھی اس پر کسی غیر معمولی ردعمل کا اظہار نہیں کیا۔

چلیے، اس طرف سے تو جی کچھ مطمئن ہوا مگر اب یہ سوال ذہن میں چکراتا رہتا ہے کہ سپیشلسٹ سے ملاقات کے بعد اس نے اگر الرجی سے "پاک" کسی رنگ کے استعمال کی اجازت دے دی تو کیا کروں گا؟ کیونکہ اب تو میں اپنے اس چہرے سے آشنا ہونا بھی شروع ہو گیا ہوں۔ کہیں ایسا نہ ہو کچھ عرصہ بعد پھر سے "رنگ داری" کا شوق چُرائے اور میں ایک بار پھر ایک اور اجنبی چہرے کے مقابل ہوں!

کیا کہتے ہیں آپ؟

ڈاکٹر صاحب!

اپنی "صورت" اور "احوال" مختصراً دونوں رقم کر دیے ہیں۔ اب آپ کہیے۔ یہ سب کیا ہے؟ کیا آپ بھی ایسی کسی صورت حال سے دوچار ہوئے اپنی زندگی میں؟ اگر ہوئے تو اس سے کیسے نمٹا آپ نے؟

جوابی خط کا منتظر رہوں گا۔

آپ کا ادبی دوست

حامد یزدانی

جنوری۔ 2024

خالد سہیل کا جواب

قبلہ وکعبہ حامد یزدانی صاحب!

آپ کے ادبی محبت نامے میں چالاک اطالوی دُختر خوش گل کی شاطرانہ چال کا ذکر پڑھ کر میرے باریش چہرے پر مسکراہٹ پھیل گئی۔

اب میں چشم تصور سے دیکھ رہا ہوں کہ آپ کی ریش مبارک سفید اور چہرہ پُرنور ہو رہا ہے۔ باطنی اور داخلی طور پر تو آپ بزرگ پہلے ہی تھے کیونکہ آپ کی باتوں اور تحریروں سے دانائی ٹپکتی تھی اور اب خارجی اور ظاہری طور پر بھی بزرگ دکھائی دے رہے ہوں گے۔ عین ممکن ہے اب لوگ آپ کو پیر و مرشد کہہ کر آپ کی خدمت میں آپ کے مرید بننے اور دست بوسی کرنے حاضر ہو جائیں۔

آپ کی پُرنور داڑھی کے بارے میں آپ کے بچوں کے معصومانہ خیالات اور آپ کی بیگم کے نیم طنزیہ نیم مزاحیہ تاثرات پڑھ کر بہت لطف آیا۔ چلیں آپ کی سفید داڑھی نے آپ کی بیگم کو برسوں کی دل میں دبائی بھڑاس نکالنے کا مسیحائی موقع فراہم کیا۔

آپ کے اہل خانہ کے ردِعمل سے مجھے اپنے اہلِ خانہ کا ردعمل یاد آ گیا۔ آپ کی شریکِ سفر نے دل کی بھڑاس نکالی ہے تو میں بھی اس موقع سے فائدہ اٹھانا چاہتا ہوں۔

جب میں ایک ٹین ایجر تھا اور میرے چہرے پر بے ترتیب داڑھی خاردار جھاڑیوں کی طرح اُگ رہی تھی تو میں نے ریز ر خرید کر شیو کرنے کا سوچا۔

لیکن پھر مجھے اس خیال نے شیو کرنے سے روکا کہ یہ ایک ایسا عمل ہے کہ اگر میں نے ایک بار کیا تو پھر مجھے ساری عمر بار بار کرنا پڑے گا اور میری زندگی کا بہت سا قیمتی وقت اس بے کار اور فضول کام میں ضائع ہو جائے گا۔

محترمی ومکرمی حامد یزدانی صاحب!

آپ کو شاید یقین نہ آئے کہ میں نے نوجوانی کی ایک شام کو ایک کاغذ اور قلم

اٹھایا اور حساب لگایا کہ اگر

ایک دن شیو پر بیس منٹ ضائع ہوں گے تو

ہفتے میں سات مرتبہ شیو کرنے میں کتنے منٹ اور

سال کے باون ہفتوں میں کتنے منٹ اور

آئندہ پچاس سال میں کتنے منٹ ضائع ہوں گے

جب سب منٹ جمع کیے تو پتہ چلا کہ میں اپنی زندگی کے بیس ہفتے یعنی پانچ مہینے شیو کرنے میں ضائع کرتا رہوں گا۔

یہ سوچ کر میں نے کبھی شیو نہیں کیا۔

(مجھے فیڈیل کاسٹرو کے ایک انٹرویو میں یہ پڑھ کر خوشی ہوئی کہ انہوں نے بھی وقت کے ضیاع کی وجہ سے لمبی داڑھی رکھی تھی)

اگر آپ کو معلوم نہیں تھا تو اب پتہ چل گیا ہوگا کہ میری داڑھی سُچی داڑھی ہے لیکن اس میں مذہبی خیالات و اعتقادات سے زیادہ اہم میری سستی و کاہلی ہے۔

میں نے شیو نہ کرنے کا فیصلہ تو کر لیا لیکن اس وقت مجھے بالکل اندازہ نہ تھا کہ میری داڑھی کا رشتہ خاندانی روایت سے جُڑا ہوا ہے۔

چنانچہ جب میں پشاور سے لاہور اپنے خاندان سے ملنے گیا تو میرے احسان ماموں نے سب رشتہ داروں کو کھانے پر بلایا اور کھانے کے بعد سب کو ایک دائرے میں بٹھایا اور ان سے کہا:

آپ سب خالد سہیل کی طرف دیکھیں۔ اس نے بے ترتیب و بے ہنگم داڑھی بڑھانی شروع کر دی ہے۔ نجانے یہ طالبان بننا چاہتا ہے یا ہپی۔ ہمارے خاندان میں کسی نے اس طرح الٹی سیدھی داڑھی نہیں بڑھائی۔ اس لیے میں سارے خاندان کی طرف سے سہیل کو حکم دیتا ہوں کہ وہ داڑھی منڈوا دے۔

میرے ماموں کے شاہی فرمان کے بعد سب رشتہ داروں نے اپنی اپنی نصیحت

کی۔ایک آنٹی نے تو یہ بھی کہہ دیا کہ سہیل بیٹا داڑھی رکھو گے تو کوئی شریف خاندان تمہیں اپنی بیٹی نہیں دے گا۔

مجھے اس دن اندازہ ہوا کہ میری داڑھی کا تعلق خاندانی روایت سے ہی نہیں سماجی شرافت سے بھی ہے۔اس دن مجھے یہ بھی اندازہ ہوا کہ اس داڑھی کا تعلق میری داخلی بغاوت سے بھی ہے۔

میری داڑھی میری عمر بھر کی ساتھی ہے۔

اب میں دو ماہ بعد اپنے حجام کے پاس چلا جاتا ہوں اور وہ میری بے ترتیب داڑھی کو ترتیب دے دیتا ہے۔

میرا حجام ایک باذوق حجام ہے۔

وہ بے ترتیب داڑھی کو ترتیب دیتے ہوئے ادب اور فلسفے اور نفسیات پر اپنی رائے سناتا رہتا ہے اور میں خاموشی سے سنتا رہتا ہوں۔

قبلہ و کعبہ حامد یزدانی صاحب!

آپ کو خط لکھتے ہوئے مجھے ایران کے وہ حجام یاد آ گئے جن کی دکان کے ساتھ حمام بھی ہوتے تھے۔لوگ حجامت کروانے کے بعد غسل بھی کرتے تھے۔

میں نے ایران میں ملا دو پیازہ کا واقعہ سنا تھا آپ بھی سن لیں۔

ایک سہ پہر ملا دو پیازہ اپنی درویشانہ گدڑی پہنے حمام گئے۔

ملازم نے ان کی حالت دیکھی تو سمجھا بہت غریب ہیں چنانچہ انہیں نہانے کے لیے پرانا تولیہ اور صابن کی آدھی ٹکیہ دی۔

ملا دو پیازہ نے بہت ہتک محسوس کی لیکن سوچا کہ اسے سبق سکھانا چاہیے۔

جاتے ہوئے انہوں نے جب ملازم کو سونے کا سِکّہ بخشش کے طور پر دیا تو ملازم کو ندامت ہوئی کہ اس نے ایک امیرزادے کو غریب زادہ سمجھا۔

اگلے ہفتے جب ملا دو پیازہ پھر اسی حمام میں گئے تو اسی ملازم نے انہیں نیا تولیہ

اور خوشبودار صابن دی۔

ملا دو پیازہ نے بڑے اہتمام سے غسل کیا اور جاتے ہوئے ملازم کو سونے کا سِکّہ دینے کی بجائے لوہے کا سِکّہ بخشش کے طور پر دیا۔

ملازم نے کہا۔ کچھ سمجھ نہیں آیا۔ آپ نے ایسا کیوں کیا؟

ملا دو پیازہ نے کہا: آج کی بخشش پچھلے ہفتے کی خدمت کی ہے اور پچھلی بخشش اس بار کی خدمت کی ہے۔

ملازم کو پتہ چل گیا کہ ملا دو پیازہ امیر زادے ہی نہیں دانش زادے بھی ہیں۔

حامد یزدانی صاحب!

آپ سے پرسوں ڈنر پر ملاقات ہو رہی ہے۔

آپ کا خط پڑھ کر آپ کی پُرنور داڑھی دیکھنے کا اشتیاق بڑھ گیا ہے۔

میرا دوستانہ مشورہ یہ ہے کہ آپ بھی میری طرح سفید ریش بن جائیں اور داڑھی کو رنگنے سے بے نیاز ہو جائیں۔

میں تو اس دن کا انتظار کر رہا ہوں جب میری داڑھی برف کی طرح سفید ہو جائے گی اور مجھے یقین ہو جائے گا کہ اندر سے نہ سہی باہر سے تو دانا درویش دِکھنے لگوں گا۔

آپ کا کیا خیال ہے؟

آپ کا ادبی ہمسفر

خالد سہیل

جنوری 2024

ooo

کیا آپ کو نانی اور دادی بننے کا شوق ہے؟

خالد سہیل، حامد یزدانی

خالد سہیل کا خط

محترمی و معظمی حامد یزدانی صاحب!

کووڈ کی وبا کے دوران ہماری گروپ میٹنگز زوم پر ہوتی تھیں لیکن جب سے کووڈ کی وبا ختم ہوئی ہے اب گروپ میٹنگز کلینک میں ہوتی ہیں۔ ان میٹنگز میں ہمارے مریض اپنے نفسیاتی، ازدواجی اور خاندانی مسائل پر تبادلہ خیال کر کے ایک دوسرے کی مدد کرتے ہیں۔ آج کی میٹنگ میں ایک دلچسپ موضوع پر تبادلہ خیال ہوا۔ میں نے سوچا میں اس موضوع پر آپ کی رائے بھی لوں۔

(نوٹ: اس خط میں سب مریضوں کے نام فرضی ہیں)

میری مریضہ نینسی نے گروپ کو بتایا کہ پچھلے ہفتے اس کے شوہر ڈیوڈ نے اس کی سالگرہ بڑی دھوم دھام سے منائی۔ ایک خصوصی ڈنر کا انتظام واہتمام کیا۔ اس ڈنر میں ڈیوڈ نے دونوں جوان بیٹیوں کو بھی بلایا جو اپنی ماما کے لیے خوبصورت تحفے لے کر آئیں۔

نینسی نے کہا کہ برتھ ڈے کا کیک کاٹتے وقت وہ بہت خوش تھیں لیکن اس کے

بعد وہ اُداس ہوگئیں۔ اُداسی کی وجہ یہ تھی کہ جب انہوں نے اپنی جوان بیٹیوں سے کہا کہ وہ نانی بننا چاہتی ہیں تو ان کی بیٹیوں نے، جن کی عمر چونتیس اور سینتیس برس ہے، کہا کہ ان کا ماں بننے کا کوئی ارادہ نہیں ہے۔ دونوں بیٹیاں فنکار ہیں۔ ایک بیٹی موسیقار اور دوسری پینٹر ہے۔ دونوں بیٹیوں نے ماں سے کہا کہ وہ اپنی غیر روایتی زندگی سے بہت خوش ہیں اور ان کا خاندان بنانے کا کوئی ارادہ نہیں۔

نینسی نے گروپ سے کہا کہ اب وہ ستّر برس کی ہوگئی ہیں وہ نجانے کتنے برس اور زندہ رہیں۔ انہیں یہ دُکھ ہے کہ وہ نانی بنے بغیر اور کسی نواسی یا نواسے کو گود میں کھلائے بغیر اس دنیا سے رُخصت ہو جائیں گی۔ نینسی کو یہ بھی دکھ تھا کہ ان کی بیٹیوں کو ان کے دکھ کا کوئی احساس نہیں تھا۔ وہ اپنی زندگی اور اپنی دنیا میں مگن تھیں۔

اس گروپ کی دوسری مریضہ سنتھیا نے گروپ کو بتایا کہ ان کا مسئلہ نینسی کے مسئلے سے زیادہ گمبھیر تھا۔ سنتھیا کا ایک بیٹا ہے۔ وہ بیٹا سیم جب بیس سال کا ہوا تو اس نے ایک دن ڈنر کی میز پر والدین کو بتایا کہ وہ گے ہے اور اس کا ایک بوائے فرینڈ بھی ہے۔ سنتھیا نے کہا کہ یہ خبر سننے کے بعد اس کے دادی بننے کے خوابوں کے شیش محل چکنا چور ہو گئے۔

سنتھیا نے تو چند ماہ میں حالات سے سمجھوتا کر لیا اور اپنے بیٹے کے بوائے فرینڈ کو اپنے گھر ڈنر پر بلا لیا لیکن ان کے بیٹے کے بوائے فرینڈ کے والدین بہت مذہبی اور روایتی ہیں انہوں نے اپنے بیٹے کے گے ہونے کو نہ صرف قبول نہیں کیا بلکہ بیٹے کے بوائے فرینڈ کو اپنے گھر میں داخل ہونے کی اجازت بھی نہیں دی۔

سنتھیا کے بعد جوئین نے گروپ کو بتایا کہ جب ان کی بیٹی سنڈی پندرہ سال کی تھیں تو ایک شام فلم دیکھتے ہوئے انہوں نے فلم کو روکا اور اپنی ماں سے کہا:

ماما اگر آپ ناراض نہ ہوں تو میں آپ کو تین باتیں بتانا چاہتی ہوں:

بتاؤ بٹیا۔

پہلی بات میں نے شادی نہیں کرنی۔

دوسری بات میں نے بچے پیدا نہیں کرنے۔

تیسری بات میں خدا کو نہیں مانتی۔

اب ہم فلم دیکھ سکتے ہیں۔

جوئین نے کہا کہ تین بم پھٹنے کے بعد کیا وہ خاک فلم دیکھتیں۔

جوئین کے بعد چوتھی مریضہ سوزن نے پہلی مریضہ نینسی سے کہا کہ میری بیٹی نے شادی بھی کی ہے۔ اس کے دو بچے بھی ہیں۔ میں نانی بھی بن چکی ہوں لیکن اب میں نانی بننے سے تنگ آ چکی ہوں۔ میری بیٹی ہر روز کام پر جانے سے پہلے مجھے اپنے دونوں بچے جو ایک سال اور تین سال کے ہیں، دے جاتی ہے۔ وہ شام کو دیر سے آتی ہے اور میں سارا دن ان دونوں بچوں کا خیال رکھتی ہوں۔

جس دن میری بیٹی نے کہا:

ماما میری بیٹی کی تیسری سالگرہ کا انتظام و اہتمام آپ کریں تو میں نے انکار کر دیا۔ میں نے کہا، کیا تمہیں اندازہ نہیں کہ میری بھی کوئی زندگی ہے۔ میری بھی سہیلیاں ہیں۔ میری بھی مصروفیات ہیں۔ میرے بھی مشاغل ہیں۔ میری بیٹی اور نواسیوں نے میری آزادی چھین لی ہے۔ آپ خوش قسمت ہیں کہ آزاد ہیں۔

میری پہلی مریضہ نینسی نے کہا:

میں نے تو ایسا کبھی سوچا بھی نہ تھا۔

میں نے نینسی سے کہا:

آپ کی بیٹیاں آپ کی عزت کرتی ہیں آپ کا احترام کرتی ہیں آپ سے پیار کرتی ہیں۔ آپ کو اس بات کی خوشی ہونی چاہیے کہ وہ خوش ہیں۔ آپ انہیں اجازت

دینے کی کوشش کریں کہ وہ اپنی زندگی اپنی مرضی سے گزاریں۔

حامد یزدانی صاحب!

آپ کی ان روایتی ماؤں کے بارے میں کیا رائے ہے جو اپنے غیر روایتی بچوں سے روایتی توقعات وابستہ کرتی ہیں؟

آپ کے خیال میں کیا نانی دادی بننے کی خواہش صرف عورتوں میں ہوتی ہے یا مرد بھی اپنی بیویوں کی طرح نانا دادا بننے کا شوق اپنے دل میں پالتے رہتے ہیں؟

کیا آپ کو اندازہ تھا کہ جب ہم نے چلڈرن ایڈز سوسائٹی اور بچوں کے بارے میں تبادلہ خیال شروع کیا تھا تو ایک دن

بات نکلے گی تو پھر دور تلک جائے گی

آپ کا مداح

خالد سہیل

حامد یزدانی کا جواب

محترم ڈاکٹر خالد سہیل صاحب!

آپ کا مکتوب نظر نواز ہوا۔

بات بچوں کی نگہداشت سے باپ بننے کے تجربہ تک پہنچی اور پھر وہاں سے ہوتی ہوئی اب نانا، نانی اور دادا، دادی بننے تک جا پہنچی ہے۔ گویا ہمارے مکالمہ کی مخاطب اب دو نہیں بلکہ تین انسانی نسلیں ہیں جس نے ہمارے مکالمے کے دائرے کو جہاں ایک طرف وُسعت عطا کی ہے وہیں دوسری جانب اسے قدرے پیچیدہ بھی بنا دیا ہے۔

اس موضوع پر سوچتے ہی، دیکھیے، کیسے کیسے منسلکہ موضوعات ہمارے ہلکے پھلکے تبادلہ خیال میں در آنے کو پر تولنے لگے ہیں۔

اپنی اولاد کی اولاد کو دیکھنے کی خواہش اور خوشی، دادی، دادا سے یا نانی، نانا سے پوتیوں پوتوں یا نواسیوں اور نواسوں کے تعلقات کی نوعیت اور ان تعلقات کی قوت، افادیت واثرات اور پھر اس ضمن میں سماجی توقعات اور ثقافتی پس منظر، اقتصادی پہلو اور جانے کیا کیا۔ سوشیالوجی اور سوشل ورک کے طالب علم کے طور پر "خاندان" میری دلچسپی کے موضوعات میں ہمیشہ سرفہرست رہا ہے۔

ستّر کی دہائی کے اواخر میں جب میں گورنمنٹ کالج لاہور میں داخل ہوا اور پروفیسر مرزا محمد احمد صاحب کی سوشیالوجی کی اوّلین کلاس میں گیا تبھی میرا تعارف امریکی سوشیالوجسٹ اور فرد انگار (فیوچرسٹ) ایلون ٹافلر کی کتاب "فیوچر شاک" سے ہو گیا تھا۔ تب اس کتاب کو شائع ہوئے زیادہ مدت نہ ہوئی تھی۔ اردو دنیا کو ایلون ٹافلر کی تحریروں سے ممتاز شاعر وادیب شہزاد احمد نے پروفیسر غلام جیلانی اصغر اور ڈاکٹر وزیر آغا کی ترغیب پر بہت سال بعد متعارف کروایا۔ ان کی ترجمہ کردہ چند تحریریں مجھے حلقہ ارباب ذوق لاہور کے اجلاسوں میں سننے کا موقع ملا۔ خیر، عرض یہ کر رہا تھا کہ "فیملی" کے مطالعہ کا باب جو تعلیمی طور پر تب کھلا تھا پھر کبھی بند نہیں ہوا۔ وہ ایم اے سوشیالوجی ہو یا ماسٹر آف سوشل ورک، میرے تعلیمی پراجیکٹس میں یہ موضوع کسی نہ کسی انداز میں مستقلاً شامل رہا اور پھر بعد میں مختلف حیثیتوں میں پیشہ ورانہ خدمات انجام دیتے ہوئے بھی یہ بنیادی سماجی ادارہ میری عملی زندگی کا حصہ رہا اور اب بھی ہے۔

جہاں تک آپ کے اس سوال کا تعلق ہے کہ روایتی مائیں اپنے غیر روایتی بچوں سے روایتی توقعات کیوں وابستہ کرتی ہیں تو میرے نزدیک تو اس کی وجہ یہی پنجابی محاورہ بیان کر سکتا ہے۔

(اصل نالوں سود پیارا) اصل سے سود پیارا

دیکھیے، ڈاکٹر صاحب! یہ محاورہ لکھ کر نہ تو میں بچوں کے حوالہ سے نئی نسل کی

ترجیحات کی مخالفت کرنا چاہتا ہوں اور نہ ہی "روایت پسند" ماؤں کی دل آزاری اور نہ ہی "سودی" نظام کی حمایت وغیرہ۔) مسکان

میں تو بس اس جانب اشارہ کرنا چاہتا ہوں کہ بچوں کا تصور خاندان کے ساتھ نامعلوم زمانے سے جُڑا ہوا ہے۔ ثقافتی بشریات (کلچرل انتھروپالوجی) کے بعض ماہرین کا تو یہاں تک کہنا ہے کہ قدیم خانہ بدوش طرزِ حیات کو مستقل بستیوں کا روپ بھی ایک بچے کی پیدائش ہی نے دیا تھا۔ وہ کہتے ہیں کہ ہمہ وقت سفر آمادہ ان انسانی قبائل میں سے ایک قبیلہ کی عورت جب ماں بننے والی تھی مگر قبیلہ بوجوہ رکنے کا متحمل نہیں ہوسکتا تھا تو اس نے اس حاملہ کو وہیں بے آب و گیاہ ویرانے میں چھوڑ کر آگے بڑھنے کا فیصلہ کیا۔ اب اس عورت کو وہیں رہتے ہوئے اپنی اور اپنے ہونے والے بچے کی زندگی کو یقینی بنانا تھا۔ زیادہ کچھ وہاں کرنے کو تھا نہیں۔ سو، اس نے قدرت کے نظام اور موسموں کی آمد رفت کا مشاہدہ قریب سے کیا۔ زمین کا پانی اور روشنی سے رشتہ اور ان کے ملاپ سے بیج کا پھوٹنا اور پودے کی صورت میں پھولنا پھلنا اور اناج میں ڈھل کر کار آمد بننا اور پھر دست یاب مقامی وسائل سے سر چھپانے کی جگہ بنانا تاکہ ٹک کر کہیں رہا جا سکے۔

کچھ عرصہ بعد جب اسی قبیلے کا ادھر سے گزر ہوا تو اس کے افراد اس عورت کو زندہ دیکھ کر ہی نہیں بلکہ وہاں مسکراتی اور لہلہاتی زندگی کو دیکھ کر بھی حیران ہوئے۔ عورت نے نہ صرف اپنے بچے کو جنم دے کر پالا تھا بلکہ اردگرد کے ماحول کو بھی اپنی ضروریات کے مطابق ڈھال لیا تھا اور موسمی فصلوں کے حصول کا طریق کار اور نظام بھی ابتدائی طور پر جان لیا تھا۔ اس تجربے کی کام یابی نے اس قبیلے کے کئی افراد کو سفر کے بجائے قیام کے طرز بودوباش کا قائل کر لیا۔ یوں ننھی ننھی بستیاں وجود میں آنے لگیں۔ جو رفتہ رفتہ دیہات، قصبات اور شہروں کے رنگ میں صورت پذیر ہوتی گئیں۔

تو اس ماں کی اپنے بچے سے محبت اور پھر اس بچے کے بچوں سے دل بستگی کیا

فطری سی نہیں لگتی؟ جس نے اپنی بقا اور اپنے بچے کی محبت میں ایک نئی تہذیب، ایک نئے تمدن کو جنم دے دیا۔ جس نے امتیازی اور ناروا سلوک کے باوجود محبت اور ہمت کا مثالی مظاہرہ کرتے ہوئے زندگی کے سفر کو نئے معنی دے دیے۔

ڈاکٹر خالد سہیل صاحب!

طوالت کے اندیشہ کے پیشِ نظر یہاں میں مذہبی یا تاریخی روایات اور لوک داستانوں کے حوالوں سے اجتناب کرتے ہوئے آپ ہی کی تازہ تر انگریزی تصنیف "ایک اور ایک گیارہ" کا حوالہ دینا چاہتا ہوں۔ تصنیف کے آغاز میں جس دل کش اور جذباتی انداز میں آپ نے اپنی نانی جان کو یاد کیا ہے وہ واقعی لائقِ مطالعہ ہے۔ انگریزی میں لکھی آپ کی شاعرانہ نثر کے ایک ایک جملے میں گویا آپ کا دل دھڑک رہا ہے۔ آپ کی یہ تحریر پڑھ کر مجھے جہاں آپ کی پُروقار نانی جان کی شخصیت سے شناسائی کا شرف حاصل ہوا وہاں اپنا پرانا محلہ مزنگ بھی یاد آ گیا جس کی گلیوں میں میرا سارا بچپن، لڑکپن اور نوجوانی کا عرصہ گزرا اور جہاں آپ اپنی نانی جان سے ملنے جایا کرتے تھے۔ آپ کی نانی جان کی سوچ اور طرزِ فکر قابلِ رشک اور لائقِ اتباع ہے اور وہ ایک عمدہ اور مثالی کردار کی مالک تھیں۔

آپ کی اس دل نواز تحریر نے میری سوچ کا رُخ ان سنہری یادوں کی طرف بھی موڑ دیا جو میری نانی جان اور نانا جان کی پُرشفقت باتوں اور پُرخلوص جذبات سے جگمگاتی ہیں۔

میں نے بچپن میں نانا نانی کو ہمیں پیار کرتے ہوئے دیکھا۔ نانا جان گرمیوں کی چھٹیوں سے پہلے ہی ہمیں لائل پور (فیصل آباد) آنے کی دعوت دے دیتے تھے۔ نانا جان ایک طویل سفر کر کے گورنمنٹ ٹرانسپورٹ بس کے اڈے پر ہمارے پہنچنے سے پہلے ہی آ جاتے اور تانگہ میں انتظار کر رہے ہوتے تھے۔ ہمیں دیکھتے ہی ان کا چہرہ جس انداز

میں کھل اُٹھتا تھا اس کا سبب پوری طرح جاننا اور بیان کرنا الفاظ کے بس میں نہیں۔

لائل پور میں خوب خاطر مدارات ہوتیں اور واپسی پر نئے نئے لباس کے تحائف اور میٹھے پکوان ساتھ لے جانے کو بھی ملتے۔

اماں جی یعنی میری نانی جان مجھے بہت دعائیں بھی دیتی تھیں اور محبت بھری نصیحتیں بھی کرتی تھیں۔ میرے اردو اور پنجابی دونوں مجموعوں میں ان کے لیے نظم موجود ہے۔ اردو نظم کے چند مصرعے آپ بھی دیکھیے

اماں جی کے نام

دہکتی دوپہر میں
جون کے بے رحم سورج کے تلے
لاہور کی سڑکوں کی حدت
اور ایسے میں کوئی بادل کا ٹکڑا میرے سر پر۔
چھاؤں تانے تو
مہکی ہوئی، بھیگی دعائیں یاد آتی ہیں۔

(حامد یزدانی)

اور پھر اپنے بھائیوں خالد، ساجد اور راشد کے بچوں اور بچیوں سے اپنے والدین کی اور ہمارے بچوں کے ساتھ ان کے ننھیال کی والہانہ محبت اور شفقت دیکھ کر بھی میں اس رشتے کی انوکھی مہک کو بس محسوس ہی کر سکا تھا اور وہ بھی کسی حد تک۔ مگر جب ہمارے بیٹے زرناب کی شادی ہوئی اور پھر اس کے ہاں "ٹنگو" اور "منگو" یعنی ایان اور عزیر کی ولادت ہوئی تو مجھے احساس ہوا کہ یہ رشتے واقعتاً ان مول ہیں۔ میری بیگم طاہرہ اس ضمن میں زیادہ واضح اور پر از جذبات تھیں اور ہیں۔ وہ اسے ایک روحانی اور فطری احساس کہتی ہیں

اور اسے انسانی رشتوں کی اساس قرار دیتی ہیں۔ ان کا کہنا ہے کہ جس طرح کسی بھی شے کا ذائقہ ہم قدرتِ بیان اور معراجِ فہم کے باوجود اس وقت تک پورے طور پر نہیں جان سکتے جب تک اسے چکھ نہیں لیتے۔ اسی طرح رشتوں میں گندھے احساسات کے لطف کو بھی ماں یا دادی بنے بغیر سمجھنا ممکن نہیں۔

ڈاکٹر صاحب!

اب آپ مجھ سے پوچھیں گے کہ اس ضمن میں میرا احساس و تجربہ کیا ہے؟ تو میں تو آپ ہی کے گزشتہ خط کی جانب لوٹ جاؤں گا جس میں آپ نے اپنے باپ بننے کے منفرد تجربے کا دل نشیں اقرار و اظہار کرتے ہوئے وردہ اور ایڈرینا سے اپنی پدرانہ شفقت کو انتہائی متاثر کن انداز میں تحریر کیا ہے۔ اور میں سمجھتا ہوں کہ احساس کے رشتے خون کے رشتوں کو اور بھی معنویت اور پائداری عطا کر دیتے ہیں۔

ہاں، اِدھر کینیڈا میں بعض بچوں والے جوڑے اپنے وطن یعنی پاکستان اور ہندوستان سے اپنے والدین کو اس غرض سے بلوا لیتے ہیں کہ جب وہ اپنی پیشہ ورانہ ذمہ داریاں نبھا رہے ہوں تو نانی جان "نینی" بن کر ان کے بچوں کی نگہداشت اور نگرانی کریں۔ کئی نانا نانی اور دادا دادی اپنے اس کردار پر بھی خوش دکھائی دیتے ہیں کہ چلو اس بہانے اگلی نسل کو کچھ نہ کچھ اپنی روایات اور زبان وغیرہ ہی سے آشنا کر سکیں گے مگر کئی بزرگ خواتین و حضرات اس صورت حال سے ناخوش اور نالاں بھی دکھائی دیتے ہیں اور اسے اپنے بچوں کی خود غرضی سے تعبیر کرتے ہیں۔

ڈاکٹر صاحب!

جیسا کہ آپ کے خط سے بھی معلوم ہوتا ہے کہ کینیڈا اور دوسرے ترقی یافتہ معاشروں میں شادی کے روایتی بندھن سے آزاد خاندان کا تصور بھی مقبول ہو رہا ہے مگر اب بھی کینیڈا کی حد تک تو پینسٹھ فی صد خاندان روایتی شادی اور بچوں کے قائل ہیں اور

مشترکہ محبوبہ

اس ضمن میں جس تیز رفتار یا شاکنگ تبدیلی کی جانب ایلون ٹافلر نے اشارہ کیا تھا وہ بھی اس سرعت سے وقوع پذیر نہیں ہورہی۔ یہ بہر صورت حال کی بات ہے۔ سوشل میڈیا کے فروغ، معاشی ضروریات کی نوعیت اور سماجی، ثقافتی تغیر کے عوامل مستقبل کے خاندان کو کس حد تک تبدیل کر پاتے ہیں اس کی حقیقی تصویر تو آنے والے وقت ہی میں واضح ہو سکے گی۔

ڈاکٹر صاحب!

میں آپ کا ممنون ہوں کہ آپ کے خط کی بدولت میں اپنے بے ترتیب خیالات اور مشاہدات کو کچھ نہ کچھ ترتیب دے کر پیش کر سکا ہوں۔ امید ہے آپ کو پسند آئے ہوں گے۔

نیک تمناؤں کے ساتھ

آپ کا دوست

حامد یزدانی

ooo

حامد یزدانی اور خالد سہیل کی مشترکہ محبوبہ

خالد سہیل، حامد یزدانی

خصوصی ادبی محبت نامہ

حامد یزدانی صاحب!

میری کلیات کا نام "خواب در خواب" ہے کیونکہ میرا خوابوں سے ایک گہرا رشتہ ہے۔ شاعر ہونے کے ناتے بھی اور ماہر نفسیات ہونے کی مناسبت سے بھی۔

میں سمجھتا ہوں انسان کے خواب اس کی شخصیت کے آئینہ دار ہوتے ہیں۔ میں نے اسی لیے اپنی سوانح عمری کا نام بھی When Dreams Come True رکھا۔ اس سوانح عمری میں نے ان خوابوں کا ذکر بھی کیا جو میں نے نوجوانی میں جاگتی آنکھوں سے دیکھے تھے اور اس خواب کا ذکر بھی کیا ہے جو میں نے زندگی کی شام ہونے کے بعد سوتے میں دیکھا تھا۔

میرے شاعر چچا عارف عبدالمتین کہا کرتے تھے کہ کسی بھی شاعر کو سمجھنے کے لیے ضروری ہے کہ ہم اس کی شاعری کے Master Symbols کو سمجھیں کیونکہ وہ سمبلز وہ چابیاں ہیں جو اس کی شاعری کے دروازے کھولتی ہیں اور اس کی شاعری کی عمارت میں چھپے رازوں سے ہمارا تعارف کرواتی ہیں۔

مشترکہ محبوبہ

جب میں نے آپ کی شاعری کے مجموعوں کا مطالعہ کیا تو مجھے احساس ہوا کہ آپ کی شاعری کا ایک ماسٹر سمبل "خواب" ہے۔

آپ نے اپنی شاعری کے پہلے مجموعے کا نام بھی "ابھی اک خواب رہتا ہے" رکھا اور اس کے دیباچے کا عنوان بھی "شعر، عشق اور خواب" رکھا۔

آپ کی غزلوں اور نظموں میں مجھے آپ کے خوابوں کی ایک رنگین قوس قزح دکھائی دیتی ہے۔

کہیں وہ خواب کسی خواہش کا روپ دھارتے ہیں کہیں کسی اضطراب کا۔

کہیں وہ خواب امیدوں کی خوش خبری دیتے ہیں اور کہیں نا امیدیوں کا ماتم کرتے دکھائی دیتے ہیں۔

کہیں آپ کسی جان گداز خواب کا انتظار کرتے دکھائی دیتے ہیں اور کہیں دلفریب خواب آنکھوں پر بھاری بوجھ بن جاتے ہیں۔

خوابوں سے محبت نے آپ کا آنکھوں، راتوں، نیندوں، تعبیروں اور رتجگوں سے بھی ایک خاص رشتہ استوار کر رکھا ہے۔

میں آپ کی غزلوں اور نظموں میں سے چند ایک خوابوں کی ایسی مثالیں پیش کرنا چاہتا ہوں جنہوں نے مجھے کچھ سوچنے پر مجبور کیا۔ کبھی فنی حوالے سے کبھی تخلیقی حوالے سے اور کبھی نظریاتی حوالے سے

بہت مدت ہوئی آنکھوں نے تعبیریں چُنی ہیں
بہت مدت سے کوئی خواب بھی دیکھا نہیں ہے

اُتارا تھا جسے کل شب سحر نے
مجھے اس خواب نے پہنا ہوا ہے

شکست خواب کے منظر ابھی نظر میں ہیں
بلا کے عکس مری آنکھ کے بھنور میں ہیں

یہ کیسے رتجگوں میں ہو گئیں بوجھل مری آنکھیں
یہ کس کے خواب میں گم دیدہ بے خواب رہتا ہے

کچھ ایسا بوجھ تھا حامدؔ مری پلکیں نہ اٹھتی تھیں
کہ آنکھوں پر کسی کے خواب کا احسان رکھا تھا

نظم۔سینٹا کلاز

یہ کس کے سال بھر کے خواب کی تعبیر
گھر کی کھڑکیوں میں جگمگاتی ہے
نظم، خواب اور دعا میں گندھی ایک نظم
ریشمی خواب جیسی مہکتی ہوئی اک سحر

نظم۔بھیگے منظر میں

چکنی مٹی کے چولھے سے اُٹھتا دُھواں
بوڑھے امرود کے پیڑ میں دبکی چڑیوں کی آنکھوں میں
چبھنے لگے

بانسی جھاڑو کے تنکوں کی صورت
کوئی خواب دکھنے لگا

نظم ۔ من ہیٹن سے اجنبی مکالمہ

یہ بھرا شہر کتنا خالی ہے
جیسے ان باکس میرے خوابوں کا

حامد یزدانی صاحب!

میں نے آپ کی شاعری سے مثالیں تو بہت ساری جمع کی تھیں لیکن اپنے موقف کی حمایت میں صرف چند ایک ہی پیش کی ہیں۔

مجھے یوں محسوس ہو رہا ہے جیسے ہم دونوں کسی "خواب" کی زُلف کے اسیر ہوں اور وہ ہمارا مشترکہ محبوب ہو۔

آپ کا اس کے بارے میں کیا خیال ہے؟

آپ کا ادبی دوست

خالد سہیل

10 دسمبر 2022

حامد یزدانی کا جوابی ادبی محبت نامہ

جناب ڈاکٹر خالد سہیل صاحب!

آداب و تسلیمات

سب سے پہلے تو میں آپ کا شکریہ ادا کرنے کی رسم نبھانا چاہتا ہوں کہ آپ

نے مجھے اس ادبی محبت نامے کے لائق سمجھا اور پھر اس احساس کا اظہار کرنا چاہتا ہوں کہ یہ میں بخوبی جانتا ہوں کہ ان ادبی محبت ناموں کو آپ اس ترغیبی کانٹے کی طرح استعمال کرتے ہیں جو مجھ سے مرکزی دھارے سے ہٹے ہوئے شناورانِ ادب کی توجہ شکار کرتا ہے اور انھیں دروں بینی کی طوفانی لہروں سے متعارف کرواتا ہے جو بالآخر خود شناسی کے ساحل سے ہم کنار کر دیتی ہیں۔ لہر لہر یہ سفر یقیناً قیمتی اور اہم ہوگا مگر میں سردست 'سند باد' بننے کا ارادہ نہیں رکھتا اور اس کٹھن سفر کے لیے لنگر اٹھانے کو تیار نہیں۔

جہاں تک "خواب" کے استعارہ کے حوالے سے میری آپ سے "اشتراکی" قربت کا تعلق ہے تو یہ واقعی ایک دل چسپ اور وقیع اعزاز ہے میرے لیے۔ مجھے یاد ہے اس جانب اشارہ پہلے پہل لاہور میں پروفیسر محمد خالد صاحب نے اسّی کی دہائی میں کیا تھا۔ ایک روز انھوں نے مجھے ایک دوست کے ساتھ اپنے ہاں مدعو کیا اور بہت سی غزلیں سنیں اور تبصرہ کرتے ہوئے کہا کہ "خواب" کا استعارہ میرے ہاں مختلف رنگوں میں آتا ہے اور یہ کہ آگے چل کر ممکنہ طور پر مزید مؤثر انداز میں نمایاں ہوگا۔ یہ پہلا موقع تھا ایک نوجوان شاعر کے لیے جب اس کے کلام کو اس توجہ سے سنا اور جانچا گیا۔

"خواب" یوں آگے بھی میرے اظہار میں جگہ پاتا رہا مگر ایک تخیلاتی انداز اور شعری اسلوب اظہار ہی کے دائرے میں جبکہ آپ کے ہاں شعر و ادب کی علامت سے اوپر اُٹھ کر یہ کسی عملی سفر اور منزل کی حقیقی تصویر کا عکاس دکھائی دیتا ہے۔ آپ کے اب تک کے مطبوعہ تخلیقی کارناموں پر سرسری نظر ہی سے واضح ہو جاتا ہے کہ "خواب" آپ کو کتنا عزیز ہے اور ایک منزلِ مقصود کی طرح کچھ یوں روشن ہے کہ اس سے صرفِ نظر ممکن نہیں۔ جیسے گہرے نیلے سمندر میں رات کا سفر کرتے جہاز کے لیے لائٹ ہاؤس کو نظر انداز کرنا ممکن نہیں۔ اپنی انگریزی نظم "نادیدہ زنجیریں" میں آپ اسی جانب تو اشارہ کر رہے ہیں:

اور پھر داخل ہوتے ہیں
ایک نئی دنیا میں ہم
وہ خوابوں کی دنیا
ہاں، وہ نویکلی منزلوں کی دنیا

گویا خواب اور منزل ایک ہی ہے جو ایک نئی دنیا کی مظہر ہے۔

میں خواب اور منزل کی بات کر رہا تھا۔ اسی ضمن میں یہ بھی ہے کہ آپ خواب اور بچوں کو بھی یکجا دیکھتے ہیں۔ چونکہ بچے مستقبل کی علامت ہیں۔ اس لیے ان کے ساتھ امید کی منزل کا ربط انتہائی بامعنی رہتا ہے۔ آپ کی نظم "دوقتل" اور "سٹل برتھس" دونوں میں خواب بچوں سے مربوط ہو کر آتے ہیں۔

'جیسے میرے خواب اور میرے بچے، یا پھر

'کتنے خواب
اور کتنے جذبے۔
کتنے بچے پیدا ہونے سے پہلے ہی مر جاتے ہیں۔'

آپ نے اپنے خط میں خواب کے استعارے سے اپنی دل چسپی کا اظہار کرتے ہوئے اپنے کلیات "خواب در خواب" کا اور اپنی سوانح "وین ڈریمز کم ٹرو" کا حوالہ دیا ہے تو میرے نزدیک آپ کا اوّلین شعری مجموعہ "تلاش" ہی دراصل خواب کی کھوج کا سنگ آغاز ثابت ہوتا ہے۔ یہ تلاش درحقیقت خواب ہی کی آئنہ دار تھی۔ پھر آپ کے چار خواب جو شرمندۂ تعبیر ہوئے جن کا ذکر آپ کی کتابوں میں بھی ملتا ہے اور میرے ساتھ کیے گئے انٹرویو میں بھی۔ ان میں سے ایک خواب آپ کے ڈاکٹر بننے کا بھی تھا جو آپ نے اور آپ کی والدہ صاحبہ نے مل کر دیکھا تھا۔

والدہ سے آپ کی قربت اور دُوری، انسیت اور فاصلہ ایک ایسا نقطہ ہے جس نے آپ کے تخلیقی کونوں کو بار بار روشن کیا ہے۔ خاص کر آپ کے افسانوں میں ماں سے تعلق کی علامت بہت مؤثر انداز میں اُبھرتی ہے اور اس پر لکھا بھی جا چکا ہے۔ یہاں میں آپ سے یہ بات شیئر کرنا چاہتا ہوں کہ میں اپنے والدین کا ایک روایتی فرماں بردار "شریف" بچہ رہا اور ان کی تابع داری کو ہمیشہ فرض سمجھا۔ والد صاحب تو کچھ کہتے نہیں تھے تو امی جان کی باتیں مانتا رہتا تھا سوائے اڑھائی یا ڈھائی باتوں کے جو میں نے نہیں مانیں۔

انھیں آپ ان کے تین خواب بھی کہہ سکتے ہیں۔ پہلی بات یہ کہ آپ کی والدہ کی طرح وہ بھی مجھے ڈاکٹر بنانا چاہتی تھیں۔ میں ہائی سکول ہی میں پری میڈیکل سے بھاگ گیا اور والد صاحب کی حمایت سے آرٹس میں آ گیا۔ امی جان دیکھتی تھیں کہ ہمارے مکان مالک جو پڑوس ہی میں رہتے تھے ڈاکٹر تھے اور خوش حال اور آسودہ تھے۔ شاید اسی لیے وہ میرے مستقبل کو آسودہ دیکھنے کے لیے ایسا چاہتی ہوں۔ دوسری بات جو میں نے نہیں مانی وہ یہ تھی میں شاعر نہ بنوں۔ رہی آدھی بات تو وہ تھی شادی کے سلسلے میں۔ میں شادی کرنے پر آمادہ نہ تھا مگر وہ بضد تھیں کہ میں خاندان کی ایک لڑکی سے شادی کرلوں۔ میں نے ان کی آدھی بات مان لی یعنی شادی تو کرلی مگر خاندان میں نہیں۔ تو بس یہ ڈھائی خواب ان کے میں پورے نہ کر پایا۔ اگرچہ بعدازاں وہ میرے فیصلوں پر بظاہر تو خوش ہی تھیں۔

خیر، یہ تو برسبیلِ تذکرہ عرض کر دیا۔ میں ذکر کر رہا تھا آپ کی تخلیقات میں خواب کی علامت کے بامعنی استعمال کا تو آپ کی تو متعدد کتابوں کے نام ہی خواب سے جگمگاتے دکھائی دیتے ہیں جیسے

"ادھورے خواب"

کریئٹو مائنوریٹیز: ڈریمز اینڈ ڈائلماز"

"نئے خواب، نئے نصاب"

اور جن کتابوں کے نام میں خواب شامل نہیں بھی ہے ان کے متون بھی خوابوں سے سرشار ہیں۔ مثلاً ادبی جریدہ "شاعر" ممبئی کے مدیر کے ایک سوال کے جواب میں آپ کہتے ہیں:

"میں ساری دنیا کے انسانوں کی انفرادی اور اجتماعی زندگی میں امن کے خواب دیکھتا رہتا ہوں۔"

"دھرتی ماں اُداس ہے" کے پیش لفظ میں آپ کراچی میں اپنے ایک انٹرویو کا تذکرہ کرتے ہوئے ایک سوال کا جواب کچھ یوں دیتے ہیں:

"میں انسانیت کے مستقبل کے بارے میں ایک خاص قسم کا خواب دیکھتا ہوں۔ میری خواہش ہے کہ میں اپنی زندگی میں۔ اپنے خوابوں کا تخلیقی اظہار الفاظ کی صورت میں کرسکوں۔"

آپ قاری کو ادیب کا شریک خواب وتعبیر بھی خیال کرتے ہیں۔

کتاب "ٹو کینڈلز آف پیس" بھی امن کا خواب دیکھنے والوں سے مخاطب ہے اور" کالے جسموں کی ریاضت" میں تو مارٹن لوتھر کنگ کا تاریخی جملہ ہماری تخلیقی تربیت و تہذیب کرتا ہے" آئی ہیو آ ڈریم"۔

"درویشوں کا ڈیرہ" میں بھی مکتوبات کی صورت میں خواب ہی تو ترتیب دیے گئے ہیں۔ اپنے افسانہ" چند گز کا فاصلہ" میں آپ تیسری دنیا کی ماؤں اور بچوں کے لیے خوش حالی کا خواب ہی تو دیکھ رہے ہیں جبکہ افسانہ" دیوتا" میں انسان لامکاں کی انتہاؤں کے درمیان کسی انجانے خواب کی صورت سمٹا ہوا دکھائی دیتا ہے۔

"لاہور کا سقراط" میں آپ عزیز الحق صاحب کی وساطت سے ژونگ کے فلسفے سے بھی متعارف کرواتے ہیں اور شاعری اور خواب اور اجتماعی شعور کے باہم تعلق کو ہم پر

واضح کرتے ہیں۔ لاہور کی بات چلی ہے تو زاہد ڈار سے پاک ٹی ہاؤس میں ہونے والی آپ کی ملاقات کا بھی ذکر ہو جائے جس میں وہ باہر سڑک کے کنارے ایستادہ درخت کی جانب اشارہ کرتے ہوئے کہتے ہیں: "اس شہر کے پتوں پر ہی نہیں یوں لگتا ہے چہروں، کپڑوں اور ذہنوں پر بھی گرد جم چکی ہے اور" نئے خوابوں کی بارش" کی راہ تک رہی ہے۔"

اس جملے کو پڑھتے ہوئے میں سوچنے لگا اگر یہ نثر ہے تو پھر نظم کیا ہوتی ہے؟

اور ہاں، "خواب درخواب" کا دیباچہ بھی تو آپ کے نظریہ فن کی گواہی دیتا ہے کہ آپ کے نزدیک ہر دور کا شاعر، ادیب، فن کار اور دانش ور سچ کی تلاش میں نکلا ہوا ہے۔ اور وہ محبت، امن اور آشتی کے خواب دکھاتا ہے۔

تو میں دیکھتا ہوں کہ آپ کے ہاں خواب ایک جیتی جاگتی تعبیر کا نام ہے جسے ہم انسانیت کی منزل کہہ سکتے ہیں۔ اس طرح یہ میری شاعری میں ملنے والے خواب سے بہت ممتاز ہو جاتا ہے اور حسی لطافت اور اسلوبیاتی حسن کی حدود پار کر کے حقیقی زندگی کے دھڑکتے تار چھیڑنے لگتا ہے۔ نہیں کیا؟

یقین کیجیے میں آپ کی تخلیقات کے حوالے سے اور بھی بہت کچھ کہہ سکتا ہوں مگر اپنے یا اپنی تحریروں پر بات نہیں کر سکتا۔ حالانکہ آپ سے مکالمہ میرے لیے خود بینی کا موقع اپنے دامن میں سمیٹے ہوئے ہے جس سے خود شناسی کی راہ ہموار ہو سکتی ہے۔ یہ جاننے کے باوجود میں آپ سے ایسے تبادلہ خیال سے کتراتا ہوں۔ میں آئینے میں جھانکنے کو تیار نہیں۔ شاید میں اپنے آپ سے ملنے پر آمادہ نہیں۔ کیا آپ نے ایسا سایہ دیکھا ہے جو اپنے وجود سے انکار پر مصر ہو یا اس سے گریزاں ہو؟

آپ کا ادبی دوست اور مداح

حامد یزدانی

ooo

ہم خواب کس زبان میں دیکھتے ہیں؟

حامد یزدانی، خالد سہیل

حامد یزدانی کا خط

محترم ڈاکٹر خالد سہیل صاحب!

آداب وتسلیمات

امید ہے آپ بخیر ہوں گے اور موسمِ سرما کے برفیلے مُوڈ سے ''لطف اندوز'' ہو رہے ہوں گے جس سے اپنی استطاعت کے مطابق میں بھی ''استفادہ'' کر رہا ہوں۔ اچھی بات یہ ہے کہ یہاں کینیڈا میں ہمیں موسموں کی شدت کا سامنا کرنے لیے مناسب سہولیات حاصل ہیں ورنہ پاکستان سمیت دنیا کے کتنے ہی ممالک میں ان ضروری سہولیات کی کمی کے باعث کافی انسانی نقصان ہو جاتا ہے۔

میں نے گذشتہ دنوں چھوٹے بھائی ماجد کو لاہور فون کیا تو اُس نے بتایا کہ شدید سردی ہے اور بجلی دستیاب نہیں۔ میں نے موضوع بدلنے کی غرض سے لاہور کی ادبی تقریبات کی گہما گہمی کے بارے میں سوال کیا۔ بتانے لگا کہ لاہور میں ادبی فیسٹیول بھی چل رہا تھا اور مادری زبان کے عالمی دن کی مناسبت سے بھی کئی خصوصی تقریبات کا انعقاد شہر میں کیا گیا تھا۔ جن میں پنجابی زبان کو اس کا جائز حق دینے کا مطالبہ بھی کیا گیا۔

ڈاکٹر صاحب! مادری زبان کے حوالے سے یہ مباحث میں بچپن سے سُن پڑھ

رہا ہوں۔ مجھے یاد نہیں اس بات کا پہلے آپ سے ذکر ہوا ہے یا نہیں کہ میں ریڈیو پاکستان لاہور سے کئی سال ایک گھنٹہ دورانیے کا پنجابی پروگرام ہر روز لکھتا اور پیش کرتا رہا ہوں۔ اور میرا ایک شعری مجموعہ ''رات دی نیلی چُپ'' برسوں پہلے لاہور ہی سے شائع ہو چکا ہے۔ مجموعہ کی اشاعت سے بھی برسوں پہلے پاک ٹی ہاوس میں دوستوں سے گفتگو ہو رہی تھی کہ میرے دوست غضنفر علی ندیم نے مجھ سے کہا:

''یار! تمہیں زبان کا کیا مسئلہ درپیش ہو سکتا ہے؟ تم تو یزدانی جالندھری صاحب کے بیٹے ہو اور اردو تمہاری مادری زبان ہے۔ ہمیں تو گھروں میں ایسا ماحول نہیں ملا۔''

اس پر میں نے اسے بتایا کہ ہم بشمول والد صاحب گھر پر پنجابی بولتے ہیں تو وہ کچھ حیران دکھائی دیا۔ تاہم میرے ایسے دوست بھی تھے جن کا اوڑھنا بچھونا اردو زبان تھی۔ حال آں کہ ان کے والدین پنجاب ہی سے تھے۔ تو یہ، بحث وقفے وقفے سے سامنے آتی رہی۔ انہی دنوں ہمارے ایک استاد نے کہا کہ 'مادری زبان وہ ہوتی ہے جس میں تم خواب دیکھتے ہو۔'

ہم سب کو یہ مقولہ خوب صورت لگا اور ہم وقتاً فوقتاً اسے دہراتے بھی رہے۔

دوسری جانب ہمارے من پسند شاعر حضرتِ غالب خواب در خواب سمٹتی اور بکھرتی زندگی کی حیرتوں سے ہمیں مسحور کرتے چلے آ رہے ہیں:

ہیں خوب میں ہنوز جو جاگے ہیں خواب میں

مشکل تب پیش آئی جب ایک صبح ناشتے پر امّی جان نے انکشاف کیا کہ میں سوتے میں انگریزی بولا کرتا ہوں۔ تو میں سوچنے لگا کہ کیا میں انگریزی میں خواب دیکھتا ہوں؟ تو اس اعتبار سے کیا میری مادری زبان انگریزی ہوئی۔ ظاہر ہے یہ سوچ خود میرے لیے بھی مضحکہ خیز تھی۔

پہلے سوشیالوجی میں اور پھر یہاں کینیڈا میں سوشل ورک میں ماسٹرز ڈگری مکمل

کرتے ہوئے اگرچہ مجھے سماجی نفسیات اور ڈویلپمنٹل سائکالوجی کے مضامین لازمی طور پر پڑھنا پڑے۔ سو، کچھ آشنائی نفسیاتی موضوعات سے ہے ضرور مگر آپ چوں کہ ایک مستند نفسیات دان ہیں اس لیے سوچا کیوں نہ آپ سے پوچھا جائے کہ شاعرانہ تصور سے ہٹ کر یعنی سائنسی لحاظ سے:

-- کیا آپ اس مقولے سے متفق ہیں کہ ہماری زبان وہی ہوتی ہے جس میں ہم خواب دیکھتے ہیں؟

-- کیا خوابوں کی بھی کوئی زبان ہوتی ہے؟

-- اگر ہوتی ہے تو اس کا تعین کیسے کرتے ہیں؟

-- کیا کوئی بھی پسندیدہ زبان جس میں اظہارِ خیال میں انسان زیادہ سہولت محسوس کرے اُس کی (بنیادی) 'زبان' کہلانے کی حق دار نہیں؟

-- کہیں یہ کنفیوژن "مدر لینگوئج" یا ماں بولی میں 'ماں' کے تصور کے سبب تو نہیں کہ جس کے باعث جذباتی سی وابستگی محسوس کرنا ضروری لگتا ہے؟

ڈاکٹر صاحب! مادری زبانوں کے عالمی دن کے موقع پر یہ کچھ بکھرے بکھرے سے خیالات اور سوالات خواہ مخواہ ذہن میں گردش کرنے لگے جواب آپ کی خدمت میں پیش کر دیئے ہیں۔ امید ہے ادبی معاملات کی طرح اس موضوع پر بھی آپ رہنمائی فرمائیں گے۔ شکریہ۔

آپ کا ادبی دوست

حامد یزدانی

واٹرڈاون، کینیڈا

ستائیس فروری سن دو ہزار بائیس

ڈاکٹر خالد سہیل کا جواب

حامد یزدانی صاحب!

میں اپنے سائیکوتھیراپی کلینک میں بیٹھا آپ کو خط لکھ رہا ہوں اور باہر برف کا طوفان آیا ہوا ہے اور جب چند گھنٹوں کے بعد میں اپنے مریضوں سے فارغ ہو کر گھر جانے کی تیاری کروں گا تو اس وقت تک کئی اِنچ برف گر چکی ہوگی اور گلیوں اور بازاروں، کاروں اور گھروں کو برف کی چادر اوڑھا چکی ہوگی۔

اس برف کے طوفان میں بھی ایک بات باعثِ طمانیتِ قلب ہے اور وہ یہ کہ درویش کی کٹیا میں جو گاڑی کی پارکنگ ہے وہ زیرِ زمین ہے اس لیے جب میں زیرِ زمین گاڑی پارک کروں گا تو طوفان سے بے نیاز ہو جاؤں گا کیونکہ کل صبح مجھے اپنی گاڑی پر جمی ہوئی برف کھرچ کھرچ کر صاف نہیں کرنی ہوگی۔ میں شدید برفباری میں وہ منظر بھی دیکھ چکا ہوں کہ ایک شخص نے بڑی محنت سے ایک گھنٹے میں گاڑی صاف کی تو اسے اندازہ ہوا کہ وہ اپنی گاڑی نہیں کسی اور ہمسایے کی گاڑی صاف کر رہا تھا۔

جہاں تک خوابوں اور مادری زبانوں کا تعلق ہے تو عرض ہے کہ جو شخص ساری عمر اپنے گاؤں یا شہر میں اپنی ایک ہی مادری زبان بولتا ہے تو اسے خواب بھی مادری زبان میں ہی دکھائی دیں گے لیکن اگر کوئی انسان کالج یا یونیورسٹی میں یا ہجرت کے بعد اپنی مادری زبان سے محبت کرنے کے ساتھ ساتھ کسی اور زبان کی زُلف کا بھی اسیر ہو جائے تو پھر وہ اپنی نئی محبوب زبان میں بھی خواب دیکھ سکتا ہے جیسا کہ آپ انگریزی میں خواب دیکھ کر بڑبڑائے۔

حامد یزدانی صاحب!

چونکہ اب آپ سے دوستی پکی ہو رہی ہے اور بے تکلفی بڑھ رہی ہے اس لیے

اب میں آپ سے چند اعترافات کرنے جا رہا ہوں۔

میں گھر میں والدین سے پنجابی بولتا تھا۔

لکھتا اردو میں تھا۔

کونونٹ سکول میں دوستوں سے انگریزی بولتا تھا۔

بعض لوگ ہر انسان سے اپنی مادری زبان میں بات کرتے ہیں میری کوشش ہوتی ہے کہ دوسرے کی زبان میں بات کروں تا کہ نئی زبان سیکھ سکوں۔ اسی لیے خواب میں بھی جو شخص دکھائی دیتا ہے اس سے اسی کی زبان میں بات کرتا ہوں۔ مجھے خواب پنجابی اردو اور انگریزی تینوں زبانوں میں آتے ہیں۔

آپ نے پوچھا کہ خوابوں کی کیا زبان ہے تو عرض ہے کہ سگمنڈ فرائڈ نے ہمیں بتایا کہ خوابوں کی زبان لاشعور کی زبان ہے جس میں تصاویر زیادہ اور الفاظ کم ہوتے ہیں۔ اسی لیے خوابوں میں ہمیں مختلف مناظر دکھائی دیتے ہیں۔

لاشعور کی منطق شعور کی منطق سے بہت مختلف ہوتی ہے۔ ایک مثال حاضر خدمت ہے۔

فرائڈ کے پاس ایک مریض آیا کہنے لگا میں نے خواب میں ایک کتے کو ٹھوکر ماری۔ ٹھوکر کے بعد کتے نے سر موڑا تو میں نے دیکھا کہ اس کی گردن پر میرے والد کا سر تھا۔

فرائڈ نے تحلیلِ نفسی کے بعد اسے بتایا کہ تمہارے لاشعور میں اپنے والد کے خلاف بہت غصہ اور نفرت کے جذبات بھرے ہوئے ہیں لیکن جب تم جاگتے ہوئے ان کے بارے میں سوچتے ہو تو احساسِ گناہ کا شکار ہو جاتے ہو کیونکہ تمہارا مذہب تمہیں سکھاتا ہے کہ ہم سب کو اپنے والد کی عزت کرنی چاہیے لیکن چونکہ تمہارے باپ نے بچپن میں تمہارے ساتھ زیادتیاں کی ہیں اس لیے تمہارے لاشعور میں غصہ بھرا ہوا ہے۔

خواب میں تم نے اپنے باپ کو کتا بنا دیا اور اسے ٹھوکر ماری۔ ٹھوکر مارنے سے

تمہارے غُصّے کا اظہار ہو گیا اسی لیے اس کے بعد پتہ چلا کہ کتے کا سر تمہارے باپ کا سر تھا۔

حامد یزدانی صاحب! میں نے یہ مثال اس لیے شیئر کی ہے تا کہ یہ بات واضح ہو جائے کہ خوابوں کی زبان اور ان کی تفہیم کافی گنجلک اور پیچیدہ ہے۔

خوابوں کے بارے میں یہ جاننا بھی اہم ہے کہ فرائڈ خوابوں کا سلسلہ ماضی سے جوڑتے تھے کیونکہ ان کے بہت سے مریض نفسیاتی اُلجھنوں کا شکار تھے۔

فرائڈ کے مقابلے میں کارل ینگ کہتے تھے کہ ہمارے خواب ہمیں مستقبل کے بارے میں بتاتے ہیں۔ان کا کہنا تھا کہ لاشعور شعور سے زیادہ دانا ہوتا ہے اور اگر آپ کی اپنے لاشعور سے دوستی ہو تو آپ اپنے لاشعور میں چھپے ایک مرد دانا سے مل سکتے ہیں جو آپ کو مستقبل کے بارے میں مفید مشورے دے سکتا ہے۔

مذہبی لوگ خوابوں کا تعلق خدا اور فرشتوں سے جوڑتے ہیں جبکہ لامذہبی ماہرین نفسیات ان کا تعلق انفرادی اور سماجی لاشعور سے جوڑتے ہیں۔

حامد یزدانی صاحب!

بدقسمتی کی بات یہ ہے کہ میں پنجابی بول تو سکتا ہوں لیکن اپنی ماں بولی لکھ پڑھ نہیں سکتا اس لیے کہہ سکتا ہوں کہ میں پنجابی میں ”ان پڑھ“ ہوں۔

آپ کا پنجابی کا مضمون میں نے پڑھنے کی کوشش کی تو بہت اٹک اٹک کر پڑھا۔

آئیں آج میں آپ کو ایک دلچسپ واقعہ سناؤں۔

کئی سال بلکہ کئی دہائیاں پیشتر مجھے ایک صاحب نے ٹورانٹو سے فون کر کے بتایا کہ ان کا نام بلبیر سنگھ مومی ہے۔ وہ پاکستان میں پیدا ہوئے تھے اور پھر ہندوستان ہجرت کر گئے تھے اور اب چندی گڑھ میں رہتے ہیں۔

کہنے لگے میں آپ کے افسانے ہندوستان لے جانا چاہتا ہوں اور ان کا پنجابی میں ترجمہ کر کے چھاپنا چاہتا ہوں۔

میں نے کہا: زہے نصیب۔

چنانچہ وہ میرے اردو کے افسانے کینیڈا سے ہندوستان لے گئے ان افسانوں کا پنجابی میں ترجمہ کروایا۔ امرتا پریتم کے محبوب امروز سے سرورق بنوایا اور جب واپس لوٹے تو ان کے پاس میرے افسانوں پر مشتمل ایک کتاب "اک پیر وچ زنجیر" تھی جو انہوں نے مجھے تحفے کے طور پر دی اور مجھے احساس ہوا کہ میں اپنے ہی اردو افسانوں کے پنجابی تراجم نہیں پڑھ نہیں سکتا۔

مجھے اس دن پتہ چلا کہ پنجابی دو رسم الخط میں لکھی جاتی ہے۔

گرمکھی اور شہہ مکھی۔

اُردو اور فارسی زبانیں جاننے کی وجہ سے میں شاہ مکھی تو اٹک اٹک کر پڑھ سکتا ہوں مگر گرمکھی بالکل نہیں پڑھ سکتا۔

مہاجروں کا شعور ہی نہیں لاشعور بھی بدلتا رہتا ہے۔

کینیڈا میں تیس برس گزارنے کے بعد میں نے انگریزی میں لکھنا شروع کیا اور اتنا لکھا کہ اردو میں لکھنا کم ہوتا گیا۔

وہ تو خیر ہو "ہم سب" کی کہ مجھے دوبارہ اردو میں لکھنے کی تحریک دی اور میں دوسری محبوبہ انگریزی سے دوبارہ اپنی پہلی محبوبہ اُردو کی طرف لوٹ آیا۔

حامد یزدانی صاحب!

یہ موضوع کافی وسیع ہے میں بس اتنا ہی کہہ سکتا ہوں کہ مہاجروں کی زبانوں اور خوابوں کے رشتے ہجرت نہ کرنے والوں کی نسبت زیادہ گھمبیر ہوتے ہیں۔

آپ کا ادبی دوست

خالد سہیل

ooo

درویش کی زنبیل سے تین تحفے

خالد سہیل

ڈائری کا ورق نمبر ا

میری نئی محبوبہ

میری زندگی میں ایک دلچسپ تبدیلی آ رہی ہے۔ میری ایک نئی صنفِ نازک سے ملاقات ہوئی ہے جو میری نئی محبوبہ بننا چاہتی ہے۔ وہ اپنے عشوہ وغمزہ وانداز وادا سے میرا دل لبھانے کی کوشش کرتی رہتی ہے جبکہ میں اس سے بڑے محتاط انداز سے ملتا ہوں بلکہ قدرے گریز کرتا ہوں۔ ایک شام اس نے مجھ سے بے تکلف ہونے کی کوشش میں یہ بھی بتایا کہ وہ میری پرانی سات محبوباؤں سے بھی مل چکی ہے۔

میں نے ازراہِ تفنن پوچھا کہ پرانی محبوبائیں کون ہیں تو بڑی سنجیدگی سے کہنے لگی آپ کی

پہلی ادبی محبوبہ شاعری تھی دوسری افسانہ نگاری۔

تیسری ادبی محبوبہ ناول نگاری تھی چوتھی مقالہ نگاری۔

پانچویں ادبی محبوبہ ترجمہ نگاری تھی چھٹی کالم نگاری۔

ساتویں ادبی محبوبہ خطوط نگاری تھی اور میں آپ کی آٹھویں محبوبہ بننے کے خواب

دیکھ رہی ہوں۔

میں نے پوچھا کہ تم میں وہ کیا خصوصیت ہے کہ میں تمہیں اپنی نئی محبوبہ بناؤں تو بڑی اپنائیت سے کہنے لگی میں بہت فراخ دل ہوں میں آپ کی پرانی محبوباؤں سے نہ صرف حسد نہ کروں گی بلکہ ان کو آپ کے ساتھ اپنے گھر دعوت بھی دوں گی۔ میرا دل بڑا اور گھر کشادہ ہے۔ آپ جب چاہیں مجھ سے ملنے آئیں اور جس کو چاہیں اپنے ساتھ لائیں۔

میں نے پوچھا تمہارا نام کیا ہے؟

کہنے لگی ڈائری۔

پھر اس نے مجھے بڑے پیار سے ایک رنگین کاپی اور قلم دیے اور کہا کہ یہ آپ کے لیے تحفہ ہیں۔ آپ اس کاپی میں اپنے دل کی باتیں لکھا کریں اسے لوگ بڑے شوق سے پڑھیں گے۔

میں نے کہا میں تو ایک عام سا انسان ہوں جو ایک عام سی زندگی گزارتا ہے میری باتیں بھلا لوگ دلچسپی سے کیوں پڑھیں گے۔

کہنے لگی آپ کسرِ نفسی سے کام لے رہے ہیں۔ آپ ایک غیر معمولی انسان ہیں جو ایک دلچسپ زندگی گزارتے ہیں۔ آپ جب کسی محفل میں جاتے ہیں تو لوگ آپ کی باتیں بڑے غور سے سنتے ہیں۔ کیا آپ کو یاد نہیں کہ جب آپ ہسپتال میں کام کیا کرتے تھے تو ایک نرس نے آپ کو اپنی سہیلیوں کے ساتھ لنچ پر دعوت دی تھی۔ آپ نے دعوت کی وجہ پوچھی تھی تو اس نے کہا تھا ہم آپ کی گفتگو سننا چاہتے ہیں آپ بہت دلچسپ کہانیاں سناتے ہیں۔

پھر میری نئی محبوبہ نے کہا: اب آپ وہی دلچسپ باتیں وہی دلچسپ کہانیاں اپنی ڈائری میں لکھ لیا کریں تاکہ وہ لوگ جو اس محفل میں شامل نہ ہوں وہ بھی اسے پڑھ کر

لطف اندوز ہو سکیں۔

اس گفتگو کے بعد مجھے یوں لگا جیسے میں اس کی زُلف کا اسیر ہو گیا۔ میں نے اسے اپنی نئی ادبی محبوبہ بنا لیا اور اپنی ڈائری میں نوشتہ یہ پہلی تحریر اسی نئی ادبی محبت کا تعارف ہے۔

ڈائری کا ورق نمبر 2

سالک کی سوانح عمری

ایک

کیف تھا

سرور تھا

انبساط تھا

بے قراری تھی

وارفتگی تھی

سرشاری تھی

جی میں آئی کہ اپنی سوانح عمری لکھوں لیکن ایسی سوانح عمری جو منفرد ہو، جداگانہ ہو ایسی سوانح عمری جیسی پہلے کسی نے نہ لکھی ہو۔

یہ 2017ء کی بات ہے جب میری عمر 65 برس تھی اور مجھے اپنے پچھلے پچاس برس کی کہانی لکھنی تھی، جب سے میں نے زندگی کے بارے میں سنجیدگی سے سوچنا شروع کیا تھا۔ میں جانتا تھا کہ ''یہ نصف صدی کا قصہ ہے دو چار برس کی بات نہیں۔''

میں نے سوچا کہ میں پچاس برس کی کہانی صرف سو صفحوں میں لکھوں

اپنے سارے دُکھ اپنے سارے سُکھ

کیا کھویا کیا پایا

عمر بھر کا تجربہ، مشاہدہ، مطالعہ اور تجزیہ

سو صفحوں کے فیصلے سے واضح تھا کہ میں تفاصیل نہیں لکھ سکتا تھا۔ میں نے سوچا کہ وہ سوانح عمری استعاراتی ہوتا کہ اس میں انفرادیت بھی ہو معنویت بھی اور گہرائی بھی۔

پھر میں نے سوچا اگر سوانح عمری First Person میں لکھوں گا تو ہر صفحے پر دس دفعہ 'میں' لکھنا ہوگا جس سے نرگسیت کا گمان ہوگا۔ اس لیے فیصلہ کیا کہ سوانح عمری Third Person میں لکھوں گا تا کہ قدرے جذباتی فاصلہ بھی رہے اور اس میں افسانوی طرز بھی آ سکے۔

میں نے اپنے ہم زاد کے نام کے بارے میں سوچا تو دو نام ذہن میں آئے درویش اور خضر۔

میں نے خضر چنا کیونکہ خضر ایک ایسا دیومالائی کردار ہے جو لوگوں کی زندگی میں تھوڑی دیر کے لیے آتا ہے راستہ دکھاتا ہے مدد کرتا ہے اور چلا جاتا ہے۔ میں نے سوچا میرا تھیراپسٹ ہونے کا کردار بھی ایسا ہی ہے۔ لوگ مجھ سے ملتے ہیں اپنی کہانی اپنا مسئلہ سناتے ہیں میں ان کو مشورہ دیتا ہوں اور وہ رخصت ہو جاتے ہیں۔

پھر میں نے سوچا کہ میں نیلسن منڈیلا۔۔۔ پیئر ٹروڈو یا چے گوارا کی طرح کوئی مشہور شخصیت تو ہوں نہیں کہ لوگ میرے رشتہ داروں کی کہانی ذوق و شوق سے پڑھیں۔ اس لیے میں نے خضر کی زندگی کے کرداروں کو ایسے نام دیے جو ان کی خصوصیت تھی ان کی شخصیت کا اہم اور نمایاں پہلو تھا

خضر کی

ماں کا نام مذہب

باپ کا نام تصوف

نانی کا نام دانائی

بہن کا نام دوستی

رکھا۔

خضر جس شہر جس ملک میں پیدا ہوا اس کا نام ۔۔۔روایتوں کا شہر

اور جس شہر جس ملک میں ہجرت کر کے گیا اس کا نام ۔۔۔آزادیوں کا شہر

رکھا۔

جب یہ ہوم ورک ہو گیا تو میں اپنی سوانح عمری لکھنے بیٹھا

اور میں اس کیف اس سرور اس سرشاری کی بارش میں بھیگ گیا

صبح اُٹھ کر لکھنے بیٹھتا تو قلم لکھتا چلا جاتا:

ایک صفحہ۔۔۔دو صفحے۔۔۔چار صفحے۔۔۔آٹھ صفحے۔۔۔دس صفحے۔۔

میرے اندر ایک چشمہ بہنے لگا میں سوچتا رہا اور لکھتا رہا

چالیس دنوں میں ساری سوانح عمری لکھ ڈالی

اس کے ستر باب تھے اور ہر باب ایک یا دو صفحوں کا تھا۔

سوانح عمری کا نام رکھا:

The Seeker... The story of Khizr and his search for truth.

خضر سچ کی تلاش میں ہے اور اسے زندگی میں بہت سے سچ ملتے ہیں۔

مذہبی سچ۔۔۔رُوحانی سچ۔۔۔سائنسی سچ۔۔۔ذاتی سچ۔۔۔اجتماعی سچ۔۔۔

ارتقائی سچ۔

سوانح عمری لکھنے کے بعد میں نے اپنے چالیس دوستوں کو بھیجی۔ ان کے تاثرات اتنے دلچسپ تھے کہ میں نے وہ تاثرات سوانح عمری کے آخر میں شامل کر دیے۔

اور پھر ایک دن ایک سیمینار میں پاکستانی فنکار شاہد رسام سے ملاقات ہوئی۔ پوچھنے لگے آج کل کیا لکھ رہے ہیں میں نے کہا۔۔۔ سوانح عمری مکمل کی ہے۔ کہنے لگے پڑھنا چاہتا ہوں۔ میں نے مسودہ بھیج دیا۔ پڑھ کر کہنے لگے میں اس سے اتنا متاثر ہوا ہوں کہ میں آپ کا پورٹریٹ بنانا چاہتا ہوں تا کہ آپ اپنی سوانح کے فرنٹ کور پر لگا سکیں۔

سوانح عمری چھپی تو عوام و خواص نے بہت پسند کی۔

the seeker۔۔۔۔ سالک۔۔۔ سوانح عمری لکھنے کا تجربہ چالیس دنوں کے ایک عالم بے خودی کا ایک ٹرانس trance کا نہایت دلچسپ اور بامعنی تخلیقی تجربہ تھا۔

ڈائری کا ورق نمبر 3

حامد یزدانی کی شاعری

مجھے میرے ادبی دوست حامد یزدانی نے اپنے نئے شعری مجموعے کا مسودہ تحفے کے طور پر دیا اور اس خواہش کا اظہار کیا کہ میں وہ مسودہ پڑھوں اور اس کے بارے میں نہ صرف اپنی رائے رقم کروں بلکہ اس مجموعے کے لیے کوئی نام بھی تجویز کروں۔

ان کے پہلے شعری مجموعے کے نام
"ابھی اک خواب رہتا ہے"
کو ذہن میں رکھتے ہوئے میں نے نئے شعری مجموعے کا نام "ہم ابھی رستے میں ہیں" تجویز کیا جو ان کی ایک نظم کا عنوان بھی ہے۔ اب دیکھتے ہیں انہیں یہ نام پسند بھی آتا ہے یا نہیں۔

ان کے نئے شعری مجموعے کو پڑھنے کے بعد میں نے اپنے تاثرات ایک نثری

مشترکہ محبوبہ

نظم کی صورت ان الفاظ میں رقم کیے

حامد یزدانی کے نام

حامد یزدانی کی
غزلیں اور نظمیں
خوابوں اور دعاؤں کے درمیان
خوبصورت پل بناتی ہیں
مشرق اور مغرب کی ثقافتوں کو
اعلیٰ آدرشوں سے ملاتی ہیں
امن اور آشتی کے نغمے
اور
انسانیت کی عظمت
کے گیت گاتی ہیں
حامد یزدانی کی غزلیں اور نظمیں
ہمارے دلوں کے دروازوں پہ دستک دیتی ہیں
ہمیں کچھ سوچنے پر مجبور کرتی ہیں
حامد یزدانی کی غزلیں اور نظمیں
اردو شاعری کی منڈیروں پر
نئے امکانات کے دیے روشن کرتی ہیں۔

ooo

ماہِ رمضان میں رُومانوی ڈیٹ

خالد سہیل، حامد یزدانی

حامد یزدانی کے نام خالد سہیل کا خط

قبلہ وکعبہ وچند دیگر مقدس مقامات حامد یزدانی صاحب!

آپ ایک پارسا ہیں اور میں ایک پاپی ہوں۔

ایک ایسا پاپی جس نے نہ صرف ایک پارسا کو دوست بنایا ہے بلکہ ایک پارسا کو محبوبہ بھی بنا رکھا ہے۔

ماہ رمضان میں کسی پابند صوم وصلوٰۃ محبوبہ کو ڈیٹ کرنا ایک نیا رومانوی تجربہ ہے۔

میں نے محبوبہ سے کہا کہ اب آپ دو طرح سے روزہ افطار کر سکتی ہیں

اپنی کھجور سے

یا

مجھ سے ڈیٹ سے

اور وہ مسکراتے ہوئے شرما گئیں۔

میں خود تو روزہ نہیں رکھتا لیکن میں نے کل محبوبہ کے روزے کے احترام میں آفر دی کہ میں آپ کی سحری کے لیے کچھ کھانا لے آتا ہوں لیکن وہ پانی پی کر دوبارہ سو گئیں اور ایک دن کی آٹھ بجے شام سے دوسرے دن کی آٹھ بجے شام تک کا آٹھ پہرہ روزہ رکھ لیا۔۔۔

میری محبوبہ نے جب مجھ سے پوچھا کہ ”آپ روزے کیوں نہیں رکھتے ؟“ تو میں نے کہا:

”زندگی ایک سفر ہے اور سفر میں روزہ معاف ہے“

میری توجیہہ سن کر بہت ہنسیں اور کہنے لگیں:

”کوئی تاویلیں آپ سے سیکھے۔“

میں روزہ نہ بھی رکھوں لیکن پھر بھی ان کے اصرار کے باوجود کہ آپ کھانا جلد کھا لیں، میں شام کے کھانے میں ان کی افطاری تک انتظار کرتا ہوں۔ ہوسکتا ہے اس طرح تھوڑا سا ثواب مجھے بھی مل جائے۔ (آپ بخوبی جانتے ہیں کہ انسان دوست دہریہ ہونے کے ناطے میں گناہ و ثواب پر ایمان نہیں رکھتا اور یہ ثواب کا لفظ میں نے عادتاً ہی لکھ دیا ہے جیسے کچھ دہریے خدا کا نام بھی عادتاً لے لیتے ہیں۔) میرا ایک شعر ہے

سمجھ نہ لینا کہ مجھ کو بہت عقیدت ہے
وہ عادتاً تھا جو نامِ خدا لیا میں نے

میں افطاری تک صرف کھانے کا ہی انتظار نہیں کرتا بلکہ ان سے گلے ملنے کا بھی انتظار کرتا ہوں کہیں میری وجہ سے ان کے روزے میں رومانوی خلل نہ پڑ جائے۔ ان کے روزے کے احترام میں مَیں رومانوی فاصلہ رکھتا ہوں اور افطاری کا انتظار کرتا ہوں۔

لیکن انتظار کی بھی حد ہوتی ہے۔

کبھی کبھی صبر کا پیمانہ لبریز بھی ہو جاتا ہے۔

ایسا لگتا ہے روزہ دار کا محبوب بھی رومانوی روزہ رکھ رہا ہے۔

حامد یزدانی صاحب!

چونکہ آپ سے دوستی اور بے تکلفی بڑھ رہی ہے اس لیے آپ کو یہ مذاحیہ خط لکھ دیا ہے۔ اگر آپ ماہ رمضان کے اس محبت نامے کا مجھے جواب بھیجیں تو پھر دونوں محبت

ناموں کو چھاپ سکتے ہیں۔

آپ کا ادبی دوست

خالد سہیل

ماہ رمضان ۲۰۲۳

حامد یزدانی کا جوابی خط

محترم ڈاکٹر خالد سہیل صاحب!

آداب وتسلیمات

ماہِ رمضان میں آپ کا ''ادبی محبت نامہ'' موصول ہوا اور افطار میں دودھ ملے روح افزا کی روایتی فرحت کی صورت قلب و روح کے لیے موجبِ تروتازگی ہوا۔

آپ نے اِس بندۂ ناچیز (اسے انگریزی والا چیز نہ سمجھا جائے) کے لیے قبلہ وکعبہ کے ساتھ ساتھ چند دیگر مقامات کا ذکر کر کے اِسے مخمصے میں ڈال دیا۔ ان القابات کو پڑھتے ہی ناقۂ ذہن سرزمینِ عرب سے ہوتا ہوا یروشلم اور ویٹیکن سِٹی سے بھی 'بٹوٹ' ہی ہو آیا مگر کسی مقام نے اسے گھاس نہیں ڈالی۔ گھاس ڈالنا تو در کنار پانی تک نہیں پیش کیا۔ وہاں بھی ''روزہ داری'' چل رہی تھی۔ ہر چند کہ روزہ کے شعری احکام ناقہ یا اونٹ پر لاگو نہیں ہوتے۔

اس سیر و تفریح سے آپ کے ادبی محبت نامہ کی جانب لوٹنا ہوا تو نگاہ اگلے جملے سے دوچار ہوئی۔ آپ نے عاجز کو کس دوستانہ فراخ دلی سے خِلعتِ پارسائی عطا کر دی ہے۔

سچ پوچھیے تو کہاں میں ۔۔ کہاں ۔۔ (فریدہ خانم کی آواز میں) یہ مقام ۔۔۔ اللہ، اللہ۔

بہرحال ہم نے بزرگوں سے سُنا ہے کہ اگر بغیر مانگے کچھ مل رہا ہو تو اسے قبول نہ کرنا کفرانِ نعمت ہے۔ کیونکہ وہ قدرت کی طرف سے آپ کے لیے تحفہ ہوتا ہے۔ میں

اب تک یہی سمجھتا رہا کہ اس سے مراد جمعرات کو حلوہ کی نذر نیاز یا دبئی سے (کسی) سالے (صاحب) کی طرف سے سنہری راڈو گھڑی کا تحفہ مراد ہے مگر یہاں تو بات اوصاف پر آپڑی ہے۔ اب اس کا کیا کِیا جائے۔ قبول نہ کرنے کی صورت میں کفرانِ نعمت کی تلوار سر پر لٹکتی دکھائی دیتی ہے اور قبول کرتا ہوں تو نفس کا موٹاپا خوف زدہ کرنے کو لپکتا ہے جیسے مسلسل ''روحانی ڈائٹنگ'' سے شیپ میں لانے کی کوشش کررہا ہوں۔ لیکن پھر شاعری ہی دستگیری کو آگے بڑھتی ہے:

سرِ تسلیم خم ہے جو مزاجِ یار میں آئے

البتہ آپ کے برملا اور تحریری ''اعترافِ پاپیّت'' سے چشم پوشی ہی کرسکتا ہوں کہ آپ کا دوست ہوں۔ شکر کریں آپ کسی ''پاک'' نگری میں نہیں رہتے وگرنہ اس اعتراف پر شرعی حد لازم تھی۔ تو آپ بال بال بچ گئے۔ اچھی بات یہ ہے کہ یہ خطرات و خدشات آپ جیسے ''صاحبانِ بال'' ہی کے لیے ہوتے ہیں مجھ سے بے چاروں کے لیے نہیں کہ جن کے (سر پر) بال ہی نہیں بچے وہ کیا محاورتاً بچیں گے اور کیا حقیقتاً۔

اس اعترافیہ جملہ کے فوراً بعد آپ نے اپنے نئے اور منفرد رومانوی تجربے کا ذکر بھی کیا ہے یعنی ایک پابندِ صوم وصلوٰۃ محبوبہ کو ڈیٹ کرنے کا تجربہ جنھیں بوقتِ افطار آپ انسان دوست سادگی سے کھجور یا ڈیٹ سے افطار کی آپشن دیتے ہیں۔ یہ پڑھ کر میرے ذہن میں یہی مصرعہ مسکایا:

اس سادگی پہ کون نہ مرجائے اے خدا

اُن کا شرمانا تو بنتا ہے۔

آپ کی یہ توجیح کہ مسافر پر روزہ فرض نہیں اور زندگی چونکہ ایک سفر ہے اس لیے آپ کو روزہ معاف ہے۔ یہ ایک نئی اور دل چسپ تاویل ہے۔۔۔ مگر شرعی معاملہ یہ ہے کہ سفر کے اختتام پر یہ سب روزے رکھنا پڑتے ہیں۔ تاہم مجھے بعد از سفر کے چیلنجز کے بارے میں فکر کرنے کی ضرورت نہیں کیونکہ مجھے یقین ہے کہ اس مرحلے سے کام یابی

سے گزرنے کے لیے اس وقت آپ کے پاس کوئی نہ کوئی تیر بہ ہدف نسخہ ضرور ہوگا۔ ڈاکٹروں کے پاس نسخوں کی کیا کمی۔

ویسے بھی کون کہتا ہے کہ آپ روزہ نہیں رکھتے؟ فرق صرف اتنا ہے کہ دوسرے جسمانی روزہ رکھتے ہیں اور آپ رومانی۔ تو اس کا اجر بھی لازماً رومانوی ہی ہوگا جو آپ کے حسبِ منشا ہے۔ آپ کی احترامِ رمضان کی انسان دوست پالیسی بھی لائقِ تحسین ہے کہ آپ نہ گناہ و ثواب کے قائل ہیں اور نہ ثواب و گناہ کے مگر عادتاً نام خدا لینے میں مضائقہ نہیں سمجھتے۔ چلیے، کسی بہانے سہی ہم یہ تو کہہ سکتے ہیں:

کفر ٹوٹا خدا خدا کر کے

تفنن برطرف، میں نے محسوس کیا ہے کہ ہمارے اکثر صوفیائے کرام بھی نسلی یا مذہبی بھید بھاؤ کے حق میں نہیں رہے۔ ان کا زور بھی انسان دوستی کے منشور پر عمل درآمد رہا۔ بلھے شاہ صاحب تو یہ ساری بات ایک نقطے ہی میں ختم کر دیتے ہیں۔ فرماتے ہیں

پھڑ نقطہ، چھوڑ حِساباں نوں   چھڈ دوزخ، گور عذاباں نوں
کر بند، کُفر دیاں باباں نوں   کر صاف دِلے دیاں خواباں نوں

گل ایسے گھر وِچ ڈُھکدی اے
اِک نقطے وِچ گل مُکدی اے

ڈاکٹر صاحب! آپ کی تحریروں کا ایک قابلِ ذکر وصف یہ بھی ہے کہ ان میں پڑھنے والوں کو اکثر نت نئی لسانی ترکیبات و تشکیلات بھی ملتی ہیں۔ آپ کا یہ خط بھی اس وصف سے متصّف ہے۔ مثال کے طور پر "رومانوی خلل اور رومانوی فاصلہ" جیسی نو یکلی لسانی ترکیبات اُردو زبان و ادب میں ایک گراں قدر اور دل نشیں اضافہ ہیں اور اس تخلیقی احسان کے لیے آپ اور آپ کی محبوبہ دونوں لائقِ تشکر ہیں۔

آپ نے یہ ذاتی اور مزاحیہ خط لکھ کر بابرکت رمضان کو پُر لطف بھی بنا دیا ہے۔ خط کا جواب دینا بھی سلام کے جواب ہی کی طرح واجب ہو جاتا ہے۔ سو، یہ تو لکھنا ہی تھا۔

ڈاکٹر صاحب! اس پُرلطف مکتوب کے لیے پھر سے شکرگزار ہوں۔ مجھے یہ اتنا اچھا لگا کہ میں نے حسبِ عادت فی الفور طاہرہ بیگم کو سنا دیا۔ وہ اس لیے کہ طاہرہ بیگم، ایک تو وہ میرے لیے نصفِ بہتر سے کہیں زیادہ ہیں۔ صابر اور باہمت اتنی کہ گذشتہ ۴۳ سال، ۵ ماہ اور ۵ دن سے ایک نام نہاد شاعر کے ساتھ نباہ کیے جا رہی ہیں۔ اب تو وہ میری نثر سے بھی محفوظ نہیں ہیں اور اس کی ذمہ داری جزوی طور پر آپ پر بھی عائد ہوتی ہے جن کی وساطت سے ''ہم سب'' اور ''مکالمہ'' جیسی معیاری ویب سائٹس کے لیے میں تواتر سے لکھ رہا ہوں۔ یہ خط طاہرہ کو سنانا اس لیے بھی ضروری جانا کہ میری بے سروپا شاعری اور طویل کالم پڑھنے سننے کی سزا بھگتنے پر انھیں کچھ انعام تو ملنا ہی چاہیے تھا۔

کبھی کبھی میں سوچتا ہوں کہ دنیا اور زندگی کے بارے میں میرے مثبت طرزِ فکر کا سبب شاید یہ ہے کہ میں اپنے پاپا کے ذہن سے سوچتا ہوں، اپنی امی کے دل سے محسوس کرتا ہوں اور اپنی بیگم اور بچوں کی آنکھوں سے دیکھتا ہوں۔ اس لیے زندگی میرے سامنے ایک خوب صورت منظر کی صورت ہی اُبھرتی ہے۔

ڈاکٹر صاحب!

دیکھ لیجیے، میں نے آپ کے ادبی محبت نامہ کا جواب تحریر کرنے میں دل وجاں ایک کر دیئے ہیں اور چوں کہ ہر لکھاری کی طرح اپنی تحریر کو منصۂ شہود پر لانے کی علّت و جبلت کا مارا بھی ہوں اس لیے آپ کی اجازت سے دونوں خطوط ''مکالمہ'' پر اشاعت کے لیے احمد رضوان صاحب کو روانہ کر رہا ہوں جو خود بھی ایک باکمال مزاح نگار ہیں۔

رمضان شریف کی تکمیل اور عید کی آمد مبارک ہو۔

آپ کا ادبی دوست اور مداح

حامد یزدانی

ماہ رمضان ۲۰۲۳

ooo

پانچواں باب

تبادلۂ خیالات

سنجیدہ ادیب لمبی دوڑ کا کھلاڑی، ایک میراتھون رنر ہوتا ہے

باتیں ڈاکٹر خالد سہیل کی
شریکِ گفتگو: حامد یزدانی

کینیڈا میں بسے ہوئے مجھے ربع صدی کا عرصہ ہو چکا ہے۔ اس دوران میں نے جہاں اپنی ذاتی اور خانگی زندگی کی از سرِ نو تعمیر و تشکیل کے مراحل طے کیے وہاں بچوں کی پرورش اور تعلیم و تربیت سے لے کر اپنی پیشہ ورانہ زندگی کی اساس اور ادبی دل چسپی کے معمولات تک سب کچھ نئے سِرے سے قائم کرنا پڑا۔ یہ ایک طویل، مشکل مگر دلچسپ داستان ہے جو اپنی جگہ ایک مکمل کتاب کی متقاضی ہے۔

مختصر کہوں تو یہاں آتے ہی جن لکھنے پڑھنے والے دوستوں سے ملاقات ہوئی ان میں افضال نوید، ارشاد حسین اور خالد سہیل کے نام سب سے پہلے آتے ہیں۔ پھر طاہر اسلم گورا اور منیر پرویز سامی سے رابطہ ہوا اور یوں ایک ایک کر کے کتنے ہی نئے پرانے دوست میرے ادبی حلقہ میں شامل ہوتے گئے اور ایک نئے ملک میں درپیش احساسِ اجنبیّت اور اُداسی کو بتدریج کم کرتے گئے۔ سن دو ہزار آٹھ میں حلقہ اربابِ ذوق کینیڈا کا قیام عمل میں لایا گیا تو اس کے ماہانہ تنقیدی اجلاسوں کو یہاں کے سبھی اہم تخلیق کار رونق بخشنے لگے۔ کچھ دوست تو پھر باقاعدگی سے ملنے لگے جبکہ کچھ وقفہ وقفہ سے شرفِ ملاقات

بخشتے۔ مگر سچی بات یہ کہ ان میں سے ہر کوئی اپنی اپنی جگہ خدمتِ ادب میں پیش پیش تھا۔ کوئی نظم لکھ کر اور کوئی غزل کہہ کر، کوئی تنقید کی راہیں ہموار کر کے اور کوئی افسانہ کی دنیا کا سفر کرتے ہوئے۔ ان سب احباب میں سے ڈاکٹر خالد سہیل یوں نمایاں محسوس ہوئے کہ وہ ایک ہمہ گیر تخلیق کار ہیں۔ متنوع اصنافِ ادب میں لکھتے ہیں یعنی نظم، غزل، افسانہ، ادبی خطوط، کالم اور ہاں ترجمہ نگاری بھی۔

پیشہ کے اعتبار سے ایک نفسیات دان ہیں۔ فکری طور پر ایک انسانیت پسند یا انسان دوست فلسفی ہیں اور طبعی طور پر ایک درویش۔ وہ نہ انسانوں میں بھید بھاؤ کے قائل ہیں اور نہ ادبی اصناف میں۔ اور اس کا ثبوت اُن کی ستّر سے زیادہ مطبوعہ کتب ہیں جو اپنے موضوعات کی رنگارنگی اور متون و مواد کے معیار کے اعتبار سے تو منفرد اور لائقِ مطالعہ ہیں ہی مگر ان کی انفرادیت اس حقیقت سے بھی اُجاگر ہوتی ہے کہ ان میں سے کئی ایک ڈاکٹر صاحب نے اپنے ادبی دوستوں کے ساتھ مل کر لکھی ہیں۔ اس طرح یہ کتابیں ادبی منظر نامہ میں اپنی ہی شان رکھتی ہیں۔

ادبی دنیا میں ڈاکٹر خالد سہیل صاحب کی مقبولیت کا یہ عالم ہے کہ ملک کیا بیرون ملک سے بھی جو اچھا لکھاری ٹورانٹو کا سفر کرتا ہے وہ ان سے ملے بغیر اپنا سفر ادھورا سمجھتا ہے۔ ملنسار ایسے ہیں کہ جو ایک بار متعارف ہو جاتا ہے وہ ان کا گرویدہ ہو جاتا ہے۔ جیسا کہ میں نے پہلے بھی لکھا کہ ان کی طبیعت میں درویشی کا عنصر بہت نمایاں ہے۔ ہر کسی کی صلاحیتوں کی بھرپور حوصلہ افزائی کرتے ہیں اور ان کو رہنمائی بھی فراہم کرتے ہیں۔ دوستوں کی طرف سے ملنے والی دعوتوں کو قبول کرتے ہیں اور دوستوں کو اپنے ہاں مدعو بھی کرتے رہتے ہیں۔

اب میں نے انھیں فون کر کے بتایا کہ ہمارے مہربان و مرحوم بھائی اور اعلیٰ شاعر قائم نقوی صاحب کے جریدہ ''نمود'' کے لیے آپ سے گفت گو کرنا چاہتا ہوں تو محبت سے آمادگی کا اظہار کیا اور بات چیت کے موقع پر ایک پر تکلف ڈنر کا اہتمام کیا۔ میں نے

گفت گو کا آغاز کرتے ہوئے ان سے کہا۔

حامد یزدانی:

ڈاکٹر خالد سہیل صاحب! آج میں آپ سے آپ کی شخصیت اور تخلیقات کے حوالے سے کچھ بات چیت کرنے کا بھی ارادہ رکھتا ہوں۔

خالد سہیل:

جی ضرور، زہے نصیب۔ پوچھیے۔ میں تیار ہوں۔

ڈاکٹر صاحب نے اپنی کرسی پر چوکس ہو کر بیٹھتے ہوئے جواب دیا اور یوں مکالمہ آغاز ہو گیا۔

حامد یزدانی:

خوش قسمتی ہے میری کہ آج آپ جیسی توانا اور بھرپور لکھنے والی ہستی سے، ایک معروف تخلیق کار سے گفتگو کا موقع مل رہا ہے۔ اب تخلیق کے سوتے تو، کہتے ہیں، کہ سوچ ہی سے پھوٹتے ہیں اور ایک تخلیق کار کا ذہن عام انسان سے قدرے مختلف بھی ہوتا ہے۔ میں اپنی گفتگو کا آغاز اسی لمحے سے کرتے ہوئے یہ پوچھنا چاہوں گا کہ اس وقت آپ کیا سوچ رہے ہیں؟

خالد سہیل:

حامد یزدانی صاحب، میں اس لمحے یہ سوچ رہا ہوں کہ ایک ماہرِ نفسیات ہونے کے ناتے میں دوسرے انسانوں کے انٹرویو لینے کا عادی ہوں لیکن آج میرے ایک عزیز دوست جو ایک مستند شاعر بھی ہیں اور ایک معتبر دانشور بھی میرا انٹرویو لے رہے ہیں۔ میں دوسروں کی تحلیلِ نفسی کرنے کا عادی ہوں لیکن آج میری تحلیلِ نفسی ہونے والی ہے۔ لیکن میں چونکہ اپنے انٹرویو لینے والے دانشور کی عزت بھی کرتا ہوں اور ان پر اعتبار بھی کرتا ہوں اس لیے مجھے پورا یقین ہے کہ سب اچھا ہو گا۔ چونکہ میں انٹرویو کو ایک تخلیقی عمل سمجھتا

ہوں اس لیے عین ممکن ہے کہ اس انٹرویو میں میری ادبی زندگی اور شخصیت کے چند ایسے گوشے سامنے آئیں جن سے میں پہلے خود بھی ناواقف تھا۔ اس لیے مجھے زندگی کا یہ تبادلہ خیال کرنے کا موقع فراہم کرنے کا اور اپنا قیمتی وقت دینے کا شکریہ۔

حامد یزدانی:

آپ میرے بارے میں ایسا عمدہ اور مثبت گمان رکھتے ہیں، یہ سراسر میری خوش بختی ہے۔ بہت شکریہ۔ ویسے شکریہ تو میں ملاقات کے آخر میں بھی ادا کروں گا ابھی تو آپ یہ فرمایئے کہ تخلیق کار کے لیے موضوع اور متن زیادہ اہم ہوتا ہے یا زبان اور اسلوب؟ کہتے ہیں کہ ہُنر مند گھسے پٹے خیال میں بھی جان ڈال دیتا ہے جبکہ کم ہُنر مند اعلیٰ خیال کو بھی غیر مؤثر اندازِ بیاں کے باعث غیر دل چسپ بنا دیتا ہے یا یوں کہیے کہ ایک اچھے خیال کو ضائع کر دیتا ہے۔ آپ کا کیا خیال ہے؟

خالد سہیل: میری نگاہ میں ہر ادبی فن پارے کے دو حصے ہوتے ہیں:

Form and Content

ایک فن پارہ اس وقت شہ پارہ بنتا ہے اور ادب عالیہ کا حصہ بنتا ہے جب فن پارہ دونوں حصوں کا بہترین اظہار ہو اور شاعر یا ادیب موضوع اور زبان دونوں سے انصاف کر سکے۔ ادب کے معیار کا بھی خیال رکھے اور زندگی کے رازوں اور بصیرتوں کے ساتھ بھی جڑا رہے۔ میں شاعروں اور ادیبوں کو دو خانوں اور دو گروہوں میں بانٹتا ہوں۔ پہلا گروہ تفریحی ادب لکھتا ہے جبکہ دوسرا گروہ ادب عالیہ تخلیق کرتا ہے۔

تفریحی ادب تخلیق کرنے والے زبان سے کھیلتے ہیں لیکن ان کے ادب میں زندگی کی کوئی بڑی سچائی کوئی دانائی نہیں ہوتی۔ مثال کے طور پر کسی کا شعر ہے

رہے ان کے بہانے ہی بہانے
بہانے ہی بہانے مار ڈالا

یا

دل لگاؤ تو لگاؤ دل سے دل
دل لگی ہی دل لگی اچھی نہیں

ان اشعار میں الفاظ کے تکرار کو سُن کر ہمارے ہونٹوں پر مسکراہٹ تو پھیل جاتی ہیں لیکن ہم کچھ سوچنے پر مجبور نہیں ہوتے۔ لیکن اس کے مقابلے میں جب ہم غالب کا یہ شعر سنتے ہیں کہ

شوق ہر رنگ رقیب سر و ساماں نکلا
قیس تصویر کے پردے میں بھی عریاں نکلا

یا اقبال کا یہ شعر پڑھتے ہیں:

پرواز ہے دونوں کی اسی ایک فضا میں
کرگس کا جہاں اور ہے شاہیں کا جہاں اور

یا فیض کا یہ شعر سنتے ہیں:

وہ بات سارے فسانے میں جس کا ذکر نہ تھا
وہ بات ان کو بہت ناگوار گزری ہے

تو ہمیں احساس ہوتا ہے کہ شاعر ہمارا زندگی کے کسی خفیہ راز سے تعارف کروا رہا ہے اور وہ ہمیں دعوتِ فکر دے رہا ہے۔ میں ان اشعار کو ادبِ عالیہ میں شمار کرتا ہوں کیونکہ ان میں زبان کا حسن بھی ہے اور زندگی کی دانائی کا راز بھی۔

فورم ادب کو فن بناتا ہے
کونٹنٹ اس میں فلسفہ شامل کرتا ہے

اس لیے وہ شاعر جو دانشور بھی ہیں وہ لاشعوری طور پر اپنی شاعری میں فورم اور کونٹنٹ کا حسین امتزاج پیش کرتے ہیں۔ ادب عالیہ میں بیک وقت Enlightenment بھی

ہوتی ہے اور انٹرٹین منٹ بھی۔ وہ ہمیں محظوظ بھی کرتا ہے اور مسحور بھی اور ہمیں زندگی کے رازوں سے متعارف بھی کرواتا ہے۔

حامد یزدانی:

اگر آپ سے یہ پوچھا جائے کہ وہ کون سی خصوصیت یا خصوصیات ہیں جو آپ کے فن پاروں کو مختلف یا ممتاز بناتی ہیں تو کیا جواب دیں گے آپ؟ ناقدین اور قارئین کی آرا سے کچھ نہ کچھ تو معلوم ہو ہی جاتا ہے۔

خالد سہیل:

حامد یزدانی صاحب! آپ نے میرا پہلا شعری مجموعہ "تلاش" پڑھ رکھا ہے۔ اس مجموعے میں مَیں نے اپنی غزلوں، نظموں اور قطعات کو موضوعات اور تھیمز کے حوالے سے یکجا کیا تھا۔

مثال کے طور پر ایک باب مہاجروں کے مسائل کے حوالے سے ہے دوسرا عورتوں کے مسائل کے حوالے سے اور تیسرا نفسیاتی مسائل رکھنے والے انسانوں کے حوالے سے ہے۔

میری کئی کتابیں ایک موضوع کے گرد طواف کرتی ہیں۔ میں نے ان کتابوں میں اس موضوع کے حوالے سے نظمیں کہانیاں مقالے انٹرویو اور تراجم سب یکجا کیے ہیں تاکہ قارئین کا اس موضوع سے سیر حاصل اور بھرپور تعارف ہو۔ میں اپنی تخلیقات کو فکر انگیز بنانے کی کوشش کرتا ہوں۔

میرے لیے ابلاغ کی بھی بڑی اہمیت ہے۔ ایک ادیب ہونے کے ناتے میں اپنی تخلیقات کی وساطت سے اپنے قاری سے ایک مکالمہ کرنا چاہتا ہوں اس سے اپنے تجربات اور مشاہدات شیئر کرنا چاہتا ہوں اس پر اپنی دانشوری کا رعب نہیں ڈالنا چاہتا۔ میری کوشش ہوتی ہے کہ میں اپنے خیالات وجذبات ونظریات واحساسات عام فہم زبان

میں تحریر کروں تاکہ زیادہ سے زیادہ لوگ اسے سمجھ سکیں۔ میں سہل ممتنع کو فن کی معراج سمجھتا ہوں۔ میر کا یہ شعر

کہا میں نے کتنا ہے گل کا ثبات
کلی نے یہ سن کے تبسم کیا

زندگی کی ناپائیداری کا کتنا عمدہ تخلیقی اظہار ہے۔

سہل ممتنع Simple and Profound لکھنے کا فن ہے۔ یہ فن مجھے برٹنڈرسل اور ایرک فرام کی تحریروں میں بدرجہ اتم نظر آیا۔

حامد یزدانی:

جی، ایک قاری اور مداح کے طور پر میں آپ کے اشعار میں واقعی یہ خوبی پاتا ہوں۔لیکن ڈاکٹر صاحب سوال یہ ہے کہ بطور تخلیق کار آپ اپنے پڑھنے والوں کی رائے کو کتنی اہمیت دیتے ہیں؟ مجھے ایسے لکھاریوں سے بھی ملنے کا موقع ملا جن کا کہنا ہے کہ وہ اپنے لیے لکھتے ہیں اور وہ قارئین میں مقبول بھی تھے تاہم کچھ ایسے لکھاری بھی دوست ہیں جو دوسروں کی آرا کو بہت سنجیدگی سے لیتے ہیں اور انھیں اپنی ذہنی نشوونما اور ترقی کے لیے ضروری قرار دیتے ہیں۔آپ خود کو کس مکتب فکر کے قریب پاتے ہیں؟

خالد سہیل:

میں اپنے قارئین کی رائے کا بہت احترام کرتا ہوں اور ان کے مشوروں پر سنجیدگی سے غور کرتا ہوں۔ انہوں نے مجھے ایک بہتر لکھاری بننے کی ترغیب وتحریک دی ہے۔ اگر میری تخلیق کسی ذہین قاری کی سمجھ میں نہیں آتی تو میں اس تحریر پر نظرِثانی کرتا ہوں۔ میں لکھنے اور پڑھنے کے عمل کو ایک سماجی عمل سمجھتا ہوں۔ یہ میری خوش بختی ہے کہ اب میرا اپنے قارئین کے ساتھ ایک سنجیدہ رشتہ قائم ہو چکا ہے۔ یہ ایسا رشتہ ہے جس کا دوطرفہ فائدہ ہے۔ہم ایک دوسرے سے بہت کچھ سیکھتے ہیں۔

حامد یزدانی:

تو گویا اپنے حلقے میں بہت مشہور ہیں آپ۔ مگر کیا کریں کہ ہمارے آس پاس ایک مدت سے یہ بیان بھی تو گردش میں ہے کہ 'شہرت معیار کی دشمن ہے'۔ آپ کا مشاہدہ اور تجربہ کیا کہتا ہے؟ آج کل تو، لگتا تو یوں ہی ہے، کہ سوشل میڈیا کے توسط سے ہر کوئی تیزی سے شہرت کی منزل پالینا چاہتا ہے۔ نہیں کیا؟

خالد سہیل: ایک پاپولر ادیب ہونا اور بات ہے اور ایک سنجیدہ ادیب ہونا اور بات۔

ایک 100 Meter Sprinter ہونا اور بات ہے اور Marathon Runner ہونا اور بات۔

میں ہر سال آسکر ایوارڈ حاصل کرنے والوں میں اس فنکار کی سب سے زیادہ عزت کرتا ہوں جسے ایک فلم میں کام کرنے کی وجہ سے ایوارڈ نہیں ملتا بلکہ اسے آسکر کا لائف ٹائم اچیومنٹ ایوارڈ ملتا ہے۔

سنجیدہ شاعر، ادیب اور دانشور شہرت اور دولت سے بے نیاز اپنا تخلیقی کام کرتے رہتے ہیں۔ غالبؔ نے بھی فرمایا تھا:

نہ ستائش کی تمنا نہ صلے کی پرواہ
گر نہیں ہیں میرے اشعار میں معنی نہ سہی

اگر کوئی لکھاری بے نیازی اور فن سے وفاداری کی اس منزل تک پہنچ جائے تو پھر اس پر فیضؔ کا یہ شعر صادق آتا ہے:

فیضؔ تھی راہ سر بسر منزل
ہم جہاں پہنچے کامیاب آئے

حامد یزدانی:

کیا کہنے۔ واہ۔ واہ۔ آپ کی گفتگو جتنی سحر انگیز ہے اتنا ہی دل کش آپ کا شعری

انتخاب بھی ہے۔ جی چاہتا ہے۔ وہ کہیں اور سنا کرے کوئی۔ فن کار کو جو یک سوئی درکار ہوتی ہے وہ کم یاب ہوتی چلی جا رہی ہے۔ ایسا محسوس ہوتا ہے۔ آپ کا احساس کیا ہے؟

خالد سہیل:

ہر میڈیم کے فوائد بھی ہیں نقصانات بھی۔ ایک دانا انسان نہ صرف یہ جانتا ہے کہ اسے زندگی میں کیا کرنا ہے۔

بلکہ یہ بھی جانتا ہے کہ اسے زندگی میں کیا نہیں کرنا۔

ایک دانا لکھاری جانتا ہے کہ اسے

کیا لکھنا ہے کیا نہیں لکھنا۔

کیا پڑھنا ہے کیا نہیں پڑھنا کس سے ملنا ہے اور کس سے نہیں ملنا۔

مجھے تو سوشل میڈیا کا اور خاص طور ہر 'ہم سب' پر متواتر لکھنے کا بہت فائدہ ہوا۔ وہاں میری نئے لکھاریوں اور قاریوں سے ملاقات ہوئی اور بہت کچھ سیکھنے کو ملا۔ اگر سوشل میڈیا نہ ہوتا تو میں بہت سے ادبی تحفوں سے محروم رہ جاتا۔

حامد یزدانی:

کیا ابلاغِ عامہ کے جدید اور برقیاتی وسائل کے فروغ نے 'کتاب' کے وجود کو غیر ضروری ثابت کر دیا ہے؟ ایسے میں آپ 'اصلی کتاب' میرا مطلب ہے کاغذ پر طبع شدہ مجلد صورت کا کوئی مستقبل دیکھتے ہیں؟

خالد سہیل: میں بہت سے سنجیدہ قاریوں اور لکھاریوں کو جانتا ہوں جو آج بھی اصلی کتاب کے عاشق ہیں۔ میں بھی ان ہی میں شامل ہوں۔ مجھے مجلد کتاب کا مستقبل تاریک دکھائی نہیں دیتا۔

میں کمپیوٹر کی سکرین پر ایک دو صفحے تو پڑھ لیتا ہوں لیکن میں ہر مہینے دو چار روایتی کتابیں آرڈر کرتا ہوں کیونکہ میں ان کتابوں کو بیگ میں جہاں چاہوں لے جاتا

ہوں اور انہیں ہاتھ میں پکڑ کر کبھی گھر میں کبھی کلینک میں کبھی جھیل کے کنارے اور کبھی درخت کے نیچے بیٹھ کر پڑھتا ہوں اور محظوظ و مسحور ہوتا ہوں۔ میں اہم جملوں یا شعروں پر نشان لگاتا ہوں اور انہیں کتاب کے تبصرے یا کالم میں کوٹ کرتا ہوں۔

حامد یزدانی:

ان دنوں کون سی کتاب آپ کے زیر مطالعہ ہے؟ کیا آپ ایک وقت میں ایک سے زیادہ کتابیں بھی اپنے زیر مطالعہ رکھتے ہیں؟ اگر ہاں تو اس سے کیا تسلسل کا لطف برقرار رہتا ہے؟

خالد سہیل:

میں ایک ادبی ہرجائی ہوں۔

میں بیک وقت ایک شاعری کا مجموعہ، ایک نفسیات کی کتاب اور ایک فلسفے کی کتاب پڑھ رہا ہوتا ہوں۔

ایک سے بور ہونے لگوں تو دوسری شروع کر دیتا ہوں اور اگر کوئی ادبی تحریک ہو تو سب کتابیں چھوڑ کر کاغذ قلم پکڑ کر نیا کالم لکھنا شروع کر دیتا ہوں۔ بعض کتابوں کو دوبارہ پڑھتا ہوں اور جی چاہے تو ان کا ترجمہ اور تلخیص لکھ دیتا ہوں۔

میں آج کل جنسیات اور رُوحانیات کی نفسیات پر دو کتابیں پڑھ رہا ہوں۔ مجھے کتابوں سے عشق ہے اور یہ عشق پچھلے پچاس سال سے ابھی تک ہنی مون فیز میں چل رہا ہے۔ یہ

نصف صدی کا قصہ ہے دو چار برس کی بات نہیں۔

حامد یزدانی:

آپ مطالعہ کے لیے کتاب کا انتخاب کیسے کرتے ہیں؟ کسی کے تجویز کرنے سے؟ کسی تبصرے سے متاثر ہو کر؟ اپنے موڈ کے مطابق؟ اپنے زیرِ تعمیر تخلیقی پراجیکٹ

کے موضوع کے لحاظ سے؟ یا کیسے؟

خالد سہیل:

میں سویڈن گیا تو سائیں سچا نے اپنی کتابیں تحفے کے طور پر دیں اور مرزا یاسین بیگ نے مجھے اپنے کینیڈا ون ٹی وی کے پروگرام۔

"جگہ خالی ہے"

پر دعوت دی کہ سائیں سچا کے حوالے سے گفتگو کروں تو میں نے ان کی کتاب کا مطالعہ شروع کیا۔ میرے سائنسدان دوست ڈاکٹر نوشاد علی نے ایک انٹرویو بھیجا تو میں نے اس سائنسدان کی کتاب آرڈر کی۔

میں نے 'ہم سب' پر تعلیم کے حوالے سے ایک کالم پڑھا اور پھر ایک ماہرتعلیم کی کتاب آرڈر کی۔

اب چونکہ میں نے فیصلہ کیا ہے کہ میں اگلے سال ایک کتاب لکھوں گا جو روحانیات، نفسیات اور سائنسی تحقیقات کے بارے میں ہوگی۔

اس لیے اس کتاب کی تیاری کے لیے میں نے "کرشنا مورتی کی سوانح عمری" ابراہم میسلو کی کتاب "ولیم جیمز کی سوانح عمری" کے علاوہ اور بھی بہت سی کتابیں آرڈر کی ہیں تاکہ اس موضوع کا سنجیدگی سے مطالعہ کر سکوں اور ایک تحقیقی انداز کی ضخیم کتاب لکھ سکوں۔ ایسی کتاب جو دوسرے لکھاری یا تو لکھنا نہیں چاہتے یا لکھ نہیں سکتے۔ میں روحانی تجربات پر مذہبی، روحانی، نفسیاتی، ادبی اور سائنسی حوالے سے گفتگو کرنا چاہتا ہوں۔ میں نے جلال الدین رومی کی زندگی کے ساتھ شمس تبریز کی ڈائری بھی منگوائی ہے۔ اس تفصیل سے آپ کو میری کتاب پڑھنے اور لکھنے سے محبت کا اندازہ ہو گیا ہوگا۔

حامد یزدانی:

جی بالکل ہو گیا ہے۔ اچھا لگے ہاتھوں یہ بھی بتاتے چلیے کہ تخلیقی عمل پر بات کی

جائے تو آغازِ سفر شاید خیال ہی قرار پائے۔ پوچھنا یہ چاہتا ہوں کہ جب خیال آ جاتا ہے تو اس کے اظہار کے لیے فارمیٹ کا تعین کیسے ہوتا ہے؟ کہ یہ افسانے کے پیرائے میں موٴثر رہے گا یا نظم یا غزل کے شعر کے ملبوس میں زیادہ جچے گا؟ کیسے طے ہوتا ہے یہ؟

خالد سہیل: زندگی کے مختلف ادوار میں میری مختلف ادبی محبوبائیں رہی ہیں

پہلی محبوبہ شاعری ہے۔

دوسری محبوبہ افسانہ نگاری ہے۔

تیسری محبوبہ ناول نگاری ہے۔

چوتھی محبوبہ خطوط نگاری ہے۔

پانچویں محبوبہ ترجمہ نگاری ہے۔

چھٹی محبوبہ انٹرویو نگاری ہے۔

آج کل ساتویں محبوبہ سے عشق چل رہا ہے جو کالم نگاری ہے۔

ساتویں محبوبہ کے ساتھ زیادہ وقت گزرتا ہے۔ کبھی کبھار پرانی محبوبائیں بھی رشک میں ملنے آ جاتی ہے لیکن کم کم کیونکہ اکثر اوقات وہ حسد کی آگ میں جلتی رہتی ہیں اور میں بھی تجاہل عارفانہ سے کام لیتا ہوں۔ میرا ایک شعر ہے:

مجھ کو اکثر یہ گماں ہوتا ہے
میرے پہلو میں بہت سے دل ہیں

حامد یزدانی:

بھئی، کیا کہنے۔ کیسا دل کش گماں ہے یہ! ہمارے حال کی بات ہو تو یوں کہا جا سکتا ہے کہ

ہم سے اِک بھی نہ سنبھالا جائے
ان کے پہلو میں بہت سے دل ہیں

خیر، دلوں کی گنتی پھر کر لیں گے۔ فی الحال تو سامنے جو یہ اتنے سارے کھانے پڑے ہیں ان سے نمٹنے کا معرکہ ہی سر کر لیا جائے۔

خالد سہیل:

اس معرکے میں بھی سرخرو ہی رہیں گے آپ۔

حامد یزدانی:

اچھا، ڈاکٹر صاحب! میں نے دیکھا ہے کہ آپ کو دوسروں کے ساتھ مل کر کھانا کھانے کا اور گفتگو کرنے ہی کا شوق نہیں بلکہ آپ ان کے ساتھ مل کر سنجیدہ ادبی، تخلیقی کام بھی کرتے ہیں کچھ عرصہ قبل آپ کے سائنسی نوعیت کے مضامین کی کتاب انگریزی میں منظرِ عام پر آئی جو آپ نے اپنے بچپن کے دوست ڈاکٹر سہیل زبیری کے ساتھ لکھی ہے۔ آپ کی کتاب "پاپی" بھی آپ نے اپنے دوست مرزا یاسین بیگ کے ساتھ مل کر لکھی ہے۔ سائیں سچا صاحب کے ساتھ بھی ایسا تخلیقی اشتراک ہوا اور اس سلسلے کی تازہ ترین کڑی تو اختر حسین جعفری صاحب کے فن و شخصیت پر آپ کی انگریزی کتاب ہے جس کے شریک مصنف ہمارے مشترکہ دوست امیر حسین جعفری ہیں اور گذشتہ برس ایک کتاب پروفیسر عارف عبدالمتین صاحب کی شخصیت اور فن پر میرے ساتھ مل کر مکمل کی۔ یہ میرے لیے تو ایک منفرد تجربہ تھا کیونکہ ہم تو اسے ایک انفرادی کام ہی سمجھتے آئے ہیں۔ یہ فرمایئے مشکل نہیں ہوتا مل کر لکھنا؟

خالد سہیل:

میں نے سوچا اگر ایک رائٹر، ایک ڈائرکٹر اور بہت سے ایکٹرز مل کر تخلیقی کام کر سکتے ہیں اور فلم بنا سکتے ہیں تو دو یا زیادہ ادیب مل کر کتاب کیوں نہیں لکھ سکتے۔

کئی برس پیشتر میں نے کئی موضوعات چُنے ان موضوعات پر تخلیقات جمع کیں اور ادبی دوستوں کو ترجمہ کرنے کی دعوت دی جسے انہوں نے بڑی خوشی سے قبول کیا اور میں نے عالمی ادب کے بہت سے تراجم چھاپے اس کے بعد کئی ادیبوں کو خطوط کے

تبادلے کی دعوت دی۔

مجھے ادیب دوستوں سے مل کر کام کرنے میں مزا آتا ہے۔ میں اپنی نانی اماں کے مشورے پر عمل کرتا ہوں وہ کہا کرتی تھیں۔ ایک اور ایک مل کر دو نہیں گیارہ بناتے ہیں۔

حامد یزدانی:

لکھنے پڑھنے کے عمل یا مشاغل نے آپ کو بطور لکھاری تو بہت کچھ دیا ہوگا مگر بحیثیت ایک انسان کے آپ کی شخصیت پر کیا اثرات مرتب کیے؟ آپ چونکہ معالج بھی ہیں اور نفسیات آپ کا پسندیدہ شعبہ بھی ہے تو فائدہ مند رہے گا ہمارے لیے آپ سے یہ سب جاننا۔

خالد سہیل:

میں نے زندگی میں گرین زون فلسفہ تخلیق کیا ہے۔ میں اس فلسفے پر خود بھی عمل کرتا ہوں اور اپنے مریضوں کو سکھاتا بھی ہوں۔ میری خوش بختی کہ

I Teach What I Practice
and
I Practice What I teach

گرین زون فلسفے کے مطابق ایک پُرسکون زندگی کی طرف تین راستے جاتے ہیں۔

Sharing... Serving... Creating

میں ادبی تخلیقات لکھتا ہوں۔

پھر ادبی دوستوں سے شیئر کرتا ہوں۔

اور اپنے مریضوں کی خدمت کرتا ہوں۔

میری تخلیقات نے مجھے ایک بہتر انسان بنایا ہے۔ ایک درویش بنایا ہے جس کا فلسفہ ہے:

مل جائے تو شکر، نہ ملے تو صبر

میری نگاہ میں ایک خوشحال زندگی گزارنے کے دوراز ہیں:

Passion and Compassion

میرے پیشن کا اظہار میری ادبی زندگی میں اور کمپیشن کا اظہار میری پیشہ ورانہ زندگی میں ہوتا ہے۔

حامد یزدانی:

ایک سوال یہ بھی ذہن میں آتا ہے کہ آپ نے لکھنے ہی کو کیوں چُنا؟ وہ کیا تھا یا کون تھا جس نے آپ کو آہوئے دشتِ ہنر بنا دیا؟

خالد سہیل:

مجھے نوجوانی میں ہی کتابوں کا عشق ہو گیا تھا۔

میرے والد بڑے شوق سے کتابیں پڑھتے تھے اور چچا عارف عبدالمتین کتابیں لکھتے تھے۔ ہوسکتا ہے کتابوں کا شوق اور آدرشوں سے عشق وراثت میں ملا ہو۔

ارجنٹینین لکھاری بورخیز فرماتے ہیں جنت باغ کا نہیں لائبریری کا نام ہے۔

میں نوجوانی سے ہی لائبریری کی کتابوں کی جنت میں زندگی گزار رہا ہوں اور خوش ہوں۔ یہ کتابیں مجھے کچھ سوچنے اور کچھ لکھنے کی تحریک دیتی ہیں اور میں ان میں گھرا اپنے خیالوں کی دنیا میں مست رہتا ہوں

عجب سکون ہے میں جس فضا میں رہتا ہوں
میں اپنی ذات کے غارِ حرا میں رہتا ہوں

حامد یزدانی:

جیسا کہ آپ جانتے ہیں کہ اصنافِ سخن کی طرح ادبی تنقید کے بھی متعدد دبستان ہیں۔ ان میں سے آپ کو کس کا انداز نقد ونظر زیادہ اچھا لگتا ہے

خالد سہیل:

میں ادب کا سنجیدہ طالب علم ہوں اس لیے میں نے بہت سے مکاتبِ فکر سے

بہت کچھ سیکھا۔ میری نگاہ میں اعلیٰ ادب وہ ہے جو:

فن کے تقاضے بھی پورے کرے اور زندگی کے تقاضے بھی۔

فن کے تقاضے میں نے ادب میں جدیدیت کی تحریک سے سیکھے۔

زندگی کے تقاضے ترقی پسند تحریک سے سیکھے۔

وجودیت کی تحریک نے ہمیں انفرادی اور سماجی ذمہ داری لینا سکھایا۔

تحلیلِ نفسی کی تحریک نے ہمیں ادب اور ادیب کے لاشعوری پہلوؤں سے روشناس کرایا۔

ہرمانیوٹکس کی تحریک سے یہ سیکھا کہ ہر ادب پارے کو ہر قاری اپنے ذوق کے مطابق معنی پہناتا ہے۔

انسان دوستی کی تحریک نے زندگی کو بامعنی بنانا سکھایا۔

حامد یزدانی صاحب!

میں سمجھتا ہوں کہ علم کی سرشت میں تکبر اور فنونِ لطیفہ کی فطرت میں نرگسیت ہے۔ اسی لیے ہمیں اپنے اردگرد بہت سے متکبر عالم اور نرگسیت کے مارے فنکار مل جاتے ہیں۔

میری نگاہ میں عالم کے تکبر اور فنکار کی نرگسیت کا دف درویشی مارتی ہے جو انسانوں میں عاجزی اور انکساری پیدا کرتی ہے۔

حامد یزدانی:

آپ کی تازہ ترین کتاب کون سی ہے اور یہ کہ وہ کون سے تخلیقی منصوبے ہیں جن پر آپ ان دنوں کام کر رہے ہیں؟

خالد سہیل:

کووڈ کی وبا کے دوران میں نے اپنے نامکمل ادبی منصوبوں کو مکمل کیا اور چھ کتابیں مرتب کیں جنہیں سانجھ پبلشر نے لاہور سے چھاپا:

پہلی کتاب "آدرش" تھی جو میرے 'ہم سب' پر چھپنے والے پچاس کالموں کا

مشترکہ مجموبہ

مجموعہ تھا۔

دوسری کتاب "دیوتا" تھی جو میرے پچیس نمائندہ افسانوں کا مجموعہ تھا۔

تیسری کتاب "خواب در خواب" تھی جو میرے پچاس سالوں کی شاعری کا مجموعہ تھا۔

چوتھی کتاب "دانائی کا سفر" تھی جو میرے اور بلند اقبال کے انٹرویوز کا مجموعہ تھا جسے ہمارے دوست عبدالستار نے بڑی محنت اور ریاضت سے سکرین سے کاغذ پر اُتارا تھا

پانچویں کتاب "نگر نگر کی کہانیاں" تھی جو عالمی ادب کا ترجمہ تھا جسے میں نے اور شاہد اختر نے مل کر کیا تھا۔

چھٹی کتاب "درویشوں کا ڈیرا" تھی جو میرے اور رابعہ الربا کے خطوط کا مجموعہ تھا۔

میری خواہش تھی کہ میں اپنی بہترویں سالگرہ سے پہلے تین اور پروجیکٹ مکمل کر لوں اور میں ان پر مسلسل کام کر رہا ہوں۔

پہلا پروجیکٹ اپنی انگریزی کی کتابوں میں سے اپنے پسندیدہ مقالوں کا انتخاب تھا وہ اب Becoming Fully Human کے نام سے چھپا ہے۔

دوسرا پروجیکٹ اپنی انگریزی کی مختصر سوانح عمری The Seeker کا اُردو ترجمہ تھا۔ جس کا نام میں نے "سالک" رکھا ہے۔ اسے بھی سانجھ پبلشر کو بھیج دیا ہے۔

تیسرا پروجیکٹ اُردو میں گرین زون فلسفے کی کتاب تھی جسے میں نے اب ثمر اشتیاق کی مدد سے مکمل کیا ہے اور اسے کراچی سے سٹی بک پوائنٹ کے پبلشر آصف صاحب چھاپ رہے ہیں۔

حامد یزدانی:

ڈاکٹر صاحب! آپ حال ہی میں پاکستان کا سفر کر کے لوٹے ہیں اور میرا خیال ہے کہ کافی مدت بعد آپ کا پاکستان جانا ہوا تھا۔ تو کچھ اپنے مشاہدات و تجربات اور ادبی مصروفیات کے بارے میں بتائیے ہمیں۔

مشترکہ محبوبہ

خالد سہیل:

جب میں نے ہم سب پر لکھنا شروع کیا اور میرے پڑھنے والوں کی تعداد میں اضافہ ہونے لگا تو میں پندرہ سال بعد پاکستان گیا تا کہ اپنے ادبی دوستوں سے مل سکوں۔ اس سال بھی میں پانچ سال بعد گیا تھا۔

میں کراچی ایاز مورس کی دعوت پر گیا۔ انہوں نے اپنے ماسٹر ٹی وی کے لیے میرے انٹرویو لیے۔ انٹرویوز کو عمران اشرف ساجن ریکارڈ کر رہے تھے۔ ریکارڈنگ کے بعد ان کے سٹوڈیو گئے تو انہوں نے میری غزل

کیا تم نے کبھی اپنا مقدر نہیں دیکھا
ہر گھر میں جو بستا ہے یہاں ڈر نہیں دیکھا

کو پہلے ریکارڈ کیا پھر دھن بنائی۔۔۔ پھر محمد علی نے اس کو گایا اور آئی ٹیون اور سپوٹیفائی پر پیش کیا۔ پھر اس کا وڈیو بنا کر یوٹیوب پر لگایا۔

شیخوپورہ گیا تو ڈاکٹر محمد زاہد نے میرے اور میری بہن عنبرین کوثر کے لیے ایک شاندار محفل سجائی جس میں پانچ سو سے زیادہ لوگ تھے۔

اسلام آباد گیا تو عنبرین عجائب نے "بلیک ہول" کے سٹیج پر میرا انٹرویو لیا اور ہم نے ذہنی صحت کے حوالے سے مکالمہ کیا۔ سامعین نے بڑے انہماک سے شرکت کی۔

میاں چنوں میں عبدالستار نے بڑی محبت سے میرا استقبال اور مختلف موضوعات پر تبادلہ خیال کیا۔

میرے دوست اتنے سخی تھے کہ میں ان کی محبتوں کی بارش میں اندر تک بھیگ گیا۔

لاہور میں پہلے سانجھ پبلشر نے قائد اعظم لائبریری میں پانچ کتابوں کی تقریب رونمائی کا اہتمام کیا اور پھر وجاہت مسعود نے پاکستان ٹیلی ویژن کے پروگرام "صدرنگ" میں میرا تفصیلی انٹرویو لیا۔

حامد یزدانی:

آپ پاکستان کے ادبی منظرنامے کو کینیڈا کے ادبی منظرنامے سے کیونکر مماثل یا مختلف پاتے ہیں؟

خالد سہیل:

پاکستان کے ادبی ماحول میں ایک خوف کا عنصر نمایاں ہے۔ سچ بولنے والوں کو ڈر ہے کہ کہیں مذہبی شدت پسند انہیں قتل نہ کردیں۔ ان پر فتویٰ نہ لگادیں یا انہیں شہر بدر نہ کریں۔

کینیڈا میں لوگ اپنے سچ کا اظہار کھل کر کر سکتے ہیں۔

حامد یزدانی:

ڈاکٹر خالد سہیل! آپ کا شمار ان لکھاریوں میں ہوتا ہے جو مسلسل لکھ رہے ہیں اور متنوع اصناف میں لکھ رہے ہیں اور پھر ایک طویل مدت سے لکھ رہے ہیں اور یہ کہ وقت آپ کی تخلیقی توانائی پر مثبت اثرات ہی مرتب کر رہا ہے۔ اس سفر میں کہیں تکان دکھائی نہیں دیتی؟ تو وہ کیا ہے جو آپ کو سدا تحریک دیتا رہتا ہے، یوں موٹیویٹڈ رکھتا ہے؟

خالد سہیل:

میں نوجوانی سے اپنے سچ کی تلاش میں ہوں اور زندگی کے خفیہ راز جاننا چاہتا ہوں۔ بقول عارف عبدالمتین

اپنی پہچان کرنے نکلا تھا
ایک عالم سے روشناس ہوا

میں ایک طالبعلم ہوں اور کچھ سیکھنا چاہتا ہوں اور جو سچ پالوں جو راز جان لوں اس مین دوسروں کو شریک کرنا چاہتا ہوں۔

میں ایک ایسا ادبی کچھوا ہوں جو دھیرے دھیرے اپنی منزل کی طرف چل رہا ہے۔ مجھے راستے میں کئی ادبی خرگوش ملے جو کچھ عرصہ بعد یا تو سو گئے اور یا تھک گئے۔ میں ستر برس میں ستر کتابیں لکھنے کے بعد آج بھی نئے خیالات نئے نظریات اور نئے

تجربات کی تلاش میں ہوں۔ میرے اندر کا بچہ ابھی زندہ ہے جو زندگی کو حیرت سے دیکھتا ہے۔ یہ حیرت ہی میری زندگی اور ادب اور نفسیات اور فلسفے سے محبت کا راز ہے۔

حامد یزدانی:

کیا آپ اپنی تخلیق کاری کو کسی پیغام کا وسیلہ بنا رہے ہیں۔ مجھے تو ایسا محسوس ہوتا ہے تاہم آپ سے جاننا چاہتا ہوں وہ کیا پیغام ہے یا وہ کیا بات ہے جو آپ دوسروں تک پہنچانا چاہتے ہیں؟

خالد سہیل:

میری زندگی کا فلسفہ انسان دوستی ہے میں سمجھتا ہوں کہ اگر ہم انسانوں کو رنگ، نسل، مذہب اور زبان سے بالاتر ہو کر دیکھیں تو ہم جانیں گے کہ ہم سب آٹھ ارب انسان ایک ہی خاندان کا حصہ ہیں کیونکہ ہم سب دھرتی ماں کے بچے ہیں۔

میرا خواب ہے کہ ہم سب انسان اپنا اپنا سچ تلاش کریں بہتر انسان بنیں، دوسرے انسانوں کی رائے کا احترام کرنا سیکھیں اور کرۂ ارض پر پُرامن معاشرے قائم کریں۔ میری ایک نظم ہے:

امن کی قوسِ قزح

ایک داخلی امن ہے، ایک خارجی امن
ایک جذباتی امن ہے، ایک سماجی امن
ایک مذہبی امن ہے، ایک سیاسی امن
ایک مقامی امن ہے، ایک عالمی امن
یہ سب امن کے مختلف رنگ ہیں
اور ہمیں یہ سب رنگ چاہئیں

کیونکہ
ہم نے امن کی قوسِ قزح تخلیق کرنی ہے۔

یہ نظم میرے انفرادی اور اجتماعی خوابوں کی ترجمانی کرتی ہے۔

حامد یزدانی:
بہت خوب، بہت خوب۔ میں سمجھتا ہوں کہ ہماری یہ گفتگو تو وقت کے دھارے پر بہتی چلی جائے گی۔ کیوں نہ فی الوقت اِسے یہیں تک چھوڑ دیں اور باقی باتیں ایک اور ملاقات پر اُٹھا رکھیں۔

خالد سہیل:
بالکل مناسب ہے۔ مکالمہ تو جاری رہنا چاہیے۔

حامد یزدانی:
جی بالکل۔۔۔ تو پھر اجازت دیجیے خدا حافظ۔

خالد سہیل:
دیکھیے، میں تو اس کے جواب میں اپنا سیکولر ''بائے، بائے'' ہی عرض کر سکتا ہوں۔ اس پر ہمارا ایک مشترکہ قہقہہ فضا میں گونجا اور مجھے یوں محسوس ہوا جیسے ہمارے مشترکہ دوستانہ قہقہے کے پُرخلوص آہنگ نے کھڑکی سے باہر ڈھلتی شام میں ایستادہ پیڑوں کے بہار رنگ حسن میں اور بھی اضافہ کر دیا ہو۔

ooo

آپ کی ادبی شناخت کیا ہے؟

خالد سہیل کا حامد یزدانی کے ساتھ ایک ادبی مکالمہ

خالد سہیل، حامد یزدانی

ملاقات تو دراصل مسی ساگا کے ایک انڈین ریستوران میں ہونا طے پائی تھی مگر میرے اصرار پر اسے اونٹاریو جھیل کے کنارے واقع شہر برلنگٹن کے ایک افغان کباب ریستوران میں منتقل کر دیا گیا تھا اور یہ سب ڈاکٹر خالد سہیل صاحب کی کمال شفقت کا نتیجہ تھا۔

شام ڈھلنے سے کچھ پہلے جب میں ریستوران کے پارکنگ لاٹ میں پہنچا تو ڈاکٹر صاحب وہاں موجود تھے۔ کپڑے سے بنا ایک موسم چشیدہ تھیلا ان کے دائیں کندھے پر جھول رہا تھا۔ میں سمجھ گیا کہ شِکم پُری کے ساتھ ساتھ آج ضرور کسی تازہ ترین کتاب کے توسط سے ضیافتِ طبع بھی ہونے والی ہے۔ ڈاکٹر صاحب متناسب قدم اٹھاتے ہوئے مجھ تک پہنچے، بھرپور مصافحہ کے ساتھ نیم معانقہ کا مرحلہ بھی طے کیا اور بولے:

"قبلہ و کعبہ! آپ کی ریشِ مبارک تو اب بالکل نورانی ہو چلی۔ پہلی نظر میں تو میں آپ کو پہچان ہی نہیں پایا۔ خوب صورت لگ رہی ہے۔ واہ۔"

وہ یہ کہہ رہے تھے اور زندگی سے بھرپور ایک درویشانہ مسکان ان کے چہرے پر کھیل رہی تھی۔ اسی مسکان کے جِلو میں ہم ریستوران میں داخل ہو گئے۔ ایک خوش خُلق

افغان ویٹرس نے ہمیں دروازے پر خوش آمدید کہا اور دائیں کونے میں آویزاں ٹی۔ وی سے کچھ فاصلے پر دیوار کے ساتھ والے میز تک لے گئی۔

"کیا خیال ہے؟ یہاں بیٹھنا چاہیں گے آپ؟" اس نے نفیس انداز میں استفسار کیا تھا۔

"بالکل۔ بہت اچھی رہے گی یہاں نشست۔" ڈاکٹر صاحب نے شکریہ کے انداز میں کہا تھا۔" آپ کچھ پینے کے لیے لے آئیے اور ہاں مینیو بھی۔"

"جی،ضرور۔ پینا کیا چاہیں گے آپ؟" ویٹرس نے پوچھا تھا۔

"افغان ریستوران ہے تو کوئی افغان مشروب ہی چلے گا۔ میرے لیے ایک دُوغ لے آئیے۔" ڈاکٹر صاحب نے دہی پودینہ والی، فارسی لسّی کا آرڈر دیتے ہوئے کہا تھا۔

"اور میرے لیے پانی۔" میں نے خاتون کے پوچھنے سے پہلے ہی کہہ دیا تھا۔

ویٹرس رخصت ہوئی تو ڈاکٹر صاحب نے اپنی ادبی 'زنبیل' کھولی اور ایک نئی 'چمچماتی' کتاب اس میں سے نکال کر میری طرف بڑھا دی۔

"پُرسکون زندگی کی طرف سات قدم۔ مصنفین ۔ڈاکٹر خالد سہیل، ثمر اشتیاق"

میں نے سات افراد کے خاکے سے مزین سرورق پر سے پڑھتے ہوئے دہرایا تھا اور ڈاکٹر صاحب کو ان کے تازہ ترین "اشتراکی معرکہ" پر مبارک باد پیش کی تھی۔

اتنے میں مینیو ہمارے سامنے آ گئے اور ہم نے کھانے کا آرڈر دیا۔ ویٹرس نے بتایا کہ کھانا بیس سے تیس منٹ میں تیار ہو جائے گا۔ ہمیں کوئی جلدی نہ تھی۔

میں کتاب کی ورق گردانی کرنے لگا تو ڈاکٹر صاحب گویا ہوئے:

"یہ کتاب آپ ہی کی ہے۔ آرام سے گھر جا کر پڑھ لیجیے گا اور مناسب لگے تو اپنی رائے بھی دیجیے گا۔ مگر جب تک کھانا نہیں آتا کیوں نہ آپ سے کچھ سوال جواب ہی ہو جائے؟"

سوال جواب! ؟ یہ سن کر ماضی میں دیے سارے امتحانی پرچے ایک ایک کر کے چشمِ تصور میں کُھلنے لگے تھے۔

"قبلہ وکعبہ، ادبی بات چیت مراد ہے میری۔" ڈاکٹر صاحب نے شفاف عینک سے جھانکتی اپنی شریر آنکھوں سے غالباً میری بے چینی اور اضطراب کو بھانپ لیا تھا۔

"پھر بھی۔سوال جواب تو سوال جواب ہی ہیں۔ میں ہمیشہ نروس ہو جاتا ہوں امتحانات اور انٹرویوز سے۔" میں نے لڑکھڑاتے انداز میں کہا تھا۔

"چلیے، ایک سہولت آپ کو اور دیتا ہوں۔جس سوال کا جواب دینے کو جی نہ چاہے اسے چھوڑ دیجیے گا۔کیا خیال ہے؟" وہ بولے۔

ڈاکٹر صاحب ایک ماہرِ نفسیات ہیں اور باتیں اگلوانے کے تمام موئثر حربے جانتے ہیں۔ میں سوچنے لگا۔

"اچھا تو میں شروع کرتا ہوں۔" یہ کہتے ہوئے انہوں نے دوغ کا ایک گھونٹ بھرا۔گلاس واپس میز پر رکھا اور پہلا سوال میری طرف اچھال دیا۔

ڈاکٹر خالد سہیل:

حامد یزدانی صاحب! اگر میں آپ سے پوچھوں کہ آپ کی ادبی شناخت کیا ہے؟ تو آپ کیا جواب دیں گے؟

حامد یزدانی:

ڈاکٹر صاحب! میری ادبی شناخت یا پہچان اگر کوئی ہے تو وہ تو آپ ہی بتا سکتے ہیں یعنی یا تو کوئی دوست بتا سکتا ہے یا کوئی نقاد۔ میرا حال تو وہ ہے جو بلھے شاہ صاحب فرماتے ہیں نا

کیہہ جاناں میں کون!

ہاں، اگر شناخت مقام و مرتبہ کے تعین کے بجائے اصنافِ ادب کے ضمن میں

میری پسند اور ترجیحات کے بارے میں ہے تو میں کہہ سکتا ہوں کہ میں خود کو بنیادی طور پر ایک شاعر ہی خیال کرتا رہا ہوں۔ مگر مطالعہ میں نے نثر کا بھی برابر کیا اور وقفے وقفے سے کچھ نہ کچھ نثر پارے لکھے بھی۔ تاہم ایک مدت تک شاعری کا پلڑا بھاری رہا۔ ثبوت یہ کہ شاعری کے میرے مجموعوں کی تعداد پانچ ہے جو جلد چھپے ہونے کو ہے جبکہ نثر میں تا حال افسانوں ہی کا ایک مجموعہ سامنے آیا ہے۔ اور پھر ویب سائٹ 'ہم سب' پر کالم اور ویب سائٹ 'مکالمہ' پر یادنامہ اور دیگر نثری تحریروں کی اشاعت نے بھی میری نثر نویسی کو یک گونا اعتماد بخشا۔ افسانوں کے مجموعہ "خالی بالٹی اور دوسرے افسانے" کی زبان اور اسلوب کی بھی احباب نے ایسی عمدہ پذیرائی کی مزید لکھنے کی ہمت پیدا ہوگئی۔ اس ایک کتاب پر پاکستان کے تعلیمی اداروں میں کئی ایک تحقیقی مقالے مکمل ہو چکے اور آپ نے اس میں شامل افسانہ "خاکی تھیلا" کا جو ادبی نفسیاتی تجزیہ قلم بند کیا تھا وہ 'ہم سب' پر شائع ہو کر داد و تحسین حاصل کر چکا اور یہ میرا اعزاز ہے۔ اس کتاب کے بعد کچھ اور افسانے بھی ہوئے ہیں اور مضامین بھی۔ مضامین کا انتخاب تو اب آپ تک پہنچا ہی چاہتا ہے۔ اس کے علاوہ آپ میرے کیے ادبی انٹرویوز کی کتاب بھی ملاحظہ فرمائیں گے۔ ادھر منتخب بین الاقوامی نظموں کے اردو تراجم بھی کتابی صورت میں شائع ہونے والے ہیں۔ والد صاحب جناب یزدانی جالندھری کی یادوں سے مزین ایک نثری کتاب ان تصانیف و تالیفات کے علاوہ ہے۔ تو یہ کچھ کام ہے جو اب تک ہو سکا۔ مختصر یہ کہ آپ مجھے شاعر ادیب کہہ سکتے ہیں۔ شاید یہی میری ادبی پہچان ہو۔

خالد سہیل:

کہنے کو تو آپ نے صحافت بھی کی اور درس و تدریس بھی۔ یہ شعبے بھی لکھنے لکھانے سے متعلق ہی ہیں۔

حامد یزدانی:

جی، درست فرمایا آپ نے۔ لیکن میں ابھی آپ کے پہلے سوال ہی سے باہر

نہیں نکلا۔ اس میں ایک بات کا اضافہ کرنا چاہوں گا اور وہ یہ کہ میری تخلیقی زندگی میں جو قدرے تسلسل اور تواتر دکھائی دیتا ہے اس کا سہرا بہت حد تک آپ کے سر ہے۔ حال آں کہ اس حوالہ سے میری صورت حال آپ کے برعکس رہی ہے۔ مطلب یہ کہ میں نے اب تک منصوبہ بندی اور اوقاتِ کار کی پابندی کو ملحوظ رکھتے ہوئے کبھی نہیں لکھا۔ کبھی ایسی صورت بنی ہی نہیں۔ چناں چہ جب بھی، جتنا وقت میسر آیا وہ ادب کو دے دیا اور ظاہر ہے اسی لیے کتابوں کی اشاعت میں بھی طویل وقفے نظر آئیں گے آپ کو۔ مگر آپ کی حوصلہ افزائی اور اشتراکِ عمل کی دعوت نے میری طبیعت کو یوں مہمیز کیا ہے کہ ایک ہی برس میں دو تین کتابیں بھی اشاعت پذیر ہوگئیں۔ اس لیے آپ سے تعلق خاطر اور ربط کو میں اپنے ادبی سفر میں ایک اہم سنگِ میل سمجھتا ہوں۔

خالد سہیل:

بہت شکریہ کہ آپ ہماری ادبی دوستی کو قدر کی نگاہ سے دیکھتے ہیں مگر میں یہ ضرور کہنا چاہوں گا کہ اس رابطہ اور دوستی پر طمانیت اور مسرت کا احساس ہمارا مشترکہ سرمایہ ہے۔

حامد یزدانی:

مشترکہ سے مجھے یاد آیا کہ ہمارے مکتوبات کی ایک کتاب بھی تو ترتیب و تدوین کے حتمی مراحل میں ہے جسے ہم نے اپنے طور پر "مشترکہ محبوبہ" کا نام دے رکھا ہے۔

خالد سہیل:

(قہقہہ بلند کرتے ہوئے) جی، بالکل وہ "مشترکہ محبوبہ" بھی ہے اور میرے ذہن میں کچھ اور منصوبے بھی 'کلبلا' رہے ہیں جن پر ہم مل کر کام کر سکتے ہیں۔ ان پر اگلی نشست میں تفصیلی بات کریں گے۔ فی الحال آپ مجھے یہ بتایئے کہ آپ ادب کے کس مکتبِ فکر سے تعلق رکھتے ہیں اور یہ بھی کہ اس مکتبِ فکر کی خصوصیات کیا ہیں؟

حامد یزدانی:

جانے آپ کیوں مجھ سے ایسے مشکل سوال پوچھ رہے ہیں۔ ادب کا

مکتبِ فکر، اس سے میرا تعلق اور پھر اس مکتبِ فکر کی خصوصیات۔ اب خیال آتا ہے کہ سوشیالوجی اور سوشل ورک یعنی سوشل سائنسز کے دو مضامین میں ماسٹرز ڈگری حاصل کرنے کے بجائے ایک ایم اے اردو ہی کر لیتا تو فرفر جواب دے دیتا آپ کے اس سوال کا۔ مگر آپ دیکھ رہے ہیں نا کہ مجھے رُکنا پڑتا ہے، سوچنا پڑتا ہے، تب کہیں جا کر جواب بنا پاتا ہوں۔ شاید اس لیے کہ یہ سوالات میرے نزدیک تھیوریٹیکل سوالات ہیں جن میں ادبی اصطلاحات اور زمرہ جات یا کیٹیگریز کی مدد سے بات واضح کی جاتی ہے جبکہ میں نہ مدرس ہوں اور نہ ادب کا نقاد و محقق۔ میں بھلا کیا کہوں! میں تو بس تھوڑا بہت لکھتا ہوں۔ تو آپ مجھے پریکٹشنر کہہ سکتے ہیں۔ جو مسئلہ کا عملی حل تو نکال لیتا مگر حسابی کلیّہ کو ازبر کرنا ضروری نہیں سمجھتا یا اس کی اہلیت ہی نہیں رکھتا۔ ڈاکٹر صاحب، مکتبِ فکر کو انگریزی زبان میں شاید سکول آف تھاٹ کہتے ہیں۔ اردو میں فکری روایت کہہ سکتے ہیں۔ یاد آیا، شان الحق حقی صاحب نے لغات میں اس کا ترجمہ مدرسۂ فکر کیا ہے۔ تو میں سوچتا ہوں کہ کہیں اس سے مراد ادبی دبستان تو نہیں۔ کیوں کہ فارسی میں دبستان مدرسہ ہی کو تو کہتے ہیں۔ جیسے ہمارے ہاں دبستانِ لکھنو یا دبستانِ دہلی کا ذکر ملتا ہے۔ اس رُخ سے دیکھیں تو میں 'دبستانِ لاہور' کے ساتھ اپنی وابستگی کا اظہار کروں گا۔

خالد سہیل:

اچھا، یہ بتائیے کہ آپ کے ذہن میں ایک کامیاب ادیب کا کیا تصور ہے؟

حامد یزدانی:

ڈاکٹر صاحب! کامیابی اور ناکامی، خوشی اور غم جو ہیں میں تو انہیں ریلیٹو یا اضافی اصطلاحات یا تصورات سمجھتا ہوں۔ اس کا درست تعین تو محسوس کرنے والا ہی کر سکتا ہے۔ اور ان احساسات کی عمومی تعریف یا حد بندی مجھے کبھی ممکن نہیں لگی۔ ہاں، درسی تحقیقات کے لیے ہم سماجی علوم میں بھی ان کی آپریشنل تعریفیں طے کر لیتے ہیں تا کہ ہم اپنی تحقیق

کے نتائج کو شماریاتی معیارات پر پرکھ سکیں مگر ان کا مقصد بس وہیں تک ہوتا ہے۔ ان کو ہر شخص یا ہر صورتِ حال پر منطبق نہیں کر سکتے۔ کامیابی کی صورت بھی کچھ ایسی نہیں ہے کیا؟ ایک شاعر نام نہاد بین الاقوامی مشاعرہ میں سینکڑوں افراد سے واہ واہ پانے کو اپنی شاعری کی کامیابی قرار دیتا ہے جبکہ دوسرا کسی ایک شخص کو یا سِرے سے کسی کو بھی نہ سنا کر اطمینان محسوس کرتا ہے۔ میں نے فیض صاحب کے ہم عصر بعض شعرا کو یہ کہتے سُنا کہ فیض صاحب کم از کم مشاعرہ کی حد تک تو ناکام شاعر تھے۔ وہ بتاتے تھے کہ کس طرح فلاں فلاں مشاعرے میں ان کی غزلوں کو فیض صاحب سے کلام سے زیادہ داد ملی کیوں کہ فیض صاحب دھیمے سے انداز میں پڑھا کرتے تھے۔ انہیں شاید یہ معلوم نہ تھا کہ مشاعرہ فیض صاحب کے فن کی منزل نہ تھا۔ کیوں کہ وہ تو ان فن کاروں میں سے تھے جو راہ ہی کو منزل گردانتے ہیں۔ عرض کرنے کا میرا مقصد یہ ہے کہ وہ مشاعرہ والے شعرا خود کو کامیاب ہی تو سمجھتے تھے۔ تو کیا واقعی وہ کامیاب تھے؟ وقت ہمیں ان کے دعویٰ اور احساس کی صداقت کی گواہی فراہم نہیں کرتا۔ اگر شہرت اور عوامی پذیرائی کو کامیابی کا معیار قرار دیں تو ہمارے مجید امجد صاحب کو کس کھاتے میں ڈالیں گے؟ اور اب سوشل میڈیا کے 'ٹِک ٹاکر' شعرا کی کھیپ نے کامیابی کے کچھ اور ہی معیارات تراش لیے ہیں۔ ہم تو لکھنے لکھانے کو ایک طرح سے درویشانہ سی سرگرمی ہی سمجھتے آئے ہیں۔ جس میں حرف و اظہار اور احساسات و خیالات سے تعلق استوار کیا جاتا تھا اور اسی سے محبت کی جاتی تھی۔ کامیابی سے مراد اگر باقاعدہ لکھنا اور شائع ہونا ہے تو بھی اس کا اطلاق سبھی پر کرنا مشکل ہے۔ سو، جب تک کامیابی کی تعریف پر اتفاق نہیں ہوتا اس وقت تک اس کے تصور پر کیا بات کی جائے! مثلاً میں اور آپ کہیں گے کہ جناب یزدانی جالندھری اور جناب عارف عبدالمتین کامیاب لکھاری تھے لیکن کئی لوگ اس بات سے اتفاق نہیں کریں گے۔ آپ فن کے دوسرے شعبوں میں بھی دیکھ سکتے ہیں کی دنیا میں کتنے ہی آرٹسٹ ایسے گزرے ہیں

جنہیں ان کی زندگی میں پہچانا ہی نہیں گیا اور ان کے چلے جانے کے برسوں بعد ان کے کام کو سراہا گیا۔تو اپنے دور میں کیا وہ کامیاب فن کار تھے؟

خالد سہیل:

ہاں، یہ بات سوچنے کی ہے اور اس بھی بات ہونی چاہیے۔

حامد یزدانی:

آپ کی بات سے پہلے میں ایک بات اور ذکر کردوں ڈاکٹر صاحب۔کام یابی اور ناکامی کے ذکر سے لامحالہ میرا ذہن ایک بچے کی طرح امتحان یا میچ کی طرف چلا جاتا ہے۔تو اگر کامیابی یا ناکامی کے تعین کے لیے امتحان کی مثال استعمال کریں تو لازم ہے کہ کوئی ممتحن بھی ہو اور میچ سمجھیں تو امپائر یا ریفری بھی ہو فیصلہ کرنے کو۔ یہ سب تصادم نہ بھی ہو مسابقت ضرور ہے اور میں طبعی طور پر تعاون کا قائل ہوں قدیم ریڈ انڈین قبائل 'ہوپی' اور 'زونی' کی طرح۔ ویسے کبھی میں یہ بھی سوچتا ہوں کہ فن کار کی کامیابی شاید یہی ہو کہ اس کا فن وقت اور زمانے کی حدود و قیود کو پار کر جائے یعنی وہ آنے والے زمانوں سے بھی مخاطب ہو۔ یا کم از کم اندر سے خود ہی مطمئن ہو اپنی کارکردگی پر اور اگر ایک دیانت دار تخلیق کار خود اپنے کام سے کلّی طور پر مطمئن ہو جائے تو میں اسے کام یاب ہی سمجھوں گا۔ چلیے، جلدی سے میں اپنی زندگی کا ایک واقعہ آپ سے شیئر کر لیتا ہوں۔ جیسا کہ بخوبی جانتے ہیں کہ میں خاصا کم گو اور کم آمیز واقع ہوا ہوں اور یہ اوصاف، جیسے بھی ہیں، قبلہ والد صاحب سے وراثت میں پائے ہیں۔سو، مجھے عزیز بھی ہیں۔اب سنیئے وہ واقعہ۔ میں ان دنوں پنجاب یونی ورسٹی لاہور میں ایم اے سوشیالوجی کا طالب علم تھا جب میرے ادبی دوستوں نے بوجوہ مجھے حلقۂ اربابِ ذوق لاہور کے انتخابات میں جائنٹ سیکرٹری کے عہدہ کے لیے لڑنے پر راضی کر لیا۔ اپنی طبعی مردم گریزی کے باعث مجھے نہیں لگ رہا تھا کہ یہ کوئی اچھا تجربہ رہنے والا ہے۔مگر جب میدان میں اُتر گیا تو مقصد کے لیے جی جان سے

کام کیا۔ میں اور سیکرٹری شپ کے امیدوار پروفیسر سعادت سعید صاحب صبح سے رات گئے تک لاہور بھر میں پھیلے شعرا، ادبا اور ناقدین و محققین کے گھروں اور دفتروں کے چکر لگاتے۔ حلقہ کے اراکین سے ملتے تو ان کی تخلیقات پر بھی سرسری بات ہوتی، پھر ہم اپنا انتخابی منشور بیان کرتے۔ انتخاب کی تاریخ یاد دلاتے اور فہرس میں درج اگلے رکن کے ٹھکانے کی طرف موٹر سائیکل دوڑا دیتے۔ ان رابطوں میں جہاں سعادت سعید صاحب کی تجدیدِ ملاقات ہوتی وہاں میرا تعارف ہو جاتا۔ اس ایک ماہ کے اندر میں جتنے ادیبوں سے ملا پھر کبھی عمر بھر نہ مل سکا۔ اس وقت کا ہر اہم لکھاری حلقہ کا رکن تھا۔ ان سب سے بالمشافہ ملاقات، تعارف اور بات چیت کے وہ مواقع واقعی نادر تھے۔ ڈاکٹر صاحب، الیکشن کا دن آیا، پاک ٹی ہاؤس میں ووٹنگ ہوئی، جاوید شاہین الیکشن کمشنر تھے۔ شام ڈھلے نتیجہ کا اعلان ہوا اور میں الیکشن ہار گیا تھا۔ مگر یقین جانیے جتنی کام یابی مجھے اس ناکام الیکشن کے ذریعے حاصل ہوئی اس کا مقابلہ کوئی کام یابی کیا کرے گی! انتخابی مہم کے دوران میں سینئر اور نوجوان لکھاریوں اور فن کاروں سے ملاقاتیں، افراد کے طرزِ عمل، اخلاق اور ان کی تازہ ترین تخلیقات سے استفادہ، کیا کچھ نہیں حاصل ہوا مجھے۔ اور پھر ایسے ادبی دوست مل گئے جو تا دیر ساتھ رہے۔ اس کے بعد میں نے مسلسل دو بار الیکشن جیتا بھی مگر میں یہی سمجھتا ہوں کی وہ کام یابیاں بھی اس پہلی ناکامی سے سیکھے ہوئے سبق کا حاصل تھیں۔ اس دوران میں مجھے اپنی کم گوئی اور کم آمیزی کی عادات پر بھی کام کرنے کا موقع ملا جو بعد ازاں بہت کام آیا۔ تو اب آپ ہی بتائیے کہ کیا وہ ناکامی میرے لیے کام یابی کی نوید نہ تھی؟

خالد سہیل:

بہت شکریہ۔ آپ نے اپنی زندگی اور مزاج سے متعلق اتنی اہم باتیں بتائیں مجھے۔ بطور ایک نفسیات دان ایسے واقعات میں مجھے ہمیشہ سے دل چسپی رہی ہے۔ اچھا،

آپ نے اپنی باتوں میں ابھی دیگر فنون کا تذکرہ کیا تو میرے ذہن میں یہ سوال آیا کہ فنونِ لطیفہ کے بارے میں آپ کا تصور کیا ہے؟

حامد یزدانی:

فنونِ لطیفہ کو میں ایک کنبے کی طرح دیکھتا ہوں۔ بظاہر یہ مختلف دکھائی دیتے ہیں۔ نام بھی مختلف ہیں مگر بنیادی خصائص مشترک ہیں۔ مثلاً ایک خصوصیت جو ان کو باہم مربوط کرتی ہے وہ اس کے نام ہی سے ظاہر ہے یعنی 'لطافت'۔ فن کی یہ مختلف اصناف یا اقسام یا صورتیں اپنے اندر 'لطافت' کا عنصر رکھتی ہیں اور یہ لطافت احساس کے رنگوں سے اظہار کے زاویوں تک پھیلی محسوس ہوتی ہے اور اس کا بہت قریبی اور گہرا رشتہ ہے 'جمالیات' کے ساتھ۔ اور جیسا کہ میں نے ابھی عرض کیا کہ میں ادب میں 'جمالیات' کے مدرسہ کا طالب علم ہوں اس لیے مجھے تو یہ تمام فنون اپنے دل کے قریب محسوس ہوتے ہیں۔ وہ ڈرامہ یا فلم ہو، یا موسیقی اور پینٹنگ۔ اچھا، میں نے خود تو کبھی پینٹنگ نہیں کی مگر میرے دوست امجد علی بہت نفیس آرٹسٹ ہیں۔ ان کے علاوہ کچھ اور دوست بھی ایسے رہے جن کے ساتھ مل کر میں نے پاکستان میں ہونے والی آرٹ کی نمائشوں اور تقریبات میں بہ شوق شرکت کی اور پھر اپنی بیگم طاہرہ اور بنگالی شاعر دوست جاہد الحق کے ساتھ برطانیہ کے اور جرمنی سمیت یورپ کے مختلف میوزیم دیکھے، وہاں کلاسیکی اور جدید فن کاروں کا کام دیکھا۔ نیدرلینڈ میں فن گوخ میوزیم کی سیر کی، ان کی شہرۂ آفاق پینٹنگز کو قریب سے دیکھا۔ ریمبراں کی شاہ کار پینٹنگ 'دی نائٹ واچ' کو بھی دیکھنے کا موقع ملا جس کا ماحول اور رنگوں کا انتخاب مجھے کسی اور ہی دنیا میں لے گیا۔ کینیڈا میں بھی یہ شوق پورا کرتا رہتا ہوں۔ ہم دیکھتے ہیں کہ زرناب، عمید، اریب اور رابعہ ہمارے چاروں بچے آرٹ میں دل چسپی رکھتے ہیں کہ یہ شوق انھیں ان کی والدہ سے بھی ودیعت ہوا ہے جن کی بنیادی تعلیم آرٹ اور کرافٹ ہی کے شعبوں میں ہوئی۔ اور اب ہماری بیٹی رابعہ بھی

موہاک کالج سے باقاعدہ اس فن کی تعلیم حاصل کر رہی ہیں۔ وہ اس میں واقعی گہری دلچسپی رکھتی ہیں۔ ان کا 'باتصویر' تعارف ممتاز پاکستانی دانش ور اور انسان دوست مفکر جناب عزیز الحق کی صاحب زادی محترمہ عظمیٰ عزیز کی ادارت میں ٹورانٹو، کینیڈا سے انگریزی زبان میں شائع ہونے والے ایک ثقافتی جریدہ میں حال ہی میں شائع ہوا۔ اور اب تو رابعہ بیٹی کو ان کے فن کے ضمن میں فرمائشیں اور آرڈر بھی موصول ہونے لگے ہیں۔

خالد سہیل:

یہ تو واقعی خوشی کی بات ہے۔ وہ تعارف اور رابعہ کا کچھ کام میری نظر سے بھی گزرا ہے۔ میری طرف سے اس کی کامیابی کے لیے سیکولر دعا۔ مگر میرے سوال کا جواب شاید مکمل نہیں ہوا کیوں کہ فنون تو اور بھی ہیں۔

حامد یزدانی:

بالکل ہیں۔ مثال کے طور پر ہم دیکھتے ہیں کہ خطاطی اور آرٹ کی دیگر اقسام کا شاعری سے بھی بہت گہرا تعلق ہے۔ پاکستان میں صادقین اور اسلم کمال صاحب نے ان دونوں تخلیقی شعبوں کو قریب تر لانے میں اہم کردار ادا کیا ہے۔ انھوں نے غالبؔ اور اقبالؔ کی شاعری کو اپنے فن سے دیکھنے کی شے بھی بنا دیا ہے۔ چارلس بودلیئر کی کتاب Fleurs du Mal میں ان کی پچیس نظموں کے ساتھ مجسمہ ساز اور فن کار آگسٹ رودیں کی پچیس ڈرائنگز بھی شامل ہیں اور جرمن زبان کے آسٹرین شاعر رِلکے کہتے تھے کہ انہوں نے نظم کے مصرعوں کی کاٹ اور نفاست رودیں کے مجسموں سے سیکھی۔ کیوں کہ رودیں مجسمے بناتے ہوئے تفصیلات پر بہت توجہ دیتے تھے۔ گزشتہ دنوں ہی ہیملٹن کے ایک دفتر میں مجھے رودیں کی ان ڈرائنگز کے کچھ عکس دیکھنے کا موقع ملا جو انہوں نے انیس سو چھے میں فرانس کے شہر ماغسے میں بنائی تھیں اور جن میں کمبوڈیا کے شاہی رقاص اپنے فن کا مظاہرہ کرتے ہوئے دکھائے گئے ہیں۔ رودیں نے خاص کر ان کے ہاتھوں کی حرکات

کو اپنے فن پاروں میں قید کیا ہے۔ یہ ڈیڑھ سو فن پارے انہوں نے محض ایک ہفتے میں بنا لیے تھے اور اس کے لیے انہیں طائفے کے پیچھے پیچھے دوسرے شہر بھی جانا پڑا تھا۔ خیر، یہ تو بڑے لوگوں کی باتیں ہیں۔ یہاں مجھے یہ اعتراف کرنے میں خوشی محسوس ہو رہی ہے کہ خود میری کئی نظمیں پینٹنگز سے متاثر ہیں اور میرے شعری مجموعوں میں شامل ہیں۔

خالد سہیل:

گائیکی اور موسیقی بھی تو شعر و ادب سے منسلک رہی ہیں۔

حامد یزدانی:

جی ہاں۔ اس میں کیا شک ہے۔ شاعری اور گائیکی کا تعلق کسی سے ڈھکا چھپا نہیں۔ یہ قصہ یا چٹکلا آپ نے بھی سنا ہوگا کہ مہدی حسن صاحب نے فیض صاحب کی غزل گائی تو ہر محفل میں ان سے اسی کی فرمائش کی جاتی تھی۔ وہ کچھ اس طرح گائیک سے منسوب ہوئی کہ کسی نے پروگرام میں فیض صاحب سے اس غزل کی فرمائش کرتے ہوئے کہا کہ 'جناب! مہدی حسن والی غزل ہو جائے۔' اب تو خیر سوشل میڈیا، انٹرنیٹ وغیرہ عام ہیں وگرنہ ماضی میں تو بس سرکاری ریڈیو اور ٹی۔ وی ہی ہوتے تھے یا پھر اخبارات و جرائد۔ عام آدمی تک شاعری پہنچانے میں موسیقی اور گائیکی کے فنون نے قابلِ ذکر کردار ادا کیا۔

تو ہم دیکھتے ہیں کہ کس طرح یہ فنون ایک دوسرے سے منسلک ہیں۔ ایک ہی رشتے میں پروئے ہوئے، ایک ہی کنبے کے افراد کی طرح، شانے سے شانہ ملائے کھڑے محسوس ہوتے ہیں۔

خالد سہیل:

اچھا، یہ تو معلوم ہو گیا کہ آپ تو ان فنون کے قدردان ہیں مگر مجھے ایک بات بتائیے۔ اگر آپ سے کوئی یہ کہے کہ شاعری، موسیقی اور رقص گناہ ہے تو آپ اسے کیا کہیں گے؟

حامد یزدانی:

میں ان فنون کو کس نظر سے دیکھتا ہوں یہ تو میں ابھی عرض کر چکا۔ رہی بات ان کی حلّت و حرمت کی تو یقین مانیے، مجھے جاننے والا یعنی کوئی 'اپنا' تو یہ بات کہے گا ہی نہیں۔ یعنی ایسی بات کہنے والا ضرور کوئی 'غیر' ہی ہوگا۔ تو میں اپنے دل کی بات اس سے کیوں کہوں؟ اور جیسا کہ آپ جانتے ہی ہیں کہ گناہ وثواب اور حرام وحلال کے پیمانوں کا تعلق ایمان وعقائد سے ہے جو میرے نزدیک مقدس ہیں اور میں انھیں موضوعِ بحث بنانا پسند نہیں کرتا۔ ہاں، میں سوال کرنے والے اپنے مہربان سے یہ ضرور کہوں گا کہ وہ مذکورہ اصنافِ لطیف سے دامن بچاتے ہوئے بہ خوشی اپنے پسند کے اور پُرازثواب مشاغل سے دل بہلائیں۔ انہیں یہ کہہ کر میں آرام سے بیتھوون کی کوئی سمفنی یا سائمن اور گارفنکل کا گایا سدا بہار نغمہ "Mrs.Robinson" سننے میں مشغول ہو جاؤں گا۔

خالد سہیل:

سُننے میں ویسے یہ افغان موسیقی بھی بُری نہیں۔ کیا خیال ہے؟

حامد یزدانی:

بہت میٹھی ہیں یہ دھنیں۔ مجھے ویسے بھی دیس دیس کی شاعری اور موسیقی سے لطف اٹھانے کا شوق ہے۔

اس سے پہلے کہ ڈاکٹر صاحب میری بات پر کچھ تبصرہ کرتے ویٹرس آن پہنچی تھی۔ اسے جاننا تھا کہ کھانا کیسا تھا اور یہ بھی کہ کیا ہم کچھ گرم پینا چاہیں گے؟

ہم دونوں نے زعفرانی چائے پینے کی خواہش ظاہر کی۔ میٹھا کھانے کی عادت سے مجبور میں نے اسے دو عدد فریش کریم پیسٹریاں لانے کا بھی کہہ دیا۔ جس پر ڈاکٹر صاحب کھلکھلا دیے تھے۔ میں نے وضاحت کی کہ میں وہ دونوں اکیلا نہیں کھاؤں گا بلکہ ان کے ساتھ شیئر کرنے کا ارادہ رکھتا ہوں۔

"پھر ٹھیک ہے۔" انہوں نے کہا تھا اور پھر سوال جواب کی جانب لوٹ آئے تھے۔

خالد سہیل:

آپ نے ریڈیو وائس آف جرمنی پر جن شاعروں، ادیبوں اور دانشوروں کے انٹرویو لیے ان سے آپ نے کیا سیکھا؟

حامد یزدانی:

ڈاکٹر صاحب! مجھے خوشی ہے کہ آپ نے مجھ سے یہ سوال پوچھا کیونکہ ریڈیو کے لیے کیے گئے یہ انٹرویو میری ادبی وصحافتی زندگی کا ایک اہم حصہ ہیں۔ ویسے تو انٹرویوز کی ابتدا لاہور میں ہوئی تھی جہاں میں نے روزنامہ "امروز" کے ادبی ایڈیشن کے لیے، ماہنامہ "محفل" کے لیے اور ماہنامہ "بیاض" کے لیے انٹرویوز کیے اور پھر وائس آف جرمنی کے لیے بھی یہ موقع مجھے ملا۔ وائس آف جرمنی کے لیے میں نے جرمنی میں رہتے ہوئے بھی انٹرویوز کیے اور پاکستان میں بھی۔۔۔ اگر سوچوں تو اس میں سیاسی، سماجی رہنما، ثقافتی اور سفارتی شخصیات اور مختلف شعبوں کے ماہرین سے تبادلہ خیالات شامل ہے مگر آپ کا رُوئے سُخن چوں کہ ادبی ہستیوں کی جانب ہے تو میں انہی پر بات کرنا چاہوں گا۔ وائس آف جرمنی کی اردو نشریات کے لیے میں نے احمد ندیم قاسمی، اشفاق احمد، انتظار حسین، قراۃ العین حیدر، بلراج کومل، سریندر پرکاش، جمیل الدین عالی، افتخار عارف، جرمن مستشرق این میری شمل، ڈاکٹر کرسٹینا اوسٹر ہیلڈ، مَنّو بھائی، ڈاکٹر سلیم اختر، قتیل شفائی، امجد اسلام امجد، عطا الحق قاسمی، فخر زمان، آئی اے رحمان اور کئی دوسرے اہم لکھاریوں، دانش وروں، اور نقادوں سے بات چیت کی۔ ان میں چوں کہ غیر پاکستانی شخصیات بھی شامل تھیں اس لیے مجھے ان سے بھی بہت کچھ سیکھنے کا موقع ملا جو شاید پاکستان میں رہتے ہوئے نہ مل پاتا۔ جیسے اس حقیقت کا اعتراف کہ ادب ایک عالم گیر عمل یا تحریک ہے اور یہ کہ ہم کسی بھی ملک یا نظریئے یا مذہب سے تعلق رکھتے ہوں، ادب ہمیں ایک دوسرے

سے جوڑ دیتا ہے۔ ان ادیبوں سے مل کر ہمارے بعض ادیبوں میں پائی جانے والی تنگ نظری کی قلعی بھی کُھلی اور مجھے خود میں بھی وسعتِ نظری محسوس ہونے لگی۔ میرا ایک مشاہدہ یہ بھی تھا کہ اپنے ملکوں اور معاشروں میں رہتے ہوئے ہمارے لکھاری جن موضوعات پر کھل کر بات نہیں کر سکتے، بیرونِ ملک ان پر بھی تبادلہ خیال کا موقع مل جاتا ہے اور ایک دوسرے کے قریب آنے اور سیکھنے کی راہیں ہموار ہوتی ہیں۔ میرے ساتھ بھی ایسا ہی ہوا۔ جیسا کہ عارف صاحب پر اس نئی کتاب کے ضمن میں بھی ہوا کہ پھر سے ان کی تخلیقات کو دیکھنے اور سمجھنے کا موقع ملا اسی طرح انٹرویو کے لیے جانے سے پہلے میں ان شخصیات کی تحریریں پھر سے دیکھ کر اور سوالات تیار کر کے وقت پر پہنچتا تھا۔ شاید اسی لیے انھیں مجھ سے گفت گو کر کے اچھا لگتا تھا۔ اس کا اظہار ان میں سے اکثر نے بعد ازاں مجھ سے کیا۔ میں نے یہ بھی سیکھا کہ اختلافِ رائے رکھنے کا باوجود اچھی بات چیت کی جا سکتی ہے بشرطیکہ دونوں طرف احترام اور کھلے ذہن کا مظاہرہ کیا جائے۔ انٹرویو کرتے ہوئے صبر و تحمل کی اور دوسرے کی بات مکمل سننے کی بھی اہمیت ہے اور پھر یہ کہ انٹرویو گفتگو کا نام ہے بحث و مباحثے یا مزاکرے کا نہیں۔ افسوس، ہمارے بہت سے صحافی ان دنوں ان اصناف کو گڈ مڈ کر کے سننے والوں کے لیے دردِ سر کا باعث بنتے ہیں۔ گفت گو کرنے والے کو جو کوفت ہوتی ہے وہ الگ سے ہے۔ قراۃ لعین حیدر، انتظار حسین، جمیل الدین عالی اور اشفاق حسین مختلف خیالات و نظریات کے تخلیق کار تھے مگر مجھے بھی ان سے گفتگو کر کے لطف آیا اور انھوں نے بھی میری حوصلہ افزائی کی۔ خواہش ہے کہ ان انٹرویوز کو بھی کتابی صورت دے دوں۔ دیکھئے، کیا بنتا ہے۔ آپ کی حوصلہ افزائی کے باعث چند ایک "ہم سب" پر شیئر کر چکا ہوں جو قارئین کو پسند ہی آئے۔

خالد سہیل:

حامد یزدانی صاحب! آپ ایک شاعر، ادیب اور براڈ کاسٹر ہونے کے ساتھ

ساتھ ایک سوشیالوجسٹ اور سوشل ورکر بھی ہیں۔ گویا عملی طور پر معاشرے میں سرگرم ہیں۔ میں پوچھنا یہ چاہتا ہوں کہ ایک شاعر، ادیب اور دانش ور اپنے سماج میں کیا کردار ادا کرتا ہے یا کر سکتا ہے؟

حامد یزدانی:

ڈاکٹر صاحب! تخلیق کار بھی کسی نہ کسی سماج کا حصہ ہوتا ہے۔ تو ظاہر ہے کہ اس سماج کی صورتِ حال اس کے بھی سامنے ہوتی ہے۔ وہ بھی سماج کی عطا کردہ سہولیات اور مشکلات میں سے حصہ پاتا ہے۔ تو بحیثیت شہری کے اس کی بھی وہی ذمہ داریاں ہوں گی جو کسی بھی شہری کی ہو سکتی ہیں۔ فرق صرف اتنا ہے کہ وہ اپنی زندگی دو سطحوں پر جی رہا ہوتا ہے۔ ایک بار زندگی کے شب و روز انسانی دنیا میں گزارتا ہے اور دوسری بار اپنے تخیل کی دنیا میں۔ تخیل یا فکر کی دنیا میں انسانی دنیا کے واقعات سماجی جبر اور حدود کے تعینات سے ماورا ہو جاتے ہیں اور وہ انہیں اپنی مرضی سے مختلف سمت میں موڑ سکتا ہے اور مختلف نتائج بھی نکال سکتا ہے۔ اس دنیا کا گویا وہ "خلاق" ہوتا ہے۔ جب باہر کی دنیا میں شاید اسے اس قدر آزادی کبھی حاصل نہیں ہوتی۔ وہاں اسے لگی بندھی زندگی جینا ہوتی ہے۔ کسی اور کے لکھے قوانین کی پابندی کرنا ہوتی ہے۔ ایک سچا فن کار اس امر کا شعور رکھتا ہے کہ وہ کسی فرضی خلا میں نہیں رہ رہا بلکہ ایک ٹھوس حقیقی دنیا میں زندگی کر رہا ہے اور ظاہر ہے اس دنیا اور اس پر بسنے والے اسی کی طرح کے دوسرے انسانوں بلکہ پیڑ پودوں اور دیگر جان داروں حتیٰ کہ قدرتی ماحول کے مسائل بھی اس پر اثر انداز ہوتے ہیں اور وہ ان تمام امور پر سوچتا ہے اور اسے سوچنا بھی چاہیے اور پھر وہ حتی الوسع اس میں عملی اقدام بھی کرتا ہے۔ یہاں بات اسباب و وسائل کی دست یابی کی بھی آ جاتی ہے اور شخصی مزاج اور ترجیحات کی بھی جس کے تحت وہ ان معاملات میں اپنے اقدامات کی حدود متعین کرتا ہے۔

دیکھیے، ترقی پسند ادب اور مدافعتی اور احتجاجی ادب سارے کا سارا سماج کی

تبدیلی کے پیغام پر مبنی ہے۔ اب وہ کس حد تک قابلِ قبول اور قابلِ عمل ہے۔ یہ دوسری بات ہے۔ اعلیٰ انسانی اقدار ہمیشہ سے اچھے لکھاریوں کو عزیز رہی ہیں جن میں زندگی کا احترام، شخصی آزادی، آزادیٔ اظہار، مساوی حقوق، عدم جارحیت، باہم اشتراکِ عمل اور اختلافِ رائے کا اختیار وغیرہ سب شامل ہیں۔ ادیب سماجی کیا سیاسی جماعتوں کا حصہ بھی رہے اور اب بھی ہیں اور ان کی تحریکوں کے منشور ان کی تخلیقات سے بھی جھلکتے ہیں اور اپنے ہم خیال افراد پر اثر انداز بھی ہوتے ہیں۔ مجھے اس سب سے انکار بھی نہیں مگر میں بس یہ چاہتا ہوں کہ تخلیق میں 'لطافت' اور 'جمالیات' کے عناصر بہرحال رہنے چاہئیں۔ محض نعروں کو باوزن لکھ دینے سے مصرع یا شعر نہیں بنتا۔ پیغام جتنا بھی اہم ہو اگر شعر میں شعریت ہی عنقا ہے تو اسے ادب میں شامل کیسے کریں گے؟ بس اتنی سی بات ہے۔ فن کار کو بیک وقت کم از کم دو دنیاؤں میں جینا ہوتا ہے اور اس کی مجموعی کارکردگی کا انحصار بھی اسی بات پر ہوتا ہے کہ وہ ان دونوں کو کس حُسن و خوبی کے ساتھ یک جان کرتا ہے اور کیسے دونوں کا حق ادا کرتا ہے۔ ڈاکٹر صاحب، سچ بات یہ ہے کہ مجھے معلوم نہیں کہ میں اس گفتگو کا حق ادا کر پایا ہوں یا نہیں۔ آپ بھی سوچ رہے ہوں گے کہ کس 'پریشاں خیال' دوست سے مکالمہ رہا آج۔

خالد سہیل:

نہیں۔ ایسی کوئی بات نہیں۔ مجھے خوشی ہے کہ آپ نے اپنے خیالات مجھ سے شیئر کیے اور میرے سوالوں کا دل جمعی اور دیانت داری سے تفصیلی جواب دیا۔ شکریہ

حامد یزدانی:

میں بھی آپ کا شکر گزار ہوں۔

سوال و جواب مکمل ہونے تک میں ڈیڑھ پیسٹری پر ہاتھ صاف کر چکا تھا۔ ڈاکٹر صاحب نے بخوشی بقیہ آدھی پر ہی اکتفا کیا۔ ہم نے چائے ختم کی اور ریستوران سے

باہر نکل آئے۔

"اچھا تو، قبلہ و کعبہ۔ چلتے ہیں۔ ڈیڑھ گھنٹے کا سفر ہے وہٹبی تک۔ بہت اچھا لگا آپ سے مل کر اور باتیں کر کے۔"

ڈاکٹر خالد سہیل اپنی "درویش" لائسنس پلیٹ والی کار کا دروازہ کھولتے ہوئے کہہ رہے تھے۔

"شکریہ ڈاکٹر صاحب۔ مجھے بھی اچھا لگا۔ جلد اگلی ملاقات ہوگی۔" میں نے ادب اور اشتیاق سے کہا تھا۔

ڈاکٹر صاحب کی کار رخصت ہوئی تو میں بھی اپنی گاڑی کی طرف بڑھ گیا۔

دورویہ برقی قمقمے پارکنگ لاٹ کو روشن کیے ہوئے تھے۔ وسط اگست کا تمتماتا سورج دُور جھیل کے پار اُتر چکا تھا۔ شفق کے رنگ بھی ماند پڑ چکے تھے۔ سر پر آسمان صاف تھا۔ ستاروں پر میں نے غور ہی نہیں کیا مگر چاند؟

'چاند کہاں رہ گیا آج؟' میں نے ایک نظر آسمان کی طرف دیکھا تھا۔

'چاند کے بغیر آسمان کی شناخت کتنی مختلف ہو جاتی ہے'

یہ سوچتے ہوئے میں نے کار سٹارٹ کر دی تھی۔

ooo

چھٹا باب

انتخابِ شاعری

مشترکہ محبوبہ

خالد سہیل کی منتخب شاعری

غزل

کیا تم نے کبھی اپنا مقدر نہیں دیکھا
ہر گھر میں جو بستا ہے یہاں ڈر نہیں دیکھا

آئینہ ہر اک کمرے کا حیراں ہے کہ کیونکہ
جس شخص نے دیکھا اسے مڑ کر نہیں دیکھا

لفظوں کی عمارت پہ ہیں آسیب کے سائے
شاعر تو کئی دیکھے پیمبر نہیں دیکھا

اس درجہ روایات کی دیواریں اٹھائیں
نسلوں سے کسی شخص نے باہر نہیں دیکھا

راتوں کی تو کیا بات ہے اس شہر میں خالدؔ
برسوں سے کبھی دن بھی منور نہیں دیکھا

خالد سہیل

مشترکہ محبوبہ

غزل

نفرت بھی عجب اور محبت بھی عجب تھی
اس شہر میں قربت کی روایت بھی عجب تھی

دیواریں تھیں ہم راز مگر دل میں خلیجیں
ہمسایوں کی آپس میں رقابت بھی عجب تھی

اِک باپ کی اولاد مگر خون کے پیاسے
دشمن تھے مگر ان میں شباہت بھی عجب تھی

خاموشی کا ہر لمحہ وہاں چیخ رہا تھا
آوازوں کی بستی میں بغاوت بھی عجب تھی

معصوم جبینوں پہ ملے خون کے چھینٹے
اور اس پہ ستم خون کی رنگت بھی عجب تھی

ہر نسل نئی نسل کو دیتی رہی ہتھیار
اس شہر میں خالدؔ یہ وراثت بھی عجب تھی

خالد سہیل

غزل

ہمارے گھر کی ہر اک چیز بے گھروں کی طرح
شریر بچوں کی بے ربط خواہشوں کی طرح

ہمارے عہد کے ذی ہوش خانداں سوچیں
وہ دلدلوں کی طرح ہیں کہ ساحلوں کی طرح

جُدا ہوئے وہ گھروں سے تو یوں لگا سب کو
ٹپک پڑے ہوں وہ آنکھوں سے آنسوؤں کی طرح

بہت سے لوگ دِلوں کے قریب تھے پر اب
بکھر گئے ہیں زمانے میں فاصلوں کی طرح

زمانہ چھپتا ہے ان شاعروں سے اب خالدؔ
جو شہرِ زیست میں آئے ہیں آئنوں کی طرح

خالد سہیل

غزل

وہ جس کسی کی بھی آغوش جاں کے بچے ہیں
نوید صبح ہیں سارے جہاں کے بچے ہیں

ہر ایک گھر کو جو حیرانیوں سے تکتے ہیں
وہ جس کی چھت ہی نہیں اس مکاں کے بچے ہیں

چمن کا اس سے بڑا سانحہ بھی کیا ہوگا
جو پھول توڑتے ہیں باغباں کے بچے ہیں

ہمیں تو جتنے یہاں محتسب ملے سب کا
پتہ چلا کہ وہ پیر مغاں کے بچے ہیں

طلاق یافتہ ماں باپ کے حسیں بچے
کبھی تو باپ کبھی اپنی ماں کے بچے ہیں

خالد سہیل

غزل

تجھ سے سب کچھ کہہ کے بھی کچھ ان کہی رہ جائے گی
گفتگو اتنی بڑھے گی کچھ کمی رہ جائے گی

اپنے لفظوں کے سبھی تحفے تجھے دینے کے بعد
آخری سوغات میری خامشی رہ جائے گی

کشتیاں مضبوط سب بہہ جائیں گی سیلاب میں
کاغذی اک ناؤ میری ذات کی رہ جائے گی

حرص کے طوفان میں ڈھے جائیں گے سارے محل
شہر میں درویش کی اک جھونپڑی رہ جائے گی

چھوڑ کر مجھ کو چلے جائیں گے سارے آشنا
صبح دم بس ایک لڑکی اجنبی رہ جائے گی

رات بھی جلتا رہا ہوں میں سہیلؔ اس آس میں
میں تو بجھ جاؤں گا لیکن روشنی رہ جائے گی

خالد سہیل

مشترکہ محبوبہ

غزل

یہ جو ٹھہرا ہوا سا پانی ہے
اس کی تہہ میں عجب روانی ہے

ایک عورت جو مسکراتی ہے
اس کی غمگیں بہت کہانی ہے

کتنی محنت سے ہم نے حاصل کی
ایسی ہر چیز جا گنوانی ہے

ایک چاہت جو عارضی سی لگے
اس کی تاثیر جاودانی ہے

جو بظاہر نئی سی لگتی ہے
درحقیقت بہت پرانی ہے

جس کو قوسِ قزح کی خواہش تھی
اس کی بے رنگ اب جوانی ہے

اس کو گھر بیٹھ کر گنواؤ گے
شام خالدؔ بہت سہانی ہے

خالد سہیل

غزل

سمندر میں ہوں لیکن تشنگی محسوس کرتا ہوں
میں اپنی زندگی میں کچھ کمی محسوس کرتا ہوں

کٹھن ہیں زیست کی راہیں پہ جب وہ ساتھ ہوتی ہے
تو پھر میں حبس میں بھی تازگی محسوس کرتا ہوں

کبھی ہر عارضی کو دائمی میں سمجھا کرتا تھا
اور اب ہر دائمی کو عارضی محسوس کرتا ہوں

میں اپنی ذات کی گہرائیوں میں جب اُترتا ہوں
اندھیروں کے سفر میں روشنی محسوس کرتا ہوں

وہ کب کی جا چکی خالدؔ مگر میں اس کے بارے میں
کبھی سوچوں تو آنکھوں میں نمی محسوس کرتا ہوں

خالد سہیل

مشترکہ محبوبہ

غزل

صحراؤں میں ہم بادِ صبا ڈھونڈ رہے ہیں
کفار کے سینوں میں خدا ڈھونڈ رہے ہیں

تنہائی کی راتوں میں کسی جسم کی قربت
محرومی کے ہونٹوں پہ دعا ڈھونڈ رہے ہیں

فرعون کے اعمال میں انصاف کی خوشبو
جلاد کی آنکھوں میں حیا ڈھونڈ رہے ہیں

مجذوب کی باتوں میں معانی کے جواہر
بیمار کی جیبوں میں شفا ڈھونڈ رہے ہیں

کیا سادہ ہیں ہم لوگ کہ ان مردہ دلوں میں
نسلوں سے کوئی زندہ خدا ڈھونڈ رہے ہیں

خالد سہیل

غزل

بڑھاپے میں دبے پاؤں جوانی لوٹ آئی ہے
کہ جیسے اب فسانے میں کہانی لوٹ آئی ہے
یہ کس کی چاہتوں کی شدتوں نے بند توڑے ہیں
کہ ٹھہرے پانیوں میں اک روانی لوٹ آئی ہے
دیارِ ہجر کے بے رنگ خوابوں کے اس آنگن میں
کسی کی یاد کی اِک رُت سہانی لوٹ آئی ہے
یہ کس کی قربتوں کا سحر ہے کہ بعد مدت کے
مرے اشعار میں جادو بیانی لوٹ آئی ہے
یہ کس دست حنائی نے ہے کی خالدؔ مسیحائی
کہ مردہ خواہشوں میں زندگانی لوٹ آئی ہے

خالد سہیل

مشترکہ محبوبہ

غزل

زندگی ہے عارضی اس کا یقیں آتا نہیں
عارضی ہے پیار بھی اس کا یقیں آتا نہیں

کل تلک ہر راہ میں، ہر موڑ پر، ہر خواب میں
تُو بھی میرے ساتھ تھی، اس کا یقیں آتا نہیں

زندگی کے بحر میں وہ دُور تک بہتی رہی
ایک ناؤ کاغذی، اس کا یقیں آتا نہیں

چاہتوں کے گیت جن ہونٹوں نے گائے رات دن
ان کو کیسی چپ لگی، اس کا یقیں آتا نہیں

جن نگاہوں میں ہوا کرتی تھی ہر سو روشنی
ان میں اب اک تیرگی، اس کا یقیں آتا نہیں

عشق کی چنگاریوں کو تو ہوا دیتے ہوئے
خود ہی آخر جل بجھی اس کا یقیں آتا نہیں

جس تعلق پر ہمیں حد سے زیادہ ناز تھا
اس پہ اب شرمندگی اس کا یقیں رات نہیں

عشق میں قربان سب کچھ کر دیا پھر بھی سہیل
رہ گئی تھی کچھ کمی، اس کا یقین آتا نہیں

خالد سہیل

مشترکہ محبوبہ

جُدائی کی پانچویں سالگرہ پر

وہ میرے دل میں بستی تھی
وہ میرے گھر میں رہتی تھی
وہ میری زندگی میں بھی
مرے ہمراہ چلتی تھی
نجانے اب کہاں ہے وہ
وہ کس کے دل میں بستی ہے
وہ کس کے گھر میں رہتی ہے

مگر جب بھی کوئی بادل
مری چھت سے گزرتا ہے
مرے گھر میں برستا ہے
تو اس کی یاد کی خوشبو
مرے من میں مہکتی ہے

مشترکہ محبوبہ

کبھی اس یاد سے دل میں
مسلسل ٹیس اٹھتی تھی
مگر اب میرے ہونٹوں پر تبسم پھیل جاتا ہے
مرے دل میں کوئی نادان عاشق مسکراتا ہے

خالد سہیل

مشترکہ محبوبہ

جنگلی پھول

کسی کے کوٹ کے کالر میں
بالوں میں
نہ گلدانوں میں سجتا ہوں
کسی کے باغ میں
دفتر کی میزوں پر
نہ تہواروں میں کھلتا ہوں
نہ میری مسکراہٹ ہی سر بازار بکتی ہے
نہ میری کاغذی پھولوں سے ہر دم کی رقابت ہے
مری ہر مسکراہٹ میری آزادی کا مظہر ہے
مرا ماحول فطرت کے تبسم سے معطر ہے
میں انساں کی منافق زندگی سے دُور رہتا ہوں
میں جنگل میں مہکتا ہوں
میں جنگل میں ہوں مرجھاتا
میں جنگل کا ہوں شہزادہ

خالد سہیل

مشترکہ محبوبہ

سرخ دائرہ

آج سترہ ہوئی
اور میں سوچ میں پڑ گئی
سینکڑوں وسوسے سانپ بن کر مرے
ذہن کو آج ڈستے رہے
میں پریشان و حیران تھی
کیا میں مانوں اسے
یا نہ مانوں اسے
صبح سے کچھ عجب سی تذبذب کی تھی کیفیت
اور میں بہکی بہکی سی سوچوں میں گم
اپنے گھر سارا دن
سخت جھنجھلائی پھرتی رہی
اور پھر
تیسرے پہر
کمرے میں داخل ہوئی
کانپتے ہاتھ سے

مشترکہ محبوبہ

سالِ نو کے کیلنڈر کا جب اِک ورق
میں نے اُلٹا تو دیکھا
گزشتہ مہینے کی تیرہ ہی تاریخ کو
سرخ اک دائرہ تھا احاطہ کیے
لیکن اس مرتبہ
جانے کیا ہو گیا
اک عجب سی خلش
اور اک کپکپی خوف کی
میرے سارے بدن میں سرایت ہوئی
اور پھر میں تو سوچا ہی کی
آج سترہ ہوئی

خالد سہیل

ایک عورت ہوں میں

زندگی
تنگ و تاریک سی کوٹھڑی ہے
کہ جس میں کوئی در نہیں
کوئی کھڑکی نہیں
روشنی اور ہوا کا جہاں
کوئی رستہ نہیں
اور میں
ایک کونے میں کب سے پڑی
یاس کی ایک تصویر ہوں
کتنی دلگیر ہوں
پابہ زنجیر ہوں
ایسا پودہ ہوں میں
جس کی سب ٹہنیاں
جس کی سب پتیاں
ایک قطرہ نمی کو ترستی رہیں

مشترکہ محبوبہ

ایک چڑیا ہوں میں
جس کے پر کاٹ کر
اس کا مالک کہے
تو ابھی تک اُڑی کیوں نہیں؟

خالد سہیل

کرسمس ڈنر

اک حسیں شام تھی کرسمس کی
شہر میں ہر طرف چراغاں تھا
رنگ ونکہت کی ایک بارش تھی
ایسی رنگینیوں کے جھرمٹ میں
چند افراد اِک گھرانے کے
کچھ تحائف کے ساتھ میز کے گرد
منتظر تھے کسی کی آمد کے

اور پھر خانداں کا بوڑھا شخص
لڑکھڑاتے ہوئے سہارے سے
اپنے بچوں کے پاس آ پہنچا

اس نے لیکن عجب حقارت سے
سب تحائف کو روند ڈالا تھا

سرخی مے سے جلتی آنکھوں سے
چند آنسو اُمڈ کے آئے تھے
اس نے پھر لڑکھڑاتے لفظوں سے
دل کی جو بات تھی وہ کہہ ڈالی

مشترکہ محبوبہ

میرے بچو! مرے جگر گوشو
سال بھر مجھ سے دُور رہتے ہو
پھر کرسمس پہ تحفے دیتے ہو
جانے کن بستیوں کے باسی ہو
کیسی خوش فہمیوں میں زندہ ہو
میرا جس شہر میں بسیرا ہے
اس میں تنہائیوں کا ڈیرا ہے

ہر نفس پر یہ ہو رہا ہے عیاں
خانداں کب کے مر چکے ہیں یہاں
خاندانوں کے پھر بھی ماتم کا
کس قدر اہتمام ہوتا ہے
ان کی مرقد پہ اب چراغاں بھی
سال میں ایک شام ہوتا ہے
یہ وہی شام ہے کرسمس کی
میں کہ اس شام کی اذیت کو
گھول کر پی گیا شرابوں میں
تم خدا کے لیے نہ آیا کرو
میری بیکل اُداس شاموں میں

خالد سہیل

مشترکہ محبوبہ

سنو مین

شہر کے کھیلتے کودتے ننھے منے سے بچوں نے مل کر مجھے
برف کی اِک پہاڑی سے کاٹا
تراشا
مرے ہاتھ پاؤں سجائے
مجھے برف کے چھوٹے چھوٹے سے گولوں سے مضبوط کر کے
بڑے پیار سے
ایک چوراہے پہ لا کر کھڑا کر دیا
مجھ سے کچھ دیر اٹھکیلیاں
دل لگی کا بہانہ بنیں
اور پھر
جانے کیوں
چند بچوں کے ابرو اُٹھے
شور و غوغا ہوا
میرے سر، میرے پاؤں، مرے جسم کے
چند گولے بنے
اور گولوں کو بچوں نے معصوم ہاتھوں سے خود
ایک اِک کر کے اُڑتی ہوا کے حوالے کیا

خالد سہیل

عورت سے رشتہ

میرے اس دنیا سے رشتے لاکھوں
ایک رشتہ میرا پھولوں سے بھی ہے
ایک خوابوں سے بھی ہے
ایک بچوں سے بھی بوڑھوں سے بھی ہے
ایک آہوں سے بھی نغموں سے بھی ہے
اور یہ سارے تعلق تیری نسبت سے ہی ہیں
یہ مرے شعر یہ نغمے تیری قربت سے ہی ہیں
تُو نے دنیا سے کرایا تھا تعارف میرا
اور پھر زیست کو تجھ سے ہی سمجھنا سیکھا
تُو مرے ذہن میں مہکی کبھی پھولوں کی طرح
تُو مری آنکھوں میں زندہ رہی خوابوں کی طرح
تُو بسی زیست کی دوپہروں میں شاموں کی طرح
تیری قربت میری جنت تیری فرقت میرا پیغام اجل
تُو مری ذات کی دلدل میں اُبھرتی رہی بن بن کے کنول
تُو نہ ہوتی تو مرا حال شکستہ ہوتا

مشترکہ محبوبہ

کُنجِ تنہائی کی دوزخ میں سلگتا رہتا
کبھی اپنوں کبھی بیگانوں سے لڑتا رہتا
تُو نے مایوسی میں اُمید دلائی مجھ کو
شبِ تاریک میں لوری بھی سنائی مجھ کو
تیری آغوش سے ہمت کبھی جرأت پائی
تیرے پہلو سے محبت ہی محبت پائی
میرا آغاز ہے انجام ہے تو
میری محنت میرا انعام ہے تو
ایک رشتہ ہو تو میں اس سے تجھے یاد کروں
تجھ سے ہر گام پہ ہر موڑ پہ رشتے لاکھوں
تُو مرا عکس بھی عکاس بھی آئینہ بھی
تُو مری دوست بھی ہمراز بھی محبوبہ بھی

خالد سہیل

مشترکہ محبوبہ

تھوڑا سا فاصلہ

ایک ہاتھ لیتا ہے
ایک ہاتھ دیتا ہے
اور دونوں ہاتھوں میں
فاصلہ ہے تھوڑا سا
جس کو پار کرنے میں
سر کے کتنے بالوں میں
چاندی گھر بناتی ہے
عمر بیت جاتی ہے

خالد سہیل

مشترکہ محبوبہ

عوامی احتجاج

اب عوام تنگ آ کر
ظلمتوں سے گھبرا کر
آ گئے ہیں سڑکوں پر
لے کے شمعیں ہاتھوں میں
اپنے اپنے خوابوں کی
لے کے آس آنکھوں میں
اپنی اپنی صبحوں کی
خوش گماں بہت خوش ہیں
بدگماں ڈراتے ہیں
یا تو دودھ کی نہریں
اب بہیں گی گلیوں میں
اور یا غریبوں کے
کتنے خون کے دریا
اب بہیں گے سڑکوں پر
آؤ ہم بھی چلتے ہیں
آؤ دیکھتے ہیں اب
انقلاب آئے گا
یا عذاب آئے گا

خالد سہیل

مشترکہ محبوبہ

نامکمل خط

دل مرا ایک کورا کاغذ ہے
جس پہ اب ایک نامکمل خط
کتنی چاہت سے تم نے لکھا ہے
زندگی کی جو شام آئی ہے
اور میں سوچتا یہ رہتا ہوں
اس سے پہلے کہ خط مکمل ہو
میں یہاں سے چلا ہی جاؤں گا

خالد سہیل

فردیات

۱۔ وقت اک بحر بیکراں خالدؔ
ہر ملاقات اک جزیرہ ہے

۲۔ میں اپنی اس بُری عادت پہ خود ہی مسکراتا ہوں
میں اپنے آپ کو اکثر کہیں پر بھول آتا ہوں

۳۔ میں ایسے شہر میں رہتا ہوں سب بیزار ہیں خود سے
میں اپنے آپ کو چاہوں تو لوگوں کو گراں گزرے

۴۔ عجب سکون ہے میں جس فضا میں رہتا ہوں
میں اپنی ذات کے غارِ حرا میں رہتا ہوں

۵۔ اپنی پرواز کا اندازہ لگانے کے لیے
اپنے ماحول سے آزاد فضائیں مانگیں

مشترکہ محبوبہ

۶۔ پرندے اب رہائی پا گئے ہیں
قفس کی تیلیاں ٹوٹی ہوئی ہیں

۷۔ نہیں ایسی کوئی بھی رات جس کا
کہیں سورج کوئی نہ منتظر ہو

۸۔ تمام شہر سے ملتی ہوں جس کی دیواریں
ہم اپنے شہر میں ایسا مکاں تلاش کریں

۹۔ ہم نے شیشے کا مکاں مل کے بنایا لیکن
جب سے جانا ہے کہ پتھر کے بنے ہیں چپ ہیں

۱۰۔ وہ دریا بن کے بہتا تھا تو کتنا شور کرتا تھا
سمندر میں وہ جب سے آ ملا خاموش رہتا ہے

خالد سہیل

حامد یزدانی کی منتخب شاعری

غزل

پُرانی شال میں قوسِ قزح کو بھرتے ہُوئے
زمیں نے آئنہ دیکھا نہیں سنورتے ہُوئے

مِرے خیال کے سب رُوپ، اپنے حُسن کی دھوپ
وہ لے اُڑا ہے مِرے خواب سے گزرتے ہوئے

کہیں جو گھر سے اُدھر بھی مِرا ہی گھر نکلا
ٹھٹھک گیا تھا میں دہلیز پار کرتے ہُوئے

ترِے مزاج میں صحرا بسا دیا کس نے؟
غبار پوچھ رہا ہے مجھے بکھرتے ہُوئے

دبک کے خیمۂ نسیاں میں بیٹھ رہتے ہیں
ہم اُس کی یاد بھری بارشوں سے ڈرتے ہُوئے

مشترکہ محبوبہ

کچھ ایسے دوست نہیں ہیں توازن و رفتار
رہا نہ دھیان میں ڈھلوان سے اُترتے ہُوئے

کہا نہ تھا؟ کہ وہ سورج ہے، دل نہیں، حامدؔ
کہیں جو ڈُوب رہا ہے، کہیں اُبھرتے ہُوئے

حامد یزدانی

غزل

روشنی تیری تھی جس نے رنگ سے چھانا مجھے
ورنہ کب قوسِ قزح کے بس میں تھا پانا مجھے

میں تلاوت کر رہا ہوں رحلِ نسیاں پر تمھیں
تُم بھی تسبیحِ فراموشی پہ دہرانا مجھے

عہدِ رفتہ کے شکستہ عکس کی تکرار ہوں
تُم سمجھ بیٹھے ہو کوئی آئنہ خانہ مجھے

کھولتا ہوں شب کی جب کھڑکی تو نیلے صحن میں
چاند اِک رکھا ہوا ملتا ہے، روزانہ مجھے

تیری کڑواہٹ ہوں حامدؔ اور ترے لہجے میں ہوں
اے مِرے شیریں سخن! تو ہی نہ پہچانا مجھے

حامد یزدانی

غزل

(نذرِ یزدانی جالندھری)

سُن کے جھنکار سی صدا، پتھر بات کرتے ہیں بارہا پتھر
کیسی بہتی ہوئی کہانی تھی ایک کردار ہو گیا پتھر
جانے کس قیس کی تلاش میں ہے یہ خلاؤں میں گھومتا پتھر
دل بھی اک سنگ ہے دھڑکتا ہُوا ذہن بھی ایک سوچتا پتھر
دستِ آئینہ گر چمک اٹھا ایک پتھر مگر رہا پتھر
پھر سے قسمت مِری اُٹھا لائے لائیے کوئی دوسرا پتھر
عکس کس سنگ دل کا ابھرا تھا آئنہ پھر سے ہو گیا پتھر
ایک پتھر تھا،ایک دل، حامدؔ میں نے بے ساختہ چُنا پتھر

حامد یزدانی

غزل

(نذرِ خالد احمد)

کشش وہ لاہور کے ٹھکانوں میں اب نہیں ہے
کہ ایک خالد بھی چائے خانوں میں اب نہیں ہے

یہ بات سمجھائے کون اس سر پھری ہَوا کو
جو صبر ہوتا تھا بادبانوں میں، اب نہیں ہے

مِرے ہدف تُو بتا کہاں ہیں؟ جو کہہ رہے تھے
لچک وہ پہلے سی اِن کمانوں میں اب نہیں ہے

وہ نور تو اب بھی منتظر ہے فلک پہ حامدؔ
کُھلا کہ دم خاک کی اُڑانوں میں اب نہیں ہے

حامد یزدانی

غزل

نہ چھت نہ دیوار تھی فقط در بنا لیے تھے
یہ ہم نے کیسے عجیب سے گھر بنا لیے تھے

نہ جانے کیوں آسماں بہت یاد آ رہا تھا
سو کچھ ستارے ہی سُونی چھت پر بنا لیے تھے

وہ جس ورق سے ہمیں بنانا تھی ایک کشتی
اُس اِک ورق پر کئی سمندر بنا لیے تھے

وہ کہہ رہے تھے کہ عشق تقلید چاہتا ہے
سو ہم نے بھی سارے اشک، پتھر بنا لیے تھے

مشترکہ محبوبہ

اب ایک صحرا بھی ساتھ رہتا ہے اُس کے گھر میں
سبھی دریچے ہَوا کے رُخ پر بنا لیے تھے

مگر پہل اب بھی ہم کو کرنا تھی بے رُخی میں
جواز ویسے تو اُس نے بہتر بنا لیے تھے

وہ ایک سادہ سی شام تھی پر کسی نظر نے
اُس ایک منظر سے کتنے منظر بنا لیے تھے

حامد یزدانی

غزل

یہ لہر کہ ساگر سے نکلتی ہی نہیں ہے
دُنیا مِرے اندر سے نکلتی ہی نہیں ہے

اِک رقصِ سفر پاؤں ٹھہرنے نہیں دیتا
اِک دُھن کہ مِرے سر سے نکلتی ہی نہیں ہے

دِن ڈھلتے ہی آنکھیں سی نکل آتی ہیں ہرسُو
دیوار کوئی دَر سے نکلتی ہی نہیں ہے

کچھ نیلی کشش چین سے رہنے نہیں دیتی
اور کچھ یہ ہَوا پَر سے نکلتی ہی نہیں ہے

پھر زندگی دہلیز پہ بیٹھی ہی نہ رہ جائے
یہ سوچ کے وہ گھر سے نکلتی ہی نہیں ہے

حامد یزدانی

غزل

تنِ خاکی پہ کاہِ بیاباں جان رکھّا تھا
اِسی مشکل کو ہم نے عُمر بھر آسان رکھّا تھا

بہت سادہ سی اِک دیوار تھی دیوارِ ہستی بھی
مِرے ہونے کی حیرت نے مجھے حیران رکھّا تھا

کہ پھر کانوں میں آغازِ سفر کی گھنٹیاں گونجیں
ابھی تو آئے تھے، دہلیز پر سامان رکھّا تھا

اور اب دیکھیں تو گہری شام کی بیلیں سی پھیلی ہیں
ابھی اِس کارنس پر دُھوپ سا گلدان رکھّا تھا

کچھ ایسا بوجھ تھا حامدؔ، مِری پلکیں نہ اُٹھتی تھیں
کہ آنکھوں پر کسی کے خواب کا احسان رکھّا تھا

حامد یزدانی

غزل

منزل کی طلب، خواہشِ جادہ نہیں رکھتے
اور ترکِ سفر کا بھی ارادہ نہیں رکھتے

یہ گردِ ملامت جنھیں پوشاک ہوئی ہو
وہ تن پہ ندامت کا لبادہ نہیں رکھتے

نفرت ہو، محبت ہو، وہ غم ہو کہ خوشی ہو
ہم کچھ بھی ضرورت سے زیادہ نہیں رکھتے

کیا اِن سے رہ و رسمِ محبت ہو کہ یہ لوگ
دامن تو کُجا دل بھی کشادہ نہیں رکھتے

صورت نہ سہی اِک خطِ امکاں تو کھنچا ہے
ہم صفحۂ دل کو کبھی سادہ نہیں رکھتے

رکھتے تو ہیں ہم اور بھی کچھ کام ضروری
لیکن تری چاہت سے زیادہ نہیں رکھتے

حامد یزدانی

غزل

پھر ایک شب سے مخاطب تھی زندگی میری
مثالِ خواب بکھرتی تھی روشنی میری

اُسے بھی خواب میں آنے کا وقت بھول گیا
مجھے بھی یاد نہیں آنکھ کب لگی میری

میں دشمنوں سے نہ ملتا تو جان سے جاتا
مِرے خلاف صف آرا تھی دوستی میری

میں چاند ہو کے بھی ظلمت کے دائروں میں رہا
مِرے ہی کام نہ آ پائی چاندنی میری

سخن سے پار اُترنا محال تھا حامدؔ
سفر طویل تھا، کشتی تھی کاغذی میری

حامد یزدانی

غزل

عشق میں بھی مِرے انداز روا رکھتا ہے
آج کے کام بھی دل کل پہ اُٹھا رکھتا ہے

وہ پرندہ کبھی گرتا نہیں بے دَم ہو کر
جو پروں میں رم و رفتارِ ہَوا رکھتا ہے

دیکھیے، دشت میں کِھلتے ہیں کہاں آج گلاب!
دیکھیے، پاؤں کہاں آبلہ پا رکھتا ہے!

کون خود بجھ کے سرِ شام، افق کے اُس پار
میرے آفاق کو تاروں سے بھرا رکھتا ہے

شبِ تیرہ میں وہ مہتاب نما دستِ خیال
میری پلکوں کے دریچے میں دِیا رکھتا ہے

پھیلتی جاتی ہے یوں درد کی خوشبو، حامدؔ
جیسے دل زخم نہیں، برگِ حنا رکھتا ہے

حامد یزدانی

غزل

خامشی بات کرتی رہی، برف گِرتی رہی
روشنی سی بکھرتی رہی، برف گِرتی رہی

بس گئی تھی ہَوا میں اُداسی ترِے نام کی
دھیرے دھیرے گزرتی رہی، برف گِرتی رہی

آئنہ آئنہ جھیل ٹھہرے میں چُھپنے لگی
رات پھر بھی سنورتی رہی، برف گِرتی رہی

کون تھی وہ؟ کہ تنہائی کی شال اوڑھے ہوئے
اپنے سائے سے ڈرتی رہی، برف گِرتی رہی

یاد کی زرد دیوار پر اب چراغاں کہاں!
اِک گلی آہیں بھرتی رہی، برف گِرتی رہی

حامد یزدانی

اکتوبر

پت جھڑ کی یہ پہلی بارش
آج پرندے نظم کرے گی
دن بھر
پیلے پتّوں پر

حامد یزدانی

دُھواں

وہی دبیز سردیوں کی دھند تھی
تِری گلی میں شام جب
سیاہ رات کا نقاب اوڑھ کر
بھٹک گئی
تو دُوووور۔۔۔
آخری مکان کی اُجاڑ کھڑکیوں کے پاس
اِک دِیا سا
ٹمٹما کے بجھ گیا، خیال کا
دُھواں مچل رہا ہے آج بھی
وہاں، سوال کا

حامد یزدانی

کب تک بھاگتے جاؤ گے؟

بس اب بھاگنا بند کرو
کیا رات ہے
نوکیلے تاروں میں اُلجھا تاج نما اِک چاند ہے
اور بے رنگ ۔۔۔
کہ پل پل رنگ بدلتا اِک ہالہ ہے
رُک جاؤ
اب رُک جاؤ
بھاگنے سے کیا فاصلے کم ہو جائیں گے؟
سچ مانو، تم تھک ٹوٹ چکے ہو
بریف کیس کو تھامے ایسے بھاگتے بھاگتے،
ہانپتے ہانپتے
یہیں، یہیں، بس یہیں رُکو
اس مین ہول کا ڈھکن کھینچو
ہاتھ میں تھامے بریف کیس کو اندر پھینکو
وہ بے رنگ ۔۔۔

کہ پل پل رنگ بدلتا ہالہ نیم غنودہ ہے
مسنون دعا دوہراؤ
لیکن دھیان رہے۔۔۔
تیز ہَوا میں۔۔۔سانسیں چیخ نہ جائیں
یہ سمٹی سمٹائی زندگی بکھر نہ جائے
ٹائمز اسکوائر
شِلڈر گا سے
ینگ اسٹریٹ
ریگل چوک میں
اس فٹ پاتھ پہ دھرنا مارے
منگتے کے قدموں میں
آئی فون، روابط، چیٹنگ
لین دین کے عددی کھاتے
آدھی پنسل، خالی خولی چیک
ایروبکس گائیڈ
جان ایف کینیڈی: ایک سوانح
یہ کل کا اخبار، پھٹے تقویمی زائچے
اور وہ۔۔۔وہ سب
وہ سب کچھ بھی بکھر نہ جائے
دھیان سے۔۔۔دیکھو
کب تک بھاگتے جاؤ گے؟

مشترکہ محبوبہ

یوں خود سے۔۔۔ یا پھر جانے کس سے
بھاگنے سے کیا فاصلے کم ہو جائیں گے!؟
رُک جاؤ
بریف کیس سے جان چھڑاؤ
وہ بے رنگ کہ پل پل رنگ بدلتا ہالہ اب بھی نیم غنودہ ہے
مسنون دعا دوہراؤ
جلدی سے تم
مین ہول کا ڈھکن کھینچو
اور بس۔۔۔ پھر
آسمان کو دیکھو
دونوں بازوؤں کو۔۔۔ آزادانہ حرکت دیتے
ہونٹ سکیٹر کے سیٹی بجاتے
مال روڈ کے بیچوں بیچ چلے جاؤ
یوں بھی ٹریفک کم ہے
شہر میں
خوف زیادہ ہے
اتوار ہے۔۔۔ شاید آج
مگر سوموار بھی ہو تو کیا ہے
کوئی تمھارا کیا کر لے گا!؟

حامد یزدانی

ڈے، لائٹ یا سیونگ

اُدھڑتی ہوئی اک خنک شب
سُکڑتی ہوئی، پھیلتی، سُست رو
پھر سے
کچھ بھی نہیں
بانٹنے کو۔۔۔کسی سے
لبالب۔۔۔چھلکتی ہوئی
بِھیڑ میں
ایک میں ہی تو شامل ہوں
گاڑھی سی یہ بھنبھناہٹ
سڑک پر
بھٹکتی ہوئی روشنی
ادھ کھلی کھڑکیوں سے اِدھر
غیر ملبوس۔۔۔میداں
تراشی ہوئی گھاس
پُرنم خموشی کہ شفاف اندھیرا

مشترکہ محبوبہ

طراوت بھی کم ہوتی جاتی ہے، شاید
مگر کیا کریں ہم
فریج پر جمی نیلی فہرست
بِل کی ادائی
سکینر مرمت کو بھیجیں
نئے ڈاکٹر سے ملاقات کا وقت تبدیل کرنا ہے
تازہ غزل فیس بک پر لگانا ہے
گھڑیوں کو اک گھنٹہ پیچھے گھمانا ہے
اک فون کرنا ہے
لاہور۔؟
کولون۔۔؟
ڈھاکا۔۔۔؟

حامد یزدانی

دوپہر

دوپہر اِک دریچہ ہے
پت جھڑ کی جانب کُھلا
اِک دریچہ
کچن کا
چمکتا ہوا فرش
ڈھیلی ڈھالی، لڑھکتی ہوئی دھوپ
ڈھلنے کو ہے عام سا ایک دن
ہلکی خاکی ہَوا
تیز ہوتی ہوئی
ریتلی آس
معدوم ہوتی ہوئی
آنکھ میں
پیڑ
کُنجی ہے اُس صحن کی
جس کے پہلو میں ٹھہرا ہے

مشترکہ محبوبہ

دریا

تِری یاد کا

عام سا ایک دن

ایک کھڑکی

ہَوا۔۔۔

ہلکی خاکی ہَوا

دوپہر

حامد یزدانی

ایک بوڑھے اگست کا قضیہ

گٹھڑی گٹھڑی
ماضی کے سائے باندھے
اک سترائی ہجرت
ان لاکھوں وعدوں کے ساتھ سفر میں ہے
جو صدیوں کی خواب مسافت کی تکمیل کریں گے
شاید کچھ تبدیل کریں گے
دھرتی تاریخی ہے یا پھر اس کا غم؟
یہ کون بتائے
پچھڑی ہوئی راتوں کی ریت پہ خوابیدہ سانم
نوحہ نوحہ زرد صدائیں
کیکر کیکر چھدتی جائیں
کچھ بے رنگ پرندے
یا شاید کچھ جھنڈے۔۔۔شاخوں میں اُلجھے ہیں
صبح کی یہ بوسیدہ حیرت
راوی کی گُم گشتہ لہریں

مشترکہ محبوبہ

یادوں کی بے سمت ہوائیں
اِک خالی پن کو دوہرائیں
دل کے مہاجر خیمے سے اُٹھتا بے کیف دھواں
بے معنی تائید کی گیلی سی زنجیر
لکھنے سے پہلے مٹتی جاتی تحریر
جدائی ؟ ہجر؟ کہ ایک سفید اُفق ؟
دُور کہیں جلتی آبادی
کچی کچی دُھوپ سے رستے پر اٹھلاتی
دُھول اُڑاتی ، جشن مناتی اک آزادی!
بوجھل سر سے ڈھلکتی جائے
شفق شفق دستار
لمحوں کے اس پار

حامد یزدانی

مشترکہ محبوبہ

ایک تنہائی

رات کو
آسمان کہتے ہیں
یاد کو بادبان کہتے ہیں
ڈھلتے بادل کو خواب کی کشتی
استعارے زبان رکھتے ہیں
شب ڈھلے
پھر مکالمہ ہوگا
یہ ستارے زبان رکھتے ہیں
چاند، اک بے زباں تماشائی
تا بہ لاہور۔۔۔ ایک تنہائی!

حامد یزدانی

اِک گم گشتہ سی پہچان

حرف کی قربت سے جھلکے
مٹیالی سی ایک جھجک
اک زرد پرندہ
اکتوبر کی بھیگی بھیگی دھوپ سے
صحن بھرا ہے
پھر لاہور سے ڈھاکہ تک
ہانپتی کانپتی
میلی چکٹ ہَوا
یادوں کی صورت روشن ہے
پانی
وقت کے دونوں جانب
ماضی کے سِکّے کی اک متروک کھنک
لرزاں لرزاں مُٹھی سے گر جاتی ہے
قلم
ورق کی دوہری خاموشی پر

مشترکہ محبوبہ

تنہا شور رقم کرتا جاتا ہے
کچھ خودرو سے رشتے ہیں
جو میرے مبہم لفظوں کی صورت
دھیان سے ترشی باڑھ میں الجھے رہتے ہیں
(بنگالی زبان کے شاعر دوست جاہد الحق کے لیے)

حامد یزدانی

سنومین

اے مِرے برف کے آدمی!
تمھاری چمکتی دمکتی ہوئی زندگی کتنی ہوگی؟
فقط ایک بارش؟
فقط ایک دھوپ؟
یہ کیسا ستم ہے
یہ پانی، یہ حدت جو میرے لیے زندگی ہیں
تمھارے لیے موت ہیں
تمھی کچھ بتاؤ
تمھیں کیوں بنایا گیا ہے
فقط کھیلنے کے لیے
تمھیں کیا پتہ ہے
سوچتا ہوں
مجھے کیا پتہ ہے
مجھے کیوں بنایا گیا ہے
اِن آدھی ادھوری سی سانسوں کی تکمیل کے واسطے؟

مشترکہ محبوبہ

تم تو بارش کی بوندوں میں
سورج کی اُجلی حرارت میں جل کر پگھلتے ہو
میں اپنی سوچوں کی اندھی تپش سے گُھلا جا رہا ہوں
سلگتی ہوئی جستجو کے بدن میں جلا جا رہا ہوں
یہی سوچتا ہوں
تمھیں کیوں بنایا گیا ہے
مجھے کیوں بنایا گیا ہے؟

حامد یزدانی

مجھے دیکھو

میں نادیدہ ستارہ ہوں
مری کرنیں فضا میں گرد کی صورت
بکھرتی ہیں
مرا ماحول، اِک تاریک ہالے کے
اثر میں ہے
مجھے مادر ستارے کی کشش نے
دائرے کی قید بخشی ہے
مدارِ بے یقینی سے نکلنے کا کوئی رستہ نہیں ہوتا
میں کس خورشیدِ سنگ آثار کا
جلتا شرارہ ہوں
میں کم آثار، نادیدہ ستارہ ہوں
مجھے دیکھو!

حامد یزدانی

ایک مشترکہ مطلع

رات کروٹ بدلتی رہی، برف گِرتی رہی
یاد کی شمع جلتی رہی، برف گِرتی رہی

خالد سہیل، حامد یزدانی